■ 新商科创新教材・商务分析系列

文本挖掘商务应用

李　嘉　刘　璇/主编

科学出版社
北　京

内 容 简 介

文本信息是 Web 上一类非常重要的信息，里面包含了大量的商业价值，对于洞察市场、识别创新机会、了解竞争对手、识别利益相关者、改进商品服务、了解消费者并与之价值共创，都具有重要意义。本书从商学院学生的角度出发，介绍文本知识挖掘的基本方法，以及它在商务问题上的应用。本书可以分为两个部分，第 1 ~ 4 章主要介绍文本知识挖掘的基础知识，第 5 ~ 12 章介绍文本知识挖掘的应用和工具。本书的特色是包含大量的案例和实验，帮助商学院学生深入理解所学知识所具有的商业价值，以及如何通过 Python 语言来实现这些功能。

本书适合作为高等院校信息管理与信息系统专业本科生、管理科学与工程专业硕士生以及 MBA、MEM 等专业硕士研究生学习“文本知识挖掘”“Web 商务分析”等课程用书，对于从事文本挖掘的工程师和研究人员也具有一定的参考价值。

图书在版编目（CIP）数据

文本挖掘商务应用 / 李嘉，刘璇主编. —北京：科学出版社，2021.6

新商科创新教材 · 商务分析系列

ISBN 978-7-03-064578-4

Ⅰ. ①文…　Ⅱ. ①李…　②刘…　Ⅲ. ①数据采集-应用-商业管理-教材　Ⅳ. ①F716-39

中国版本图书馆 CIP 数据核字（2020）第 035490 号

责任编辑：郝　静 / 责任校对：宁辉彩

责任印制：赵　博 / 封面设计：无极书装

科学出版社出版

北京东黄城根北街 16 号

邮政编码：100717

http://www.sciencep.com

三河市骏杰印刷有限公司印刷

科学出版社发行　各地新华书店经销

*

2021 年 6 月第　一　版　开本：787 × 1092　1/16

2025 年 2 月第四次印刷　印张：16

字数：366 000

定价：49.00 元

（如有印装质量问题，我社负责调换）

前　　言

随着互联网的飞速发展，Web 上的信息正在以指数级的速度增长，与人们日常工作和生活的关系也越来越紧密。而文本信息正是 Web 信息中最重要的一类。Web 上的文本信息是一个巨大的金库，包含了许多具有商业价值的信息，对于洞察市场、识别创新机会、了解竞争对手、识别利益相关者、改进商品服务、了解消费者并与之价值共创，都具有重要意义。因此，面向 Web 的文本知识挖掘是当今大数据时代一个值得探索的重要主题。

大数据时代的来临，催生了对相关人才的海量需求。国内不少商学院相继开设了面向工商管理硕士（master of business administration，MBA）和本科生层次的“大数据商务分析”（类似于国外的 Business Analytics）课程模块，其中重要的一门课程就是文本知识挖掘（类似于国外的 Text Analytics）。然而，市面上现有的文本挖掘教材太偏技术，重点讲解挖掘算法，比较适合计算机科学专业的学生学习。商学院学生关心的商务价值（如一项技术可以解决哪些典型的商务问题、有哪些成功的应用案例、如何通过动手直观地理解一项技术的商业能力）在现有教材中基本没有得到体现。因此，迫切需要一本面向商学院学生的文本知识挖掘教材，来填补文本挖掘技术与商务应用之间的空白。本书就是在这样的背景下诞生的。

本书以技术为线索来组织内容。其中第 1 ~ 4 章是基础知识，第 5 ~ 11 章是应用知识，第 12 章是商业软件介绍。本书包含大量的案例和实验。第 5 ~ 11 章中，每章都有一个应用案例，介绍如何使用本章所学的文本挖掘技术来解决对应的商务问题。第 2 ~ 11 章中，每章都包含若干实验，需要读者编写一些 Python 程序来练习该章所学内容。有的章节也需要读者在实验中编写一些较大的程序，来解决一个模拟的商务问题。

本书引用了最近十年来文本挖掘领域的许多最新进展，如美国亚利桑那大学 Hinsun Chen 教授团队的成果、美国伊利诺伊大学芝加哥分校 Bin Liu 教授团队的成果以及上海交通大学张朋柱教授团队的成果等。同时本书也使用了一些最新的文献和互联网上的最新材料。因篇幅有限，恕不一一叙述。

本书的出版得到了华东理工大学精品专业培育项目（ZN1629101-22）、华东理工大学 2018 年度本科实验实践教学改革与建设项目（Web 商务分析）、国家自然科学基金项目“理论引导的在线电子健康决策平台设计研究：基于人机交互的视角”（71371005）和“社会化媒体环境下电子健康知识挖掘研究”（71471064）的资助，在此表示衷心的感谢。

目　录

第 1 章

文本知识挖掘导论

1.1 文本挖掘的概念

文本挖掘（text mining）是一个从非结构化文本信息中获取用户感兴趣或者有用的模式的过程。文本挖掘的主要目的是从非结构化文本文档中提取有趣的、重要的模式和知识，可以看成基于数据库的数据挖掘（data mining）或知识发现的扩展。数据挖掘，又译为资料探勘、数据采矿，它是数据库知识发现（knowledge-discovery in database，KDD）中的一个步骤。数据挖掘一般是指从大量的数据中通过算法搜索隐藏于其中的信息的过程。数据挖掘通常与计算机科学有关，并通过统计、在线分析处理、情报检索、机器学习、专家系统（依靠过去的经验法则）和模式识别等诸多方法来实现上述目标。

文本挖掘是从数据挖掘发展而来的，因此其定义与我们熟知的数据挖掘定义类似，即从文本中进行数据挖掘。从这个意义上讲，文本数据挖掘是数据挖掘的一个分支。但与传统的数据挖掘相比，文本挖掘有其独特之处，主要表现在：文档本身是半结构化或非结构化的，无确定形式并且缺乏机器可理解的语义；而数据挖掘的对象以数据库中的结构化数据为主，并利用关系表等存储结构来发现知识。文本挖掘是指从大量文本数据中抽取事先未知的、可理解的、最终可用的知识的过程，同时运用这些知识更好地组织信息以便将来参考。与数据挖掘不同，文本挖掘的研究对象是由来自各种数据源的大量文档组成的，包括新闻、论文、书籍、期刊、报告、专利、会议文献、技术档案、政府出版物、数字图书馆、技术标准、产品样本、电子邮件消息、Web 页面、网络论坛、社交媒体等。这些文档可能包含标题、作者、出版日期、长度等结构化数据，也可能包含摘要和内容等非结构化的文本成分，而且这些文档的内容是人类所使用的自然语言，计算机很难处理其语义。传统的数据挖掘方法擅长处理数字类型的数据，对文本数据则无能为力。因此，迫切需要专门的方法来处理日益增长的海量文本数据，文本挖掘的方法应运而生。

文本挖掘也是信息挖掘的一个研究分支，用于基于文本信息的知识发现。文本挖掘利用智能算法，并结合文字处理技术，分析大量的非结构化文本源（如文档、电子表格、客户电子邮件、问题查询、网页等），抽取或标记关键字概念、文字间的关系，并按照内容对文档进行分类，获取有用的知识和信息。文本挖掘是一个多学科混杂的领域，涵盖了多种技术，包括数据挖掘技术、信息抽取、信息检索、机器学习、自然语言处理、计算语言学、统计数据分析、线性几何、概率理论甚至还有图论。

随着企业信息化水平的提高和互联网的发展，文本数据越来越多，并且发挥着越来越重要的作用。企业公文、期刊、社会化媒体等典型文本虽然所占的存储空间不大，却包含了海量的知识，对商务分析具有重要意义。利用文本挖掘技术处理大量的文本数据，无疑将给企业带来巨大的商业价值。文本挖掘在市场洞察、危机管理、消费者意见聆听、股票价格预测、流行趋势预测、消费者价值共创、反欺诈、疾病监控、药物副作用挖掘等方面，均有成功的应用。因此，文本挖掘已经成为数据挖掘中一个重要的研究分支，具有广阔的商业应用前景。

1.2 文本挖掘的主要技术手段

文本挖掘的主要支撑技术包括自然语言处理技术和机器学习方法（程显毅和朱倩，2010）。

1）自然语言处理技术

自然语言处理是主要研究人与计算机交际中的语言问题的一门学科。自然语言处理要研制表示语言能力和语言应用的模型，建立计算机框架来实现这样的语言模型，提出相应的方法来不断完善这样的语言模型，根据这样的语言模型设计各种实用系统，并探讨这些实用系统的评测技术，更简单直观的说法，就是采用计算机技术来研究和处理自然语言。

由于自然语言处理是一个多边缘的交叉学科，除语言学外还涉及计算机科学、数学、统计学、电子工程、心理学、哲学以及生物学等知识领域，它是在各个相关学科的交融和协作中逐渐成长起来的。在历史上，自然语言处理曾经在计算机科学、电子工程、语言学和心理认知语言学等不同的领域分别进行过研究。

2）机器学习方法

机器学习研究计算机怎样模拟或实现人类的学习行为以获取新的知识或技能，重新组织已有的知识结构使之不断改善自身的性能，是人工智能领域的一个重要分支。机器学习从研究人类学习行为出发，研究一些基本方法（如归纳、一般化、特殊化、类比等）去认识客观世界，获取各种知识和技能，以便对人类的认识规律进行探索，深入了解人类的各种学习过程，借助于计算机科学和技术原理建立各种学习模型，从而为计算机系统赋予学习能力。实现这一目的的理论、方法和工程构成了机器学习的主要任务。此外，机器学习还有另一个基本目标，就是从理论上探索一些人类尚未发现的学习新方法和途径。

1.3　文本挖掘的基本任务

1）文本挖掘预处理

有效的文本挖掘操作取决于先进的数据预处理方法。事实上，为了从原始非结构化数据源给出或抽取结构化表示，文本挖掘非常依赖于各种预处理技术，甚至在某种程度上，文本挖掘可由这些预处理技术定义。当然，对文本挖掘来说，为了处理原始的非结构化数据，与针对结构化数据源的数据挖掘操作所采用的预处理方法相比较，需要不同的预处理技术。

文本挖掘预处理技术的类别繁多，所有方法都以某种方式试图使文本结构化，从而使文本集结构化。所以，同时使用不同的预处理技术，从原始文本数据产生结构化的文本表示是很常见的。

不同的任务所使用的算法通常是不同的，相同的算法也可用于不同的任务，例如，隐马尔可夫模型（hidden Markov model，HMM），既可用于词性（part-of-speech，POS）标注，也可用于命名实体（named entity，NE）抽取。

不同技术的结合并不是简单地将结果结合，可通过词的语法作用解决词性标注歧义问题，可使用特定领域的信息解决结构模糊的问题。

此外，任何文本的大部分内容都不包含有价值的信息，但在最终被丢弃前必须通过所有的处理阶段。

2）文本模式挖掘

虽然文本挖掘预处理操作在将非结构化的原始文本集合的内容转换为更加容易处理的概念级数据表示中发挥了重要的作用，但文本挖掘系统的核心功能表现为分析一个文本集合中各个文本之间概念共同出现的模式。实际上，文本挖掘系统依靠算法和启发式方法跨文本考虑概念分布、频繁项以及各种概念的关联，其目的是使用户发现概念的种类和关联，这种概念的种类和关联是文本集合作为一个整体所反映出来的。

例如，在一个新闻文本集合中，如果大量的新闻包含政治家×××和丑闻，那么可以暗示政治家×××在公众心中具有负面的印象，从而警示他需要发起新的与公众联系的活动。又如，有关公司 Y 及其产品 Z 新闻的数量有所增长，则暗示着消费者对于 Y 公司兴趣的焦点有所转移，它的竞争者对于这种转移必须有所关注。再举一个实例，可以推断出蛋白质 P1 和 P2 存在某种潜在的联系，原因是一些文章提到蛋白质 P1 和酶 E1 存在联系，一些文章描述了酶 E1 和酶 E2 有功能上的相似性，但没有提到任何蛋白质的名称，而另一些文章将酶 E2 和蛋白质 P2 联系起来。在以上这三个实例中，信息不是任何单个文本提供的，而是文本集合作为一个整体提供的。模式分析的文本挖掘方法致力于在整个语料库中发现概念之间的关联。

基于大规模和高维度特征集的文本挖掘方法，通常生成大量的模式。这将导致在识别模式时出现严重的问题，这个问题比目标是结构化数据源的数据挖掘应用所面临的问题还要严重得多。

对于文本挖掘系统，一项主要的操作任务是通过提供求精功能使用户能够限制模式过剩，这种求精功能的关键是对搜索结果采取各种特殊的“兴趣度”措施，可以阻止用户得到过多无法理解的搜索结果。

模式过剩的问题可能存在于所有的知识发现活动中，这个问题在遇到巨大规模的文本集合的时候被简单地放大了。因此，文本挖掘系统必须为用户提供不仅相关而且容易处理的结果集。

3）挖掘结果可视化

挖掘结果可视化是文本挖掘系统的表示层，简称浏览，充当执行系统的核心知识发现算法的后处理，当今的大多数文本挖掘系统都支持浏览，这种浏览是动态的和基于内容的。浏览是通过特定文本集合对实际原文内容加以引导，而不是通过严格预先定义的结构。一般来说，用图形来表示概念模式的层次结构可以方便用户进行浏览，这种层次结构形式通过为科学研究有效的组织概念来改善交互性能。

文本挖掘系统将面对用户从潜在巨大的文本集合中获取极其庞大的概念集的问题。因此，文本挖掘系统必须能够使用户跨越这些概念，随时可以选择以“图”的方式浏览文本集概貌或局部细节。

文本挖掘系统使用可视化工具能方便导航和概念模式的搜寻。这些工具使用各种图形化的方法来表达复杂的数据关联。过去，文本挖掘的可视化工具或者产生静态的图形和图表（它们是模式的重要且严格的快照），或者在屏幕上显示或在打印机上打印产生的报告。现在的文本挖掘系统越来越依赖于查询结果的高度交互式图形表示方法，这些方法允许用户拖拉、单击或者和概念模式的图形表示直接交互。

许多文本挖掘系统的设计人员不再限制用户仅仅能运行一定数量的、固定的、预先程序化的搜索问题。实际上，对用户开放查询语言可以使用户能够直接使用更多的搜索功能。这种开放可以通过语言接口查询或命令行查询的方式来实现。

此外，对于一些特殊的应用或任务，文本挖掘前端的一套聚类工具（详见第 7 章）使用户具有聚簇概念的能力。文本挖掘系统允许用户为概念或概念之间的关联自定义概念配置文件，从而为交互式的搜索提供更加丰富的知识环境。

最后，一些文本挖掘系统提供用户操作、创建和关联等求精约束的能力，以辅助浏览更易处理，得到更有用的结果集。就像其他有关创建、修正和参数化查询一样，在使用这些求精约束时，可以通过结合下拉列表、单选按钮、文本框和选项列表之类的图形元素来使用户界面变得更加友好。

1.4　文本挖掘的一般过程

抽象来讲，一个文本挖掘系统包括输入（原始文本）和产生各种类型的输出（如模式、概念图、趋势等）。用户可作为长期的互动循环查询、浏览和求精结果集中的一部分；反过来，也可以指导用户进行新的查询、浏览和求精循环。从功能结构上来看，文本挖掘系统遵循某些典型数据挖掘系统的一般模型，因此，可以粗略地划分为四个组成部分：预处理任务、核心挖掘操作、表示层元素和求精技术（程显毅和朱倩，2010）。数据挖掘的体系结构如图 1-1 所示。

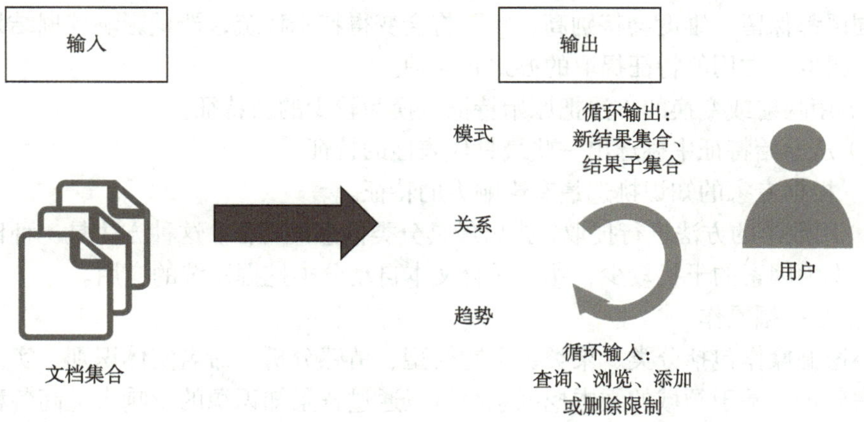

图 1-1　数据挖掘的体系结构

1）获取文本

现有文本数据导入，有些通过网络爬虫等技术获取网络文本，主要是获取网页超文本标记语言（hypertext markup language，HTML）的形式。我们获取网络中的文本构建文本数据库（数据集）。对于常见的 Web 上的网页数据，可以编写爬虫程序，抓取到网络中的信息。

2）文本预处理

文本预处理指剔除噪声文档以改进挖掘精度或者在文档数量过多时仅选取一部分样本以提高挖掘效率。例如，网页中存在很多不必要的信息，如一些广告，导航栏，HTML、JavaScript 代码，注释等并不需要的信息，可以删除。如果需要正文提取，可以利用标签、标签密度判定、数据挖掘思想、视觉网页块分析技术等策略抽取出正文。

3）语言学处理

（1）分词。文本中起到关键作用的是一些词，甚至主要词就能决定文本取向。例如，一篇文章讲的是政治还是经济，肯定是对文章中的中心词进行分析得到的结果。由于中文的词之间没有空格，因此需要额外的手段将不同的词分开。

分词就是将连续的字序列按照一定的规范重新组合成词序列的过程。我们知道，在英文的行文中，单词之间是以空格作为自然分界符的，而中文只是字、句和段能通过明显的分界符来简单划界，唯独词没有一个形式上的分界符，虽然英文也同样存在短语的划分问题，不过在词这一层上，中文比英文要复杂得多、困难得多。

现在针对中文分词，出现了很多分词的算法，有最大匹配法、最优匹配法、机械匹配法、逆向匹配法、双向匹配法等。

（2）词性标注。很多分词工具可以将句子分出多个词，以及这些词的词性，如“啊”是语气助词。

（3）去除停用词。例如，句号、“是”、“的”等词，没有什么实际的意义，然而这些词在所有的文章中都大量存在，并不能反映出文本的意思，可以处理掉。当然，针对不同的应用还有很多其他词性也是可以去掉的，如形容词等。

4）特征提取

我们希望获取到的词汇，既能保留文本的信息，又能反映它们的相对重要性。如果对所有词语都保留，维度会特别高，矩阵将会变得特别稀疏，严重影响挖掘结果，所以需要特征提取。常用的特征提取的方式有 4 种。

（1）用映射或变换的方法把原始特征变换为较少的新特征。

（2）从原始特征中挑选出一些最具代表性的特征。

（3）根据专家的知识挑选最有影响力的特征。

（4）用数学的方法进行提取，找出最具分类信息的特征，这种方法是一种比较精确的方法，人为因素的干扰较少，尤其适合文本自动分类挖掘系统的应用。

5）核心挖掘操作

核心挖掘操作包括分类、聚类、主题模型、情感分析、命名实体识别、实体关系抽取和关联分析。基于领域的文本挖掘系统可以通过背景知识源的影响来提高各种操作的质量。这些文本挖掘系统中的核心挖掘操作也可以称为知识“蒸馏”过程。

以文本分类和聚类为例，经过上面的步骤，我们就可以把文本集转化成一个矩阵。我们能够利用各种算法进行挖掘，例如，如果要对文本集进行分类，常用的方法有简单贝叶斯分类法、矩阵变换法、K-最近邻（K-nearest neighbor，KNN）参照分类算法以及支持向量机分类方法等。聚类方法通常有层次聚类法、平面划分法、简单贝叶斯聚类法、K-最近邻聚类法、分级聚类法等。

6）表示层元素

表示层元素包括图形用户界面、模式浏览器、查询语言、可视化工具和面向用户的查询编辑器。

7）数据可视化

最后一步是数据结构的可视化展示，通过合适的可视化图形的生动形象展示，让读者更容易理解所要表达的信息。词云图、树状图、网络图都是常见的可视化分析方法。图 1-2 描述了文本挖掘的一般处理过程。

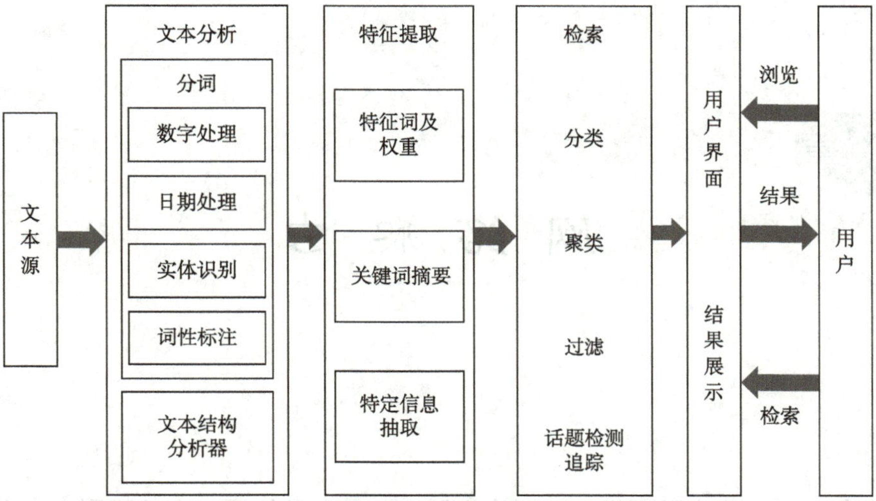

图 1-2　文本挖掘的一般处理过程

【思　考　题】

1. 文本挖掘和传统的数据挖掘有什么异同？
2. 文本挖掘涉及哪些学科和领域的知识？
3. 文本挖掘的一般过程是什么？
4. 文本挖掘的典型任务有哪些？
5. 列举一些你知道的文本挖掘任务，以及它们在商务中的应用。

第 2 章

网 络 爬 虫

网络爬虫（又称为网页蜘蛛、网络机器人）是一种按照一定的规则，自动地抓取 Web 信息的程序或者脚本。简单点说就是一段自动化执行的程序，它会请求网站并提取数据。常见的搜索引擎就使用了爬虫收集各个网站的信息，并建立了索引，从而实现了对整个网络的快速检索。

2.1 网络爬虫的分类

网络爬虫按照系统结构和实现技术，大致可以分为以下几种类型（曾伟辉和李淼，2008）：通用网络爬虫（general purpose Web crawler）、聚焦网络爬虫（focused Web crawler）、增量式网络爬虫（incremental Web crawler）、深层网络爬虫（deep Web crawler）。实际的网络爬虫系统通常是几种爬虫技术相结合实现的。

1）通用网络爬虫

通用网络爬虫又称全网爬虫（scalable Web crawler），爬行对象从一些种子统一资源定位符（uniform resource locator，URL）扩充到整个 Web，主要为门户站点搜索引擎和大型 Web 服务提供商采集数据。由于商业原因，它们的技术细节很少公布出来。这类网络爬虫的爬行范围和数量巨大，对于爬行速度和存储空间要求较高，对于爬行页面的顺序要求相对较低，同时由于待刷新的页面太多，通常采用并行工作方式，但需要较长时间才能刷新一次页面。虽然存在一定缺陷，但通用网络爬虫适用于搜索引擎搜索广泛的主题，有较强的应用价值。

通用网络爬虫的结构大致可以分为页面爬行模块、页面分析模块、链接过滤模块、页面数据库、URL 队列、初始 URL 集合几个部分。为提高工作效率，通用网络爬虫会采取一定的爬行策略。常用的爬行策略有深度优先策略、广度优先策略。

（1）深度优先策略：其基本方法是按照深度由低到高的顺序，依次访问下一级网页链接，直到不能再深入为止。爬虫在完成一个爬行分支后返回到上一链接节点进一步搜索其他链接。当所有链接遍历完后，爬行任务结束。这种策略比较适合垂直搜索或站内搜索，但爬行页面内容层次较深的站点时会造成资源的巨大浪费。

（2）广度优先策略：此策略按照网页内容目录层次的深浅来爬行页面，处于较浅目录层次的页面首先被爬行。当同一层次中的页面爬行完毕后，爬虫再深入下一层次继续爬行。这种策略能够有效控制页面的爬行深度，避免遇到一个无穷深层分支时无法结束爬行的问题，实现方便，无须存储大量中间节点，不足之处在于需较长时间才能爬行到目录层次较深的页面。

2）聚焦网络爬虫

聚焦网络爬虫，又称主题网络爬虫（topical Web crawler），是指选择性地爬行那些与预先定义好的主题相关页面的网络爬虫。和通用网络爬虫相比，聚焦网络爬虫只需要爬行与主题相关的页面，极大地节省了硬件和网络资源，保存的页面也由于数量少而更新快，还可以很好地满足一些特定人群对特定领域信息的需求。

聚焦网络爬虫和通用网络爬虫相比，增加了链接评价模块和内容评价模块。聚焦网络爬虫的爬行策略实现的关键是评价页面内容和链接的重要性，不同的方法计算出的重要性不同，由此导致链接的访问顺序也不同。

（1）基于内容评价的爬行策略：Bra 等（1994）将文本相似度的计算方法引入网络爬虫中，提出了 Fish-Search 算法，它将用户输入的查询词作为主题，包含查询词的页面被视为与主题相关，其局限性在于无法评价页面与主题相关度的高低。Hersovici 等（1998）对 Fish-Search 算法进行了改进，提出了 Shark-Search 算法，利用空间向量模型计算页面与主题的相关度。

（2）基于链接结构评价的爬行策略：Web 页面作为一种半结构化文档，包含很多结构信息，可用来评价链接重要性。PageRank 算法最初用于在搜索引擎信息检索中对查询结果进行排序，也可用于评价链接重要性，具体做法就是每次选择 PageRank 值较大页面中的链接来访问。另一个利用 Web 结构评价链接价值的方法是 HITS（hyperlink induced topic search），它通过计算每个已访问页面的 Authority 权重和 Hub 权重，并以此决定链接的访问顺序。

（3）基于增强学习的爬行策略：Rennie 和 McCallum 将增强学习引入聚焦爬虫，利用贝叶斯分类器，根据整个网页文本和链接文本对超链接进行分类，为每个链接计算出重要性，从而决定链接的访问顺序。

（4）基于语境图的爬行策略：Diligenti 等（2000）提出了通过建立语境图（context graphs）学习网页之间的相关度，训练一个机器学习系统，通过该系统可计算当前页面到相关 Web 页面的距离，距离越近的页面中的链接优先访问。印度理工大学和国际商业机器（International Business Machines，IBM）公司研究中心的研究人员开发了一个典型的聚焦网络爬虫。该爬虫对主题的定义既不是采用关键词也不是加权矢量，而是一组具有相同主题的网页。它包含两个重要模块：一个是分类器，用来计算所爬行的页面与主题的相关度，确定是否与主题相关；另一个是净化器，用来识别通过较少链接来链接到大量相关页面的中心页面。

3）增量式网络爬虫

增量式网络爬虫是指对已下载网页采取增量式更新和只爬行新产生的或者已经发生变化网页的爬虫，它能够在一定程度上保证所爬行的页面是尽可能新的页面。与周期性爬行和刷新页面的网络爬虫相比，增量式网络爬虫只会在需要的时候爬行新产生或发生变化的页面，并不重新下载没有发生变化的页面，可有效减少数据下载量，及时更新已爬行的网页，减小时间和空间上的耗费，但是增加了爬行算法的复杂度和实现难度。增量式网络爬虫的体系结构包含爬行模块、排序模块、更新模块、本地页面集、待爬行 URL 集以及本地页面 URL 集。

增量式网络爬虫有两个目标：保持本地页面集中存储的页面为最新页面和提高本地页面集中页面的质量。为实现第一个目标，增量式网络爬虫需要通过重新访问网页来更新本地页面集中的页面内容，常用的方法有：①统一更新法，爬虫以相同的频率访问所有网页，不考虑网页的改变频率；②个体更新法，爬虫根据个体网页的改变频率来重新访问各页面；③基于分类的更新法，爬虫根据网页改变频率将其分为更新较快的网页子集和更新较慢的网页子集两类，然后以不同的频率访问这两类网页。

为实现第二个目标，增量式网络爬虫需要对网页的重要性排序，常用的策略有广度优先策略、PageRank 优先策略等。IBM 开发的 WebFountain 是一个功能强大的增量式网络爬虫，它采用一个优化模型控制爬行过程，并没有对页面变化过程做任何统计假设，而是采用一种自适应的方法根据先前爬行周期的爬行结果和网页实际变化速度对页面更新频率进行调整。北京大学的天网增量爬行系统旨在爬行国内 Web，将网页分为变化网页和新网页两类，分别采用不同的爬行策略。为缓解对大量网页变化历史维护导致的性能瓶颈，它根据网页变化时间的局部性规律，在短时期内直接爬行多次变化的网页，为尽快获取新网页，它利用索引型网页跟踪新出现的网页。

4）深层网络爬虫

Web 页面按存在方式可以分为表层网页（surface Web）和深层网页（deep Web，也称 invisible Web pages 或 hidden Web）。表层网页是指传统搜索引擎可以索引的页面，以超链接可以到达的静态网页为主构成的 Web 页面。深层网页是那些大部分内容不能通过静态链接获取的、隐藏在搜索表单后的、只有用户提交一些关键词才能获得的 Web 页面。例如，那些用户注册后内容才可见的网页就属于深层网页。深层网页中可访问的信息容量是表层网页的几百倍，是互联网上最大、发展最快的新型信息资源。

深层网络爬虫体系结构包含六个基本功能模块［爬行控制器、解析器、表单分析器、表单处理器、响应分析器、标签/数值集合（label value set，LVS）控制器］和两个爬虫内部数据结构（URL 列表、LVS 表）。其中 LVS 用来表示填充表单的数据源。

深层网络爬虫爬行过程中最重要的部分就是表单填写，包含两种类型。

（1）基于领域知识的表单填写：此方法一般会维持一个本体库，通过语义分析来选取合适的关键词填写表单。Lu 等（2007）提出一种获取 Form 表单信息的多注解方法，将数据表单按语义分配到各个组中，对每组从多方面注解，结合各种注解结果来预测一个最终的注解标签；郑冬冬等（2005）利用一个预定义的领域本体知识库来识别深层网络页面内容，同时利用一些来自 Web 站点的导航模式来识别自动填写表单时所需进行的路径导航。

（2）基于网页结构分析的表单填写：此方法一般无领域知识或仅有有限的领域知识，将网页表单表示成文档对象模型（document object model，DOM）树，从中提取表单各字段值。El-Desouky 等（2006）提出一种 LEHW（label extraction for hidden Web）方法，该方法将 HTML 网页表示为 DOM 树形式，将表单区分为单属性表单和多属性表单，分别进行处理；孙彬等（2007）提出一种基于 XQuery 的搜索系统，它能够模拟表单和特殊页面标记切换，把网页关键字切换信息描述为三元组单元，按照一定规则排除无效表单，将 Web 文档构造成 DOM 树，利用 XQuery 将文字属性映射到表单字段。

Raghavan 和 Garcia（2007）提出的 HiWE（Hidden Web Exposer）系统中，爬行管理器负责管理整个爬行过程，分析下载的页面，将包含表单的页面提交表单处理器处理，表单处理器先从页面中提取表单，从预先准备好的数据集中选择数据自动填充并提交表单，由爬行控制器下载相应的结果页面。

2.2 网络数据抓取的基本步骤

一次网络数据抓取，可以分为四个步骤（崔庆才，2018）。

1）发起请求

Web 内容都是存储在 Web 服务器上的。Web 服务器所使用的是超文本传输协议（hypertext transfer protocol，HTTP），因此经常被称为 HTTP 服务器。这些 HTTP 服务器存储了互联网中的数据，如果 HTTP 客户端发出请求，它们会提供数据。客户端若想服务器发送 HTTP 请求，服务器会在 HTTP 响应中回送所请求的数据。

当我们通过浏览器向服务器发送 request 请求时，这个 request 包含请求方式、URL、请求头和请求体等信息。

（1）请求方式：最常用的请求方式包括 GET 请求和 POST 请求。POST 请求在开发中最常见的是通过表单进行提交，从用户角度来讲，最常见的就是登录验证。当需要输入一些信息进行登录的时候，这次请求即为 POST 请求。

（2）URL：一个网址、一张图片、一个视频等都可以用 URL 定义。每个 Web 服务器资源（如图片、视频、网页等）都有一个名字，这样客户端就可以说明它们感兴趣的资源是什么了。服务器资源名被称为统一资源标识符。URL 就像互联网上的邮政地址一样，在全世界范围内唯一标识并定位信息资源。URL 是资源标识符最常见的形式。URL 描述了一台特定服务器上某资源的特定位置。

（3）请求头（request headers）：包括这次请求的类型、Cookie 信息以及浏览器类型等。这个请求头在我们进行网页抓取的时候还是有些作用的，服务器会通过解析请求头来进行信息的审核，判断这次请求是否是一次合法的请求。所以当我们通过程序伪装浏览器进行请求的时候，就可以设置一下请求头的信息。

（4）请求体：POST 请求会把用户信息包装在 form-data 里面进行提交，因此相比于 GET 请求，POST 请求的请求头标签的内容会多出 form-data 这个信息包。GET 请求时，参数信息将会以“？”间隔添加在 URL 的后面。

2）获取响应内容

如果服务器正常响应，那么我们将会收到一个 response，response 即为所请求的网页内容，或许包含 HTML、JSON（JavaScript object notation）字符串或者二进制的数据（视频、图片）等。

从服务器获取的 response 包含了响应状态、响应头、响应体等信息。

（1）响应状态：通过请求头中的 General（通用首部）可以看到状态码。200 表示成功，301 表示跳转，404 表示找不到网页，502 表示服务器错误等。

（2）响应头：包括内容的类型、Cookie 信息等。

（3）响应体：请求的目的就是得到响应体，包括 HTML 代码、JSON 以及二进制数据等。

3）解析响应内容

所谓的解析，就是要从响应体中“乱七八糟”的网页源码中，提取我们想要的数据，例如，网页中的链接、图片等。如果是 HTML 代码，则可以使用网页解析器进行解析，如果是 JSON 数据，则可以转换成 JSON 对象进行解析，如果是二进制的数据，则可以保存到文件进行进一步处理。

4）保存数据

解析出来的结果可以保存到本地文件，也可以保存到数据库（MySQL、Redis、MongoDB 等）。

2.3 网络爬虫的基本工作流程

网络爬虫是一个不断循环发送和接收网络请求，从而不断访问更多的 URL 的过程。网络爬虫这种循环工作的基本流程如下（崔庆才，2018）。

（1）选取一部分精心挑选的种子 URL。

（2）将这些 URL 放入待抓取 URL 队列。

（3）从待抓取 URL 队列中取出待抓取的 URL，解析域名系统（domain name system，DNS），并且得到主机的 IP，并将 URL 对应的网页下载下来，存储进已下载网页库中。此外，将这些 URL 放进已抓取 URL 队列中。

（4）分析已抓取 URL 队列中的 URL，分析其中的其他 URL，并且将 URL 放入待抓取 URL 队列，从而进入下一个循环。

整个流程如图 2-1 所示。

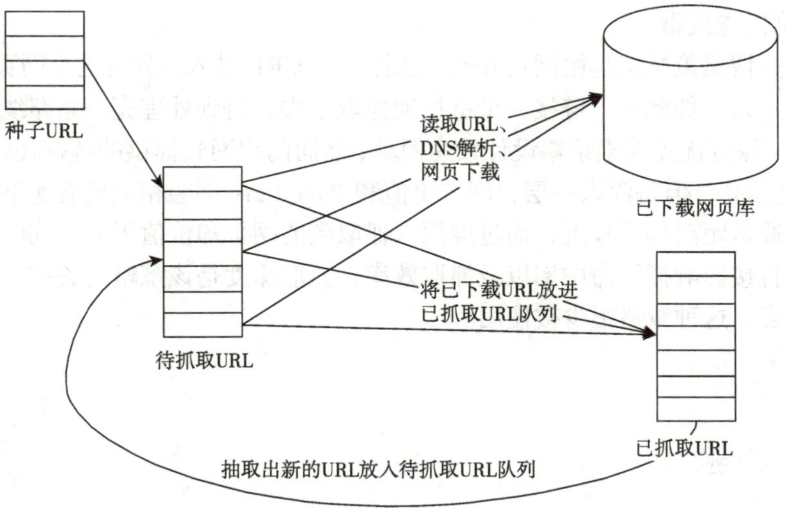

图 2-1　网络爬虫的基本结构及工作流程

2.4　爬虫的抓取策略

网页的抓取策略可以分为广度优先搜索、最佳优先搜索、深度优先搜索三种。深度优先搜索在很多情况下会导致爬虫的陷入（trapped）问题，目前常见的是广度优先搜索和最佳优先搜索策略。

1）广度优先搜索

广度优先搜索策略是指在抓取过程中，在完成当前层次的搜索后，才进行下一层次的搜索。该方法的设计和实现相对简单。目前为覆盖尽可能多的网页，一般使用广度优先搜索策略。也有很多研究将广度优先搜索策略应用于聚焦网络爬虫中，其基本思想是认为与初始 URL 在一定链接距离内的网页具有主题相关性的概率很大。另外一种方法是将广度优先搜索与网页过滤技术结合使用，先用广度优先搜索策略抓取网页，再将其中无关的网页过滤掉。这些方法的缺点在于，随着抓取网页的增多，大量的无关网页将被下载并过滤，算法的效率将变低。

2）最佳优先搜索

最佳优先搜索策略按照一定的网页分析算法，预测候选 URL 与目标网页的相似度或与主题的相关性，并选取评价最好的一个或几个 URL 进行抓取。它只访问经过网页分析算法预测为“有用”的网页。存在的一个问题是，在爬虫抓取路径上的很多相关网页可能被忽略，因为最佳优先搜索策略是一种局部最优搜索算法。因此需要将最佳优先搜索结合具体的应用进行改进，以跳出局部最优点。研究表明，这样的闭环调整可以将无关网页数量降低 30%~90%。

3）深度优先搜索

深度优先搜索策略从起始网页开始，选择一个 URL 进入，分析这个网页中的 URL，选择一个再进入。如此一个链接一个链接地抓取下去，直到处理完一条路线之后再处理下一条路线。深度优先搜索策略设计较为简单，然而门户网站提供的链接往往最具价值，PageRank 也很高，但每深入一层，网页价值和 PageRank 都会相应地有所下降。这暗示了重要网页通常距离种子较近，而过度深入抓取到的网页却价值很低。同时，这种策略的抓取深度直接影响抓取命中率以及抓取效率，抓取深度是该策略的关键。相对于其他两种策略而言，这种策略很少被使用。

2.5 实验

2.5.1 实验环境简介

1）Python 语言

Python 由 Guido 于 1989 年年底开发，Python 是基于 ABC 教学语言的。ABC 这种语言非常优美和强大，是专门为非专业程序员设计的。但是，ABC 语言并没有获得广泛的应用，Guido 认为是非开放造成的。

Guido 决定在 Python 中避免这些错误，因此他加强了 Python 和其他语言如 C、C++ 和 Java 的综合性。同时，他还实现了许多 ABC 中闪现过但未曾实现的东西。Python 第一个实现是基于 Mac 机器的。Python 由 ABC 发展而来，主要受到了 Modula-3（另一种相对优美且功能强大的语言，为小型团队所设计）的影响，并且结合了 UNIX Shell 和 C 语言的习惯。

Python 是一门面向对象的解释型的脚本语言，但一些大规模软件开发，如 Zope、Mnet、BitTorrent 和 Google 都广泛使用了该语言，而 Python 的支持者喜欢称它为高级动态编译语言，因此 Python 绝非 JavaScript 等只能处理简单任务的脚本语言所能比拟的。

Python 的两大特色是可扩展性和清晰的语法：Python 新的内置模块（module）可以用 C 或 C++写成，也可以为现成的模块加上 Python 的接口。Python 的设计者在设计它的时候认为：对于一个特定的问题，只要用一种最简单的方法就好了，因此 Python 甚至不是一种格式自由的语言，例如，它要求 if 语句的下一行必须向右缩进，否则不能通过编译。

Python 在编程领域中的占有率一直处于稳步上升中，2017 年 5 月全球编程语言排行榜 Python 升至第四名。

Python 提供了非常完善的基础代码库，覆盖了网络、文件、图形用户界面（graphical user interface，GUI）、数据库、文本等大量内容，被形象地称作内置电池（batteries included）。用 Python 开发时，许多功能不必从零编写，直接使用现成的即可。除了内置的库外，Python 还有大量的第三方库，也就是别人开发的、供用户直接使用的东西。当然，如果用户开发的代码通过很好的封装，也可以作为第三方库给别人使用。许多大型网站就是用 Python 开发的，如 YouTube、Instagram，还有国内的豆瓣。很多大公司，包括 Google、Yahoo 等，甚至美国国家航空航天局（National Aeronautics and Space Administration，NASA）都大量地使用 Python。

Python 的定位是“优雅”“明确”“简单”，所以 Python 程序看上去总是简单易懂，初学者学 Python，不但入门容易，而且将来深入下去，可以编写非常复杂的程序。总的来说，Python 的哲学就是简单优雅，尽量编写容易看明白的代码，尽量编写少的代码。

Python 也有一些缺点。第一个缺点就是运行速度慢，和 C 语言程序相比非常慢，因为 Python 是解释型语言，代码在执行时会一行一行地翻译成中央处理器（central processing unit，CPU）能理解的机器码，这个翻译过程非常耗时，所以很慢。而 C 语言程序是运行前直接编译成 CPU 能执行的机器码，所以非常快。但是大量的应用程序不需要这么快的运行速度，因为用户根本感觉不出来。例如，开发一个下载 MP3 的网络应用程序，C 语言程序的运行时间需要 0.001s，而 Python 程序的运行时间需要 0.1s，是 C 语言程序运行时间的 100 倍，但由于网络更慢，需要等待 1s。因此，用户很难感觉到 1.001s 和 1.1s 的区别。

第二个缺点就是代码不能加密。如果要发布自己的 Python 程序，实际上就是发布源代码，这一点与 C 语言不同，C 语言不用发布源代码，只需要把编译后的机器码（也就是用户在 Windows 上常见的 xxx.exe 文件）发布出去即可。要从机器码反推出 C 语言代码是不可能的，所以，凡是编译型的语言都没有这个缺点，而解释型的语言，则必须把源代码发布出去。但在目前的互联网时代，靠卖软件授权的商业模式越来越少了，靠网站和移动应用卖服务的模式越来越多了，后一种模式不需要把源代码给别人。另外，这也与现在如火如荼的开源运动和互联网自由开放的精神是一致的。

Python 有 2.x 和 3.x 两个版本。Python 2 是一个较老的版本，2020 年以后不再支持更新。因此，本书所有的例子都是使用 Python 3 的语法编写的。

2）Jupyter Notebook

Jupyter Notebook（之前称为 IPython Notebook）是一个交互式的编程环境，支持运行超过 40 种编程语言。Jupyter Notebook 是文学编程（literate programming）的一种实现方式。文学编程是由 Donald Knuth 提出的编程方法。传统的结构化编程中，人们需要按计算机的逻辑顺序来编写代码；与此相反，文学编程则可以让人们按照自己的思维逻辑来开发程序。

简单来说，文学编程的读者不是机器，而是人。我们从写出让机器读懂的代码，过渡到向人们解说如何让机器实现我们的想法，其中除了代码，更多的是叙述性的文字、图表等内容。这么一看，这不正是数据分析人员所需要的编码风格吗？不仅要当好一个程序员，还要当好一个作家，那么 Jupyter Notebook 就是不可或缺的一款集编程和写作于一体的效率工具。

简而言之，Jupyter Notebook 是以网页的形式打开的，可以在网页页面中直接编写代码和运行代码，代码的运行结果也会直接在代码块下显示。如果在编程过程中需要编写说明文档，可在同一个页面中直接编写，便于进行及时的说明和解释。

Jupyter Notebook 的主要特点如下。

（1）编程时具有语法高亮、缩进、Tab 补全的功能。

（2）可直接通过浏览器运行代码，同时在代码块下方展示运行结果。

（3）以富媒体格式展示计算结果。富媒体格式包括 HTML、LaTeX、可移植网络图形格式（portable network graphic format，PNG）、可伸缩矢量图形（scalable vector graphics，SVG）等。

（4）为代码编写说明文档或语句时，支持 Markdown 语法。

（5）支持使用 LaTeX 编写数学性说明。

Jupyter Notebook 具有以下众多优点。

（1）极其适合数据分析：过去的数据分析常常需要使用多种工具，打开多个窗口。例如，用户在终端中运行程序，可视化结果却显示在另一个窗口中，包含函数和类的脚本存储在其他文档中，甚至还需另外写一份说明文档来解释程序如何执行以及结果如何。而 Jupyter Notebook 可以将所有内容收归一处，让分析思路更加清晰。

（2）支持多语言：支持超过 40 种编程语言，也包括 Python。无论用户习惯使用 R 语言来做数据分析，还是想用学术界常用的 MATLAB 和 Mathematica，这些都不成问题，只要安装相对应的核（kernel）即可。

（3）分享便捷：Jupyter Notebook 支持以网页的形式分享，GitHub 中天然支持 Notebook 展示，也可以通过 NBviewer 分享自己的文档。当然也支持导出成 HTML、Markdown、便携式文档格式（portable document format，PDF）等多种格式的文档。

（4）远程运行：在任何地点都可以通过网络链接远程服务器来实现运算，https://jupyter.org/try 给出了一个远程运行的例子，读者可以体验一下 Jupyter Notebook。

（5）交互式展现：不仅可以输出图片、视频、数学公式，甚至可以呈现一些互动的可视化内容，如可以缩放的地图或者可以旋转的三维模型。这就需要交互式插件（interactive widgets）来支持，更多内容请参考 http://jupyter.org/widgets.html。

可以通过 pip 命令或 Anaconda 来安装。通过 pip 命令安装的方法如下：

```
python -m pip install --upgrade pip
python -m pip install jupyter
```

2.5.2 理解 HTTP

HTTP 是互联网上应用最为广泛的一种网络协议，所有的万维网文件都必须遵守这个标准。设计 HTTP 最初的目的是提供一种发布和接收 HTML 页面的方法。1960 年美国人 Ted Nelson 构思了一种通过计算机处理文本信息的方法，并称其为超文本（hypertext），这成为 HTTP 标准架构的发展根基。Ted Nelson 组织协调万维网协会（World Wide Web Consortium）和互联网工程工作小组（Internet Engineering Task Force）共同合作研究，最终发布了一系列的 RFC（request for comments），其中著名的 RFC 2616 定义了 HTTP 1.1。

HTTP 是用于从 Web 服务器传输超文本到本地浏览器的传输协议。它可以使浏览器更加高效，使网络传输减少。它不仅保证计算机正确快速地传输超文本文档，还确定传输文档中的哪一部分以及哪部分内容首先显示（如文本先于图形）等。

HTTP 是客户端、浏览器或其他程序与 Web 服务器之间的应用层通信协议。在互联网上的 Web 服务器上存放的都是超文本信息，客户机需要通过 HTTP 传输所要访问的超文本信息。HTTP 包含命令和传输信息，不仅可用于 Web 访问，也可以用于其他互联网/内联网应用系统之间的通信，从而实现各类应用资源超媒体访问的集成。

我们在浏览器的地址栏里输入的网站地址叫作 URL。就像每家每户都有一个门牌地址一样，每个网页也都有一个互联网地址。当用户在浏览器的地址框中输入一个 URL 或单击一个超链接时，URL 就确定了要浏览的地址。浏览器通过 HTTP 将 Web 服务器上站点的网页代码提取出来，并翻译成漂亮的网页。

HTTP 是基于一种请求/响应模式的、无状态的、应用层的协议，基于传输控制协议（transmission control protocol，TCP）传输数据，支持客户端/服务器模式，每次完整交互都包含 HTTP 请求和 HTTP 响应。HTTP 请求由三个部分组成：请求行、消息报头、请求正文（可选，为空也行）。请求方法主要包括 GET、POST、HEAD、PUT、DELETE 等，每种方法规定了客户端与服务器联系的类型。最常用的是 GET 和 POST 方法，其中 GET 方法用于请求获取 Request-URI 所标识的资源，POST 用于在 Request-URI 所标识的资源后附加新的数据（body）。因为 HTTP 简单、HTTP 服务器的程序规模小，所以通信速度快。

通常，由 HTTP 客户端发起一个请求，建立一个到服务器指定端口（默认是 80 端口）的 TCP 连接。HTTP 服务器则在那个端口监听客户端发送过来的请求。一旦收到请求，服务器（向客户端）发回一个状态行，如 HTTP/1.1 200 OK 和（响应的）消息，消息的消息体可能是请求的文件、错误消息或者其他一些信息。

下面利用 HTTP 发送和接收一个来自京东（jd.com）的网络请求。

```
import requests
url='https://item.jd.com/2967929.html'
r=requests.get (url)
print (r.status_code)
print (r.encoding)
print (r.text[: 1000])
```

这段代码返回了以下内容：

```
200
gbk
<!DOCTYPE HTML>
<html lang="zh-CN">
<head>
    <!-- shouji -->
    <meta  http-equiv="Content-Type"  content="text/html  ;
```

```
charset=gbk" />
        <title>【华为荣耀 8】荣耀 8 4GB+64GB 全网通 4G 手机 魅海蓝【行情 报价 价格 评测】-京东</title>
        <meta name="keywords" content="HUAWEI 荣耀 8，华为荣耀 8，华为荣耀 8 报价，HUAWEI 荣耀 8 报价"/>
        <meta name="description" content="【华为荣耀 8】京东 JD.COM 提供华为荣耀 8 正品行货，并包括 HUAWEI 荣耀 8 网购指南，以及华为荣耀 8 图片、荣耀 8 参数、荣耀 8 评论、荣耀 8 心得、荣耀 8 技巧等信息，网购华为荣耀 8 上京东，放心又轻松" />
```

由于篇幅原因，我们只截取了前面一部分显示。这段程序向一个京东页面（荣耀 8 手机）发送了 HTTP 请求，并且将返回的前 1000 个字符打印出来。返回结果的第一行 200 表示 HTTP 的状态码（OK），gbk 表示返回页面的字符集编码（国标），后面的内容都是 HTML 语法内容。

2.5.3 理解 HTML

HTML 是一种用于创建网页的标准标记语言。HTML 运行在浏览器上，由浏览器来解析。

HTML 文档制作不是很复杂，但功能强大，支持不同数据格式的文件镶入，这也是万维网盛行的原因之一，其主要特点如下。

（1）简易性：HTML 版本升级采用超集方式，即后续版本可以兼容前面的版本，从而更加灵活方便。

（2）可扩展性：HTML 的广泛应用带来了加强功能、增加标识符等要求，HTML 采取子类元素的方式，为系统扩展带来保证。

（3）平台无关性：虽然个人计算机大行其道，但使用 Mac 等其他机器的大有人在，HTML 可以使用在广泛的平台上，这也是万维网盛行的另一个原因。

（4）通用性：HTML 是网络的通用语言，一种简单、通用的全置标记语言。它允许网页制作人建立文本与图片相结合的复杂页面，这些页面可以被网上任何其他人浏览，无论使用的是什么类型的计算机或浏览器。

HTML 文件以.htm 为扩展名或以.html 为扩展名，可以使用任何能够生成文本文档（TXT）类型源文件的文本编辑器来产生 HTML 文件，只需修改文件后缀即可。

标准的 HTML 文件都具有一个基本的整体结构，标记一般都是成对出现的（部分标记除外，如
），即 HTML 文件的开头与结尾标志和 HTML 的头部与实体两大部分。有三个双标记符用于页面整体结构的确认。

下面是 HTML 中常用的一些标记符。

（1）<head></head>：这两个标记符分别表示头部信息的开始和结尾。头部中包含的标记是页面的标题、序言、说明等内容，它本身不作为内容来显示，但影响网页显示的效果。头部中最常用的标记符是标题标记符和 meta 标记符，其中标题标记符用于定义网页的标题，它的内容显示在网页窗口的标题栏中，网页标题可被浏览器用作书签和收藏清单。（头）设置文档标题和其他在网页中不显示的信息，如 direction（方向）、Language Code（语言代码）、指定字典中的元信息等。

（2）<body></body>：文档体，文档的可见部分。网页中显示的实际内容均包含在这两个正文标记符之间。正文标记符又称为实体标记，在实体标记部分，HTML 定义了多种数据类型的元素内容，如脚本数据和样式表的数据，以及众多类型的属性值，包括 ID、名称、URL、数字、长度单位、语言、媒体描述符、颜色、字符编码、日期和时间等。所有这些数据类型都是专业的字符数据。

（3）<html></html>：创建一个 HTML 文档。

（4）<BASE>：文档中不能被该站点辨识的其他所有链接源的 URL。

（5）<LINK>：定义一个链接和源之间的相互关系，如引用一个层叠样式表、做一个链接到一个脚本、为某文件做一个链接（可打印的版本）、文档特定的工具栏/菜单。

（6）<script></script>：脚本语句标签，如引用一个 JavaScript 脚本。

（7）<title></title>：设置文档的标题。

当然，如果不使用以上基本框架结构，而直接使用在实体部分中出现的标记符，在浏览器下也可以解释执行。

常用样式标记符如下。

<h1></h1>：最大的标题（一号标题）。

<pre></pre>：预先格式化文本（英文全称：preformatted）。

<u></u>：下划线（英文全称：underline）。

<b></b>：黑体字（英文全称：bold）。

<i></i>：斜体字（英文全称：italics）。

<tt></tt>：打字机风格的字体。

<cite></cite>：引用，通常是斜体。

<em></em>：强调文本（通常是斜体加黑体，英文全称：emphasize）。

<strong></strong>：加重文本（通常是斜体加黑体）。

<font size="" color=""></font>：设置字体大小从 1 到 7，颜色使用名字或 RGB（中文全称：红绿蓝）的十六进制值。

<basefont></basefont>：基准字体标记。

<big></big>：字体加大。

<small></small>：字体缩小。

<delect></delect>：加删除线。

<code></code>：计算机源代码或者其他机器可以阅读的文本内容。

<kbd></kbd>：键盘字（英文全称：keyboard）。

<samp></samp>：范例（英文全称：sample）。

<var></var>：变量（英文全称：variable）。

<blockquote></blockquote>：向右缩排（向右缩进、块引用）。

<dfn></dfn>：术语定义（英文全称：define）。

<address></address>：地址标记。

：上标字（英文全称：superscript）。

：下标字（英文全称：subscript）。

<xmp>…</xmp>：固定宽度字体（在文件中空白、换行、定位功能有效）。

<plaintext>…</plaintext>：固定宽度字体（不执行标记符号）。

<listing>…</listing>：固定宽度小字体。

<font color=00ff00>…</font>：字体颜色。

<font size=1>…</font>：字体大小等于 1（最小）。

<font style ='font-size：100 px'>…</font>：字体样式等于无限增大（100 像素）。

格式标志标签如下。

<p></p>：创建一个段落（英文全称：paragraphs）。

<p align="">：将段落按左、中、右对齐。

：定义新行。

<blockquote></blockquote>：从两边缩进文本。

<dl></dl>：定义列表（英文全称：definitionlist）。

<dt>：放在每个定义术语词前（定义术语，英文全称：definitionterm）。

<dd>：放在每个定义之前（定义说明，英文全称：definitiondescription）。

<ol></ol>：创建一个有序的列表，默认前面有数字，从数字“1”开始计数，依次叠加，也可以设置为字母或从任意自然数开始计数的列表项（有序列表，英文全称：orderedlist）。

<ul></ul>：创建一个无序的列表，默认前面标有圆点，也可以自己设置为 none 或者其他形状，如空心圆、方块等（无序列表，英文全称：unorderedlists）。

<li>：放在每个列表项之前，若在<ol></ol>之间，则每个列表项加上一个数字，若在<ul></ul>之间，则每个列表项加上一个圆点。

<div align=""></div>：用来排版大块 HTML 段落，也用于格式化表。

<menu>：选项清单。

<dir>：目录清单。

<nobr></nobr>：强行不换行（英文全称：nobreaking）。

<hr size='9' width='80%' color='ff0000'>：水平线（设定宽度，英文全称：horizontalrule）。

<center></center>：水平居中。

HTML 的最新版本是 HTML 5，即 HTML 的第五次重大修改。HTML 5 的设计目的是在移动设备上支持多媒体。新的语法特征被引进以支持这一点，如 video、audio 和 canvas 标记。HTML 5 还引进了新的功能，可以真正改变用户与文档的交互方式。

在上面的例子中，我们可以抽取出关于“荣耀 8”这款手机的若干信息：

```
品牌：华为（HUAWEI）
商品名称：华为荣耀 8
商品编号：2967929
商品毛重：473.00g
```

商品产地：中国

系统：安卓（Android）

机身厚度：薄（7mm-8.5mm）

拍照特点：后置双摄像头

电池容量：3000mAh-3999mAh

机身颜色：深蓝色系

热点：快速充电

运行内存：4GB

前置摄像头像素：800 万-1599 万

后置摄像头像素：1200 万-1999 万

机身内存：64GB

对于更加复杂的网页，可以使用正则表达式对 HTML 进行解析，从而抽取出想要的信息。

2.5.4 存入数据库

从网页中抽取出的数据，可以存入数据库中。本实验使用的是开源的 MySQL 数据库。

1）MySQL 数据库安装

在开始之前，请确保已经安装好了 MySQL 数据库并保证它能正常运行，而且需要安装好 PyMySQL 库。

2）连接数据库

首先尝试连接数据库。假设当前的 MySQL 运行在本地，用户名为 root，密码为 123456，运行端口为 3306。这里利用 PyMySQL 先连接 MySQL，然后创建一个新的数据库，名字叫作 spiders，代码如下：

```
import pymysql
db=pymysql.connect（host='localhost', user='root', password='123456', port=3306）
cursor=db.cursor（）
cursor.execute（'SELECT VERSION（）'）
data=cursor.fetchone（）
print（'Database version: ', data）
cursor.execute（"CREATE DATABASE spiders DEFAULT CHARACTER SET utf8"）
db.close（）
```

运行结果如下：

```
Database version:（'5.6.22',）
```

这里通过 PyMySQL 的 connect（）方法声明一个 MySQL 连接对象 db，此时需要传入 MySQL 运行的 host（即 IP）。由于 MySQL 在本地运行，所以传入的是 localhost。如果 MySQL 在远程运行，则传入其公网 IP 地址。后续的参数 user 即用户名，password 即密码，port 即端口（默认为 3306）。

连接成功后，需要再调用 cursor（ ）方法获得 MySQL 的操作游标，利用游标来执行结构化查询语言（structured query language，SQL）语句。这里我们执行了两句 SQL 语句，直接用 execute（ ）方法执行即可。第一句 SQL 语句用于获得 MySQL 的当前版本，然后调用 fetchone（ ）方法获得第一条数据，也就得到了版本号。第二句 SQL 语句执行创建数据库的操作，数据库名叫作 spiders，默认编码为 UTF-8。因为该语句不是查询语句，所以直接执行后就成功创建了数据库 spiders。接着，再利用这个数据库进行后续的操作。

3）创建表

一般来说，创建数据库的操作只需执行一次即可。当然，我们也可以手动创建数据库。以后，我们的操作都在 spiders 数据库上执行。

接下来，新创建一个数据表 cellphone，用来存储从京东商城网站上抓取的所有手机型号信息。这里指定 5 个字段，结构如表 2-1 所示。实际操作中我们可以放入更多的字段。

表 2-1　数据表 cellphone

字段名	含义	类型
id	手机的编号	varchar
pname	手机名称	varchar
brand	手机品牌	varchar
weight	重量	int
memory	内存大小（GB）	int

4）插入数据

下面就是向数据库中插入数据了。例如，这里爬取了一个手机信息，编号为 2967929，名字为“华为荣耀 8”，品牌为“华为”，重量为 473g，内存大小为 4GB，那么如何将该条数据插入数据库呢？示例代码如下：

```
import pymysql
id='2967929'
pname='华为荣耀 8'
brand='华为'
weight=473
memory=4
db=pymysql.connect（host='localhost', user='root', password=
'123456', port=3306, db='spiders'）
cursor=db.cursor（）
sql='INSERT INTO cellphone（id, pname, brand, weight, memory）
values（%s, %s, %s, %s, %s）'
```

```
try:
    cursor.execute (sql, (id, user, age))
    db.commit ()
except:
    db.rollback ()
db.close ()
```

这里首先构造了一条 SQL 语句，其 value=s 值没有用字符串拼接的方式来构造，而是选择直接用格式化符%s 来实现。有几个 value=s 写几个%s，我们只需要在 execute ( ) 方法的第一个参数传入该 SQL 语句，value=s 值用统一的元组传过来即可。这样的写法既可以避免字符串拼接的麻烦，又可以避免引号冲突的问题。

之后值得注意的是，需要执行 db 对象的 commit ( ) 方法才可实现数据插入，这个方法才是真正将语句提交到数据库执行的方法。数据插入、更新、删除操作，都需要调用该方法才能生效。

2.5.5 批量抓取

爬虫需要抓取的网页通常不止一个，这样就涉及批量抓取（Mars_DD，2018）。例如，打开京东商城首页，搜索框输入“手机”进行搜索，显示结果如图 2-2 所示。搜索结果显示一共有 100 页，每页有 60 条商品信息，抓取每件商品的售价、名称、评价数量。抓取这 100 页数据存入逗号分隔值（comma-separated values，CSV）文件中。

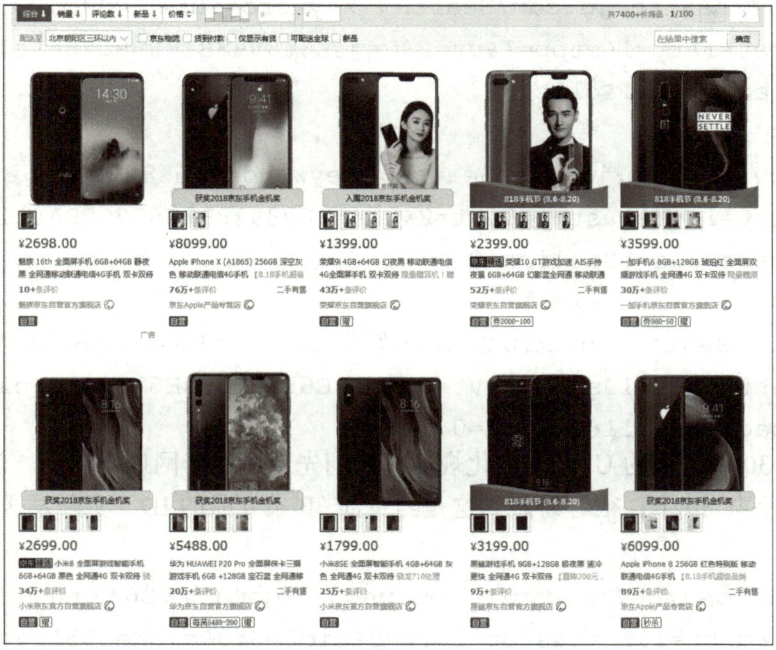

图 2-2 京东商城网页搜索“手机”的返回页面

每一页有 60 条商品信息，但是当用户打开网页的时候会发现，每次只加载前面 30 条信息，后面的 30 条信息在下拉浏览的时候才会加载。也就是说后 30 条信息是动态加载的，于是我们认为每一页的信息可以分为前 30 条和后 30 条分开抓取。

1）前 30 条信息的抓取

第一页的 URL 如下：https://search.jd.com/Search? keyword=%E6%89%8B%E6%9C%BA&enc=utf-8&pvid=aa18c6ce55624fe0a035e154834f062e，直接用 requests.get 请求就能得到前 30 条商品信息。

2）后 30 条信息的抓取

既然后 30 条信息是动态加载的，我们希望找到对应的应用程序编程接口（application program interface，API），然后构造请求来模拟浏览器。右击“检查”按钮，打开 Chrome 浏览器的开发者模式，单击 Network 按钮，选择 XHR 类型，下拉京东页面，可以发现抓取到两条请求。选择第一条，选择右边的 Response 项可以发现返回的是一串 HTML 代码，其中就包含着我们想要的后 30 条商品信息。

3）翻页的实现

我们已经知道了每一页的商品信息如何抓取，接下来如何翻页是我们要考虑的问题。一般 GET 请求都是通过 URL 中的 page 参数实现翻页的，通过改变这个参数来定位不同的页面。我们多翻几页，来看下 URL 的变换规律。URL 中一共包含两个变化的参数，一个是 page，另一个是 s。很容易发现 page 参数就是当前页数 $n\times 2-1$，至于这个 s 参数，也是一种累加的关系，但是每次增加的值不是固定的，尤其是前面几页，后面再讨论。

第 1 页：

```
https://search.jd.com/Search? keyword=%E6%89%8B%E6%9C%BA&enc=utf-8&qrst=1&rt=1&stop=1&vt=2&wq=%E6%89%8B%E6%9C%BA&cid2=653&cid3=655&page=1&s=1&click=0
```

第 2 页：

```
https://search.jd.com/Search? keyword=%E6%89%8B%E6%9C%BA&enc=utf-8&qrst=1&rt=1&stop=1&vt=2&wq=%E6%89%8B%E6%9C%BA&cid2=653&cid3=655&page=3&s=58&click=0
```

第 3 页：

```
https://search.jd.com/Search? keyword=%E6%89%8B%E6%9C%BA&enc=utf-8&qrst=1&rt=1&stop=1&vt=2&wq=%E6%89%8B%E6%9C%BA&cid2=653&cid3=655&page=5&s=116&click=0
```

至于后 30 条信息的 URL 的变化规律，我们先看下这个网址，很长。首先 URL 尾部的一串数字共 30 个，很容易想到这是当页前 30 条商品的 ID，实际发送请求时去掉也不影响。

```
https://search.jd.com/s_new.php? keyword=%E6%89%8B%E6%9C%BA&enc=utf-8&qrst=1&rt=1&stop=1&vt=2&cid2=653&cid3=655&page=8&s=204&scrolling=y&log_id=1530006198.15672&tpl=3_M&show_items=1058633586，15610845215，6176077，5361711，16840903541，27141647261，
```

5934357,28505252057,5424574,6610412,7930067,28769336369,5019352,22225587075,27865526962,11378358411,3901175,26642320667,7643011,28410642805, 28756072324, 11792731652, 26188176454, 11077796654,5716981, 7438300, 26817351676, 6069862, 21759433312, 25863368410

最后URL精简到：

https://search.jd.com/s_new.php?keyword=%E6%89%8B%E6%9C%BA&enc=utf-8&qrst=1&rt=1&stop=1&vt=2&cid2=653&cid3=655&page=8&s=204&scrolling=y&log_id=1530006198.15672

观察后发现URL包含三个变化的参数：page、*s*，还有log_id，与上面相比多了一个log_id。这个参数其实就是UNIX时间戳，表示当前的时间，直接调用time函数就可以得到。page就是当前页数$n\times 2$。关于这个*s*参数，这两个URL的*s*参数每次增加的并不是固定值，多试几次发现每次都会不一样，包括第一页的*s*值，每次增加五十多，这个*s*不同，代表不同的排列顺序。因为就像搜索“手机”，其实过一段时间得出的结果就会有些变化，如谁排前面，谁排后面。还有就是一页60条商品中其实有一些是广告，还有价格动态加载的商品。这两类商品和其他的商品在HTML的标签中还有一些不一样，抓取的时候要考虑到：这两类商品是会随时在网页显示中变动的。最后在实际抓取的时候把第一个URL中的*s*参数去掉，观察后面每次翻页时动态请求的URL的变化，发现URL中的*s*参数每次的增加量大约是48，因此，在每次抓取行为时，可以将*s*参数设置为增加48。

4）代码实现

```
import requests
from lxml import etree
import time
import csv
#定义函数抓取每页前30条商品信息
def crow_first(n):
    #构造每一页的URL变化
    url='https://search.jd.com/Search?keyword=%E6%89%8B%E6%9C%BA&enc=utf-8&qrst=1&rt=1&stop=1&vt=2&cid2=653&cid3=655&page='+str(2*n-1)
    head={'authority': 'search.jd.com',
          'method': 'GET',
          'path':'/s_new.php?keyword=%E6%89%8B%E6%9C%BA&enc=utf-8&qrst=1&rt=1&stop=1&vt=2&wq=%E6%89%8B%E6%9C%BA&cid2=653&cid3=655&page=4&s=84&scrolling=y&log_id=1529828108.22071&tpl=3_M&show_items=7651927, 7367120, 7056868, 7419252, 6001239, 5934182, 4554969, 3893501, 7421462, 6577495, 26480543553, 7345757, 4483120, 6176077, 6932795, 7336429, 5963066, 5283387, 25722468892, 7425622,
```

```
4768461',
                'scheme': 'https',
                'referer':'https://search.jd.com/Search ? keyword
=%E6%89%8B%E6%9C%BA&enc=utf-8&qrst=1&rt=1&stop=1&vt=2&wq=%E6%89
%8B%E6%9C%BA&cid2=653&cid3=655&page=3&s=58&click=0',
                'user-agent': 'Mozilla/5.0 (Windows NT 6.1; Win64;
x64) AppleWebKit/537.36 (KHTML, like Gecko) Chrome/66.0.3359.139
Safari/537.36',
                'x-requested-with': 'XMLHttpRequest',
                'Cookie': 'qrsc=3; pinId=RAGa4xMoVrs; xtest=1210.
cf6b6759; ipLocation=%u5E7F%u4E1C; _jrda=5; TrackID=1aUdbc9HHS2M
dEzabuYEyED1iDJaLWwBAfGBfyIHJZCLWKfWaB_KHKIMX9Vj9_2wUakxuSLAO9A
FtB2U0SsAD-mXIh5rIfuDiSHSNhZcsJvg; shshshfpa=17943c91-d534-104f-
a035-6e1719740bb6-1525571955; shshshfpb=2f200f7c5265e4af999b95b2
0d90e6618559f7251020a80ea1aee61500; cn=0; 3AB9D23F7A4B3C9B=QFOFID
QSIC7TZDQ7U4RPNYNFQN7S26SFCQQGTC3YU5UZQJZUBNPEXMX7O3R7SIRBTTJ72
AXC4S3IJ46ESBLTNHD37U; ipLoc-djd=19-1607-3638-3638.608841570; __
jdu=930036140; user-key=31a7628c-a9b2-44b0-8147-f10a9e597d6f;
areaId=19; __jdv=122270672|direct|-|none|-|1529893590075; PCSYCityID=
25; mt_xid=V2_52007VwsQU1xaVVoaSClUA2YLEAdbWk5YSk9MQAA0BBZOVQ0AD
wNLGlUAZwQXVQpaAlkvShhcDHsCFU5eXENaGkIZWg5nAyJQbVhiWR9BGlUNZwoW
Yl1dVF0%3D; __jdc=122270672; shshshfp=72ec41b59960ea9a26956307465
948f6; rkv=V0700; __jda=122270672.930036140.-.1529979524.1529984
840.85; __jdb=122270672.1.930036140|85.1529984840; shshshsID=f79
7fbad20f4e576e9c30d1c381ecbb1_1_1529984840145'
                }
        r=requests.get (url, headers=head)
        #指定编码方式，否则会出现乱码
        r.encoding='utf-8'
        html1=etree.HTML (r.text)
        #定位到每一个商品标签 li
        datas=html1.xpath ('//li[contains (@class, "gl-item") ]')
        #将抓取的结果保存到本地 CSV 文件中
        with open('JD_Phone.csv', 'a', newline='', encoding='utf-8')
as f:
            write=csv.writer (f)
            for data in datas:
                p_price=data.xpath('div/div[@class="p-price"]/strong/
```

```
            i/text ( ) ')
            p_comment = data.xpath ('div/div[5]/strong/a/text ( ) ')
            p_name = data.xpath ('div/div[@class="p-name p-name-
type-2"]/a/em')
            #这个 if 判断用来处理那些价格可以动态切换的商品，如前面提到的
#小米 MIX2，该商品在页面中展示的价格是其所有属性进行组合时所产生的最低价格
            if len (p_price) ==0:
                p_price =data.xpath ('div/div[@class="p-price"]/
                strong/@data-price')
                #xpath ('string (.) ') 用来解析混夹在几个标签中的文本
            write.writerow ([p_name[0].xpath ('string (.) '),
            p_price[0], p_comment[0]])
        f.close ()
    #定义函数抓取每页后 30 条商品信息
    def crow_last (n):
        #获取当前的 UNIX 时间戳，并且保留小数点后 5 位
        a=time.time ()
        b='%.5f'%a
        url='https://search.jd.com/s_new.php? keyword=%E6%89%8B%E
6%9C%BA&enc=utf-8&qrst=1&rt=1&stop=1&vt=2&wq=%E6%89%8B%E6%9C%BA
&cid2=653&cid3=655&page='+str ( 2*n ) +'&s='+str ( 48*n-20 )
+'&scrolling=y& log_id='+str (b)
        head={'authority': 'search.jd.com',
        'method': 'GET',
        'path':'/s_new.php? keyword=%E6%89%8B%E6%9C%BA&enc=utf-8&
qrst=1&rt=1&stop=1&vt=2&wq=%E6%89%8B%E6%9C%BA',
        'scheme': 'https',
        'referer':'https://search.jd.com/Search? keyword=%E6%89%8
B%E6%9C%BA&enc=utf-8&qrst=1&rt=1&stop=1&vt=2&wq=%E6%89%8B%E6%9C
%BA&cid2=653&cid3=655&page=3&s=58&click=0',
        'user-agent': 'Mozilla/5.0 (Windows NT 6.1; Win64; x64)
AppleWebKit/537.36(KHTML, like Gecko)Chrome/66.0.3359.139 Safari/
537.36',
        'x-requested-with': 'XMLHttpRequest',
        'Cookie': 'qrsc=3; pinId=RAGa4xMoVrs; xtest=1210.cf6b6759;
ipLocation=%u5E7F%u4E1C; _jrda=5; TrackID=1aUdbc9HHS2MdEzabuYEyED
1iDJaLWwBAfGBfyIHJZCLWKfWaB_KHKIMX9Vj9_2wUakxuSLAO9AFtB2U0SsAD-
mXIh5rIfuDiSHSNhZcsJvg; shshshfpa=17943c91-d534-104f-a035-6e1719
```

```
740bb6-1525571955; shshshfpb=2f200f7c5265e4af999b95b20d90e661855
9f7251020a80ea1aee61500; cn=0; 3AB9D23F7A4B3C9B=QFOFIDQSIC7TZDQ7U
4RPNYNFQN7S26SFCQQGTC3YU5UZQJZUBNPEXMX7O3R7SIRBTTJ72AXC4S3IJ46E
SBLTNHD37U; ipLoc-djd=19-1607-3638-3638.608841570; __jdu=9300361
40; user-key=31a7628c-a9b2-44b0-8147-f10a9e597d6f; areaId=19; __
jdv=122270672|direct|-|none|-|1529893590075; PCSYCityID=25; mt_
xid=V2_52007VwsQU1xaVVoaSClUA2YLEAdbWk5YSk9MQAA0BBZOVQ0ADwNLGlU
AZwQXVQpaAlkvShhcDHsCFU5eXENaGkIZWg5nAyJQbVhiWR9BGlUNZwoWYl1dVF
0%3D; __jdc=122270672; shshshfp=72ec41b59960ea9a26956307465948f6;
rkv=V0700; __jda=122270672.930036140.-.1529979524.1529984840.85;
__jdb=122270672.1.930036140|85.1529984840; shshshsID=f797fbad20f
4e576e9c30d1c381ecbb1_1_1529984840145'

        }
        r=requests.get (url, headers=head)
        r.encoding='utf-8'
        html1=etree.HTML (r.text)
        datas=html1.xpath ('//li[contains (@class, "gl-item") ]')
        with open('JD_Phone.csv','a',newline='',encoding='utf-8')
as f:
            write=csv.writer (f)
            for data in datas:
                p_price=data.xpath  (  'div/div[@class="p-price"]/
                strong/i/text () ')
                p_comment=data.xpath ('div/div[5]/strong/a/text () ')
                p_name=data.xpath ( 'div/div[@class="p-name p-name-
                type-2"]/a/em')
                if len (p_price)==0:
                    p_price = data.xpath ('div/div[@class="p-price"]/
                    strong/@data-price')
                write.writerow ([p_name[0].xpath ('string (.) '),
                p_price[0], p_comment[0]])
        f.close ()
    if __name__=='__main__':
        for i in range (1, 101):
            #下面的print函数主要是为了方便查看当前抓到第几页了
            print
('*************************************************')
```

```
try:
    print ('   First_Page:   ' + str (i))
    crow_first (i)
    print ('   Finish')
except Exception as e:
    print (e)
print ('------------------')
try:
    print ('   Last_Page:   ' + str (i))
    crow_last (i)
    print ('   Finish')
except Exception as e:
    print (e)
```

【思 考 题】

1. 简述什么是网络爬虫。
2. 网络爬虫有哪些典型应用?
3. 网络爬虫的基本工作流程包含哪些步骤?
4. 有哪些常见的反爬虫策略?
5. 在爬取网络数据时,有哪些基本的网络礼仪?
6. 编写一个网络爬虫,每天定时爬取上海市的天气数据。

第3章

文本的语言学处理

很多机器学习算法，都不能直接接收文本作为输入。因此，需要将文本转换为数字。同时，文本挖掘前有一些通用的预处理操作。这些语言学的预处理操作可以帮助从文本中提取数字特征，从而方便后续算法的运行。

3.1 词频统计分析

词频统计分析是对文章中重要词汇出现的次数进行统计分析，是文本挖掘的重要手段。它是文献计量学中传统的和具有代表性的一种内容分析方法，基本原理是通过词出现频次的变化，来确定热点及其变化趋势。

有人对42万字的民谣歌词进行了词频分析，得出了许多非常有意思的结论，例如，民谣歌手提到最多的是“明天”，其次是“今天”，然后是“昨天”，说明他们“是在往前看的，至少是活在当下的”。

还有人对2017年两会的政府工作报告与2016年的进行了词频对比，发现“创新”“创业”提得少了，“群众”“改革”提得多了，这从某种程度上可以反映决策层的思路变化。

人民网舆情监测室对“一带一路”国际合作高峰论坛的舆情报道进行了关键词分析，发现：峰会期间在中国舆论场上最受关注的外国领导人是菲律宾总统杜特尔特；最受关注的主题是“合作共赢”和“全球化”；六大经济走廊中最受关注的是“中巴经济走廊”。

3.2 停用词

停用词是指在处理自然语言数据（或文本）之前或之后会自动过滤掉某些字或词，

这些字或词即被称为停用词（stop words）。这些停用词都是人工输入、非自动化生成的，生成后的停用词会形成一个停用词表。

人类语言包含很多功能词。与其他词相比，功能词没有什么实际含义。最普遍的功能词是限定词（the、a、an、that 和 those），这些词帮助在文本中描述名词和表达概念，如地点或数量。介词如 over、under、above 等表示两个词的相对位置。

这些功能词的两个特征促使在搜索引擎的文本处理过程中对其特殊对待。第一，这些功能词极其普遍。记录这些词在每一个文档中的数量需要很大的磁盘空间。第二，由于它们的普遍性和功能，这些词很少单独表达文档相关程度的信息。如果在检索过程中考虑每一个词而不是短语，这些功能词基本没有什么帮助。

在信息检索中，这些功能词的另一个名称是停用词。称它们为停用词是因为在文本处理过程中如果遇到它们，则立即停止处理，将其扔掉。将这些词扔掉减少了索引量，提高了检索效率，并且通常都会改善检索的效果。停用词主要包括英文字符、数字、数学字符、标点符号及使用频率特高的单汉字等。

通常意义上，停用词大致分为两类。一类是人类语言中包含的功能词，这些功能词极其普遍，与其他词相比，功能词没有什么实际含义，如 the、is、at、which、on 等。但是对于搜索引擎来说，当所要搜索的短语包含功能词，特别是像 The Who、The The 或 Take The 等复合名词时，停用词的使用就会导致问题。另一类词包括词汇词，如 want 等，这些词应用十分广泛，但是对这样的词，搜索引擎无法保证能够给出真正相关的搜索结果，难以帮助缩小搜索范围，同时会降低搜索的效率，所以通常会把这些词从问题中移去，从而提高搜索性能。

目前中英文都有成熟的停用词表可供使用，也可以根据自己的应用环境，构造自己的停用词表。

3.3　中文分词

中文分词（Chinese word segmentation）指的是将一个汉字序列切分成一个个单独的词。分词就是将连续的字序列按照一定的规范重新组合成词序列的过程。我们知道，在英文的行文中，单词之间是以空格作为自然分界符的，而中文只是字、句和段能通过明显的分界符来简单划界，唯独词没有一个形式上的分界符，虽然英文也同样存在短语的划分问题，不过在词这一层上，中文比英文复杂得多、困难得多。

现有的分词算法可分为三大类：基于字符串匹配的分词方法、基于理解的分词方法和基于统计的分词方法。按照是否与词性标注过程相结合，又可以分为单纯分词方法和分词与标注相结合的一体化方法。

（1）字符串匹配：这种方法又称为机械分词方法，它是按照一定的策略将待分析的汉字串与一个“充分大的”机器词典中的词条进行匹配，若在词典中找到某个字符串，则匹配成功（识别出一个词）。按照扫描方向的不同，字符串匹配分词方法可以分为正向匹配和逆向匹配；按照不同长度优先匹配的情况，可以分为最大（最长）匹配和最小（最短）匹配；常用的几种机械分词方法如下。

①正向最大匹配法（由左到右的方向）。

②逆向最大匹配法（由右到左的方向）。

③最少切分（使每一句中切出的词数最小）。

④双向最大匹配法（进行由左到右、由右到左两次扫描）。

还可以将上述各种方法相互组合，例如，可以将正向最大匹配法和逆向最大匹配法结合起来构成双向最大匹配法。由于汉语单字成词的特点，正向最小匹配法和逆向最小匹配法一般很少使用。一般来说，逆向匹配的切分精度略高于正向匹配，遇到的歧义现象也较少。统计结果表明，单纯使用正向最大匹配的错误率为 1/169，单纯使用逆向最大匹配的错误率为 1/245，但这种精度还远远不能满足实际的需要。实际使用的分词系统，都是把机械分词作为一种初分手段，还需通过利用各种其他的语言信息来进一步提高切分的准确率。

一种方法是改进扫描方式，称为特征扫描或标志切分，优先在待分析字符串中识别和切分出一些带有明显特征的词，以这些词作为断点，可将原字符串分为较小的串再进行机械分词，从而减少匹配的错误率。另一种方法是将分词和词类标注结合起来，利用丰富的词类信息给分词决策提供帮助，并且在标注过程中又反过来对分词结果进行检验、调整，从而极大地提高切分的准确率。

对于机械分词方法，可以建立一个一般的模型，在这方面有专业的学术论文，这里不做详细论述。

（2）理解法：这种分词方法是通过让计算机模拟人对句子的理解，达到识别词的效果。其基本思想就是在分词的同时进行句法、语义分析，利用句法信息和语义信息来处理歧义现象。它通常包括三个部分：分词子系统、句法语义子系统、总控部分。在总控部分的协调下，分词子系统可以获得有关词、句子等的句法和语义信息来对分词歧义进行判断，即它模拟了人对句子的理解过程。这种分词方法需要使用大量的语言知识和信息。由于汉语语言知识的笼统、复杂性，它难以将各种语言信息组织成机器可直接读取的形式，目前基于理解的分词系统还处在试验阶段。

（3）统计法：从形式上看，词是稳定的字的组合，因此在上下文中，相邻的字同时出现的次数越多，就越有可能构成一个词，因此字与字相邻共现的频率或概率能够较好地反映成词的可信度。可以对语料中相邻共现的各个字的组合的频度进行统计，计算它们的互现信息。定义两个字的互现信息，计算两个汉字 X、Y 的相邻共现概率。互现信息体现了汉字之间结合关系的紧密程度。当紧密程度高于某一个阈值时，便可认为此字组可能构成了一个词。这种方法只需对语料中的字组频度进行统计，不需要切分词典，因而又称为无词典分词法或统计取词方法。但这种方法也有一定的局限性，会经常抽出一些共现频度高但并不是词的常用字组，如“这一”“之一”“有的”“我的”“许多的”等，并且对常用词的识别精度差，时空开销大。实际应用的统计分词系统都要使用一部基本的分词词典（常用词词典）进行串匹配分词，同时使用统计方法识别一些新的词，即将串频统计和串匹配结合起来，既发挥匹配分词切分速度快、效率高的特点，又利用了无词典分词结合上下文识别生词、自动消除歧义的优点。

另外一类是基于统计机器学习的方法。首先给出大量已经分词的文本，利用统计机器学习模型学习词语切分的规律（称为训练），从而实现对未知文本的切分。我们知道，汉语中各个字单独做词语的能力是不同的，此外有的字常常作为前缀出现，有的字却常常作为后缀（“者”“性”），结合两个字相邻时是否成词的信息，这样就得到了许多与分词有关的知识。这种方法就是充分利用汉语组词的规律来分词，最大缺点是需要有大量预先分好词的语料作为支撑，而且训练过程中时空开销极大。

到底哪种分词算法的准确度更高，目前并无定论。对于任何一个成熟的分词系统来说，不可能单独依靠某一种算法来实现，都需要综合不同的算法。例如，海量科技的分词算法就采用“复方分词法”，所谓复方，就是像中西医结合般综合运用机械方法和知识方法。对于成熟的中文分词系统，需要多种算法综合处理问题。

下面介绍常用的中文分词工具。

（1）jieba：jieba 分词是国内使用人数最多的中文分词工具（GitHub 链接为 https://github.com/ fxsjy/jieba）。jieba 分词支持三种模式。

①精确模式：试图将句子最精确地切开，适合文本分析。

②全模式：把句子中所有的可以成词的词语都扫描出来，速度非常快，但是不能解决歧义。

③搜索引擎模式：在精确模式的基础上，对长词再次切分，提高召回率，适合用于搜索引擎分词。

jieba 分词过程中主要涉及以下几种算法。

①基于前缀词典实现高效的词图扫描，生成句子中汉字所有可能成词情况所构成的有向无环图（directed acyclic graph，DAG）。

②采用动态规划查找最大概率路径，找出基于词频的最大切分组合。

③对于未登录词，采用基于汉字成词能力的 HMM，采用 Viterbi 算法进行计算。

④基于 Viterbi 算法做词性标注。

⑤基于 TF-IDF（term frequency-inverse document frequency）和 TextRank 模型抽取关键词。

（2）SnowNLP：SnowNLP 是一个 Python 写的类库（https://github.com/isnowfy/ snownlp），可以方便地处理中文文本内容，是受到 TextBlob 的启发而写的。SnowNLP 主要包括以下几个功能。

①中文分词（使用的方法是基于字符的生成模型）。

②词性标注（3-gram HMM）。

③情感分析（简单分析，如评价信息）。

④文本分类（naive Bayes）。

⑤转换成拼音（Trie 树实现的最大匹配）。

⑥繁简转换（Trie 树实现的最大匹配）。

⑦文本关键词和文本摘要提取（TextRank 算法）。

⑧计算文档词频（term frequency，TF）和逆向文档频率（inverse document frequency，IDF）。

⑨句子分割。

⑩文本相似度计算（基于 BM25 算法实现，用来计算文档和搜索词的相关性）。

SnowNLP 的最大特点是特别容易上手，用其处理中文文本时能够得到不少有意思的结果，但不少功能比较简单，还有待进一步完善。

（3）THULAC：THULAC（THU lexical analyzer for Chinese）是由清华大学自然语言处理与社会人文计算实验室研制推出的一套中文词法分析工具包（GitHub 链接为 https://github.com/thunlp/THULAC-Python），具有中文分词和词性标注功能。THULAC 具有以下几个特点。

①能力强。利用我们集成的目前世界上规模最大的人工分词和词性标注中文语料库（约含 5800 万字）训练而成，模型标注能力强大。

②准确率高。该工具包在标准数据集 Chinese Treebank（CTB5）上分词的 F_1 值可达 97.3%，词性标注的 F_1 值可达 92.9%，与该数据集上最好的方法效果相当。

③速度较快。同时进行分词和词性标注的速度为 300KB/s，每秒可处理约 15 万字。只进行分词速度可达到 1.3MB/s。

（4）NLPIR：NLPIR（nature language processing & information retrieval）分词系统［前身为 2000 年发布的 ICTCLAS（institute of computing technology，Chinese lexical analysis system），GtiHub 链接为 https://github.com/NLPIR-team/NLPIR］，是由北京理工大学张华平博士研发的中文分词系统，经过十余年的不断完善，拥有丰富的功能和强大的性能。NLPIR 是一整套对原始文本集进行处理和加工的软件，提供了中间件处理效果的可视化展示，也可以作为小规模数据的处理加工工具。主要功能包括：中文分词，词性标注，命名实体识别，用户词典、新词发现与关键词提取等。

3.4 词性标注

词性是词汇基本的语法属性。词性标注（part-of-speech tagging），又称为词类标注或者简称标注，是指为分词结果中的每个单词标注一个正确的词性的程序，即确定每个词是名词、动词、形容词或者其他词性的过程。

词性标注是很多自然语言处理（nature language processing，NLP）任务的预处理步骤，如句法分析，经过词性标注后的文本会带来很大的便利性，但也不是不可或缺的步骤。

表 3-1 是汉语中常见的词性对照表。

表 3-1　汉语词性对照表

词性编码	词性名称	注解
Ag	形语素	形容词性语素。形容词代码为 a，语素代码 g 前面置以 A
a	形容词	取英语形容词 adjective 的第 1 个字母
ad	副形词	直接做状语的形容词。形容词代码 a 和副词代码 d 并在一起
an	名形词	具有名词功能的形容词。形容词代码 a 和名词代码 n 并在一起
b	区别词	取汉字“别”的声母
c	连词	取英语连词 conjunction 的第 1 个字母
Dg	副语素	副词性语素。副词代码为 d，语素代码 g 前面置以 D
d	副词	取 adverb 的第 2 个字母，因其第 1 个字母已用于形容词
e	叹词	取英语叹词 exclamation 的第 1 个字母
f	方位词	取汉字“方”的声母
g	语素	绝大多数语素都能作为合成词的“词根”，取汉字“根”的声母
h	前接成分	取英语 head 的第 1 个字母
i	成语	取英语成语 idiom 的第 1 个字母
j	简称略语	取汉字“简”的声母
k	后接成分	—
l	习用语	习用语尚未成为成语，有点“临时性”，取“临”的声母
m	数词	取英语 numeral 的第 3 个字母，n、u 已有他用
Ng	名语素	名词性语素。名词代码为 n，语素代码 g 前面置以 N
n	名词	取英语名词 noun 的第 1 个字母
nr	人名	名词代码 n 和“人（ren）”的声母并在一起
ns	地名	名词代码 n 和处所词代码 s 并在一起
nt	机构团体	“团”的声母为 t，名词代码 n 和 t 并在一起
nz	其他专名	“专”的声母的第 1 个字母为 z，名词代码 n 和 z 并在一起
o	拟声词	取英语拟声词 onomatopoeia 的第 1 个字母
p	介词	取英语介词 prepositional 的第 1 个字母
q	量词	取英语量词 quantity 的第 1 个字母
r	代词	取英语代词 pronoun 的第 2 个字母，因 p 已用于介词
s	处所词	取英语处所词 space 的第 1 个字母
Tg	时语素	时间词性语素。时间词代码为 t，在语素代码 g 前面置以 T
t	时间词	取英语时间词 time 的第 1 个字母
u	助词	取英语助词 auxiliary 的第 2 个字母

续表

词性编码	词性名称	注解
Vg	动语素	动词性语素。动词代码为 v，在语素的代码 g 前面置以 V
v	动词	取英语动词 verb 的第一个字母
vd	副动词	直接做状语的动词。动词和副词的代码并在一起
vn	名动词	指具有名词功能的动词。动词和名词的代码并在一起
w	标点符号	—
x	非语素字	非语素字只是一个符号，字母 x 通常用于代表未知数、符号
y	语气词	取汉字“语”的声母
z	状态词	取汉字“状”的声母的第一个字母
un	未知词	不可识别词及用户自定义词组。取英文 unknown 首两个字母（非北大标准，CSW 分词中定义）

在汉语中，大多数词语只有一个词性，或者出现频次最高的词性远远高于第二位的词性。单纯选取最高频词性，就能实现 80%准确率的中文词性标注程序。词性主要可以分为基于规则和基于统计的方法，下面列举几种统计方法。

（1）基于最大熵的词性标注。

（2）基于统计最大概率输出词性。

（3）基于 HMM 的词性标注。

词性标注本质上是一个分类问题，对于句子中的每一个单词 W，找到一个合适的词类类别 T，也就是词性标记，不过词性标注考虑的是整体标记的好坏，即整个句子的序列标记问题。对于分类问题，有很多现成的数学模型和框架可以套用，如 HMM、最大熵模型、条件随机场、支持向量机（support vector machine，SVM）等，本节介绍基于 HMM 的词性标注。

HMM 是马尔可夫链的一种，它的状态不能直接观察到，但能通过观测向量序列观察到，每个观测向量都通过某些概率密度分布表现为各种状态，每一个观测向量是由一个具有相应概率密度分布的状态序列产生的。所以，HMM 是一个双重随机过程——具有一定状态数的隐马尔可夫链和显示随机函数集。

3.5 句法分析

句法分析是自然语言处理技术中的关键技术之一，其基本任务是确定句子的句法结构或句子中词汇之间的依存关系。因此，句法分析可以分为句法结构分析和依存语法分析。

1）句法结构分析

句法结构分析（图 3-1），也称成分句法分析、短语句法分析，将语句视为嵌套的短语组合。句法结构一般用树状数据结构表示，通常称为句法分析树。

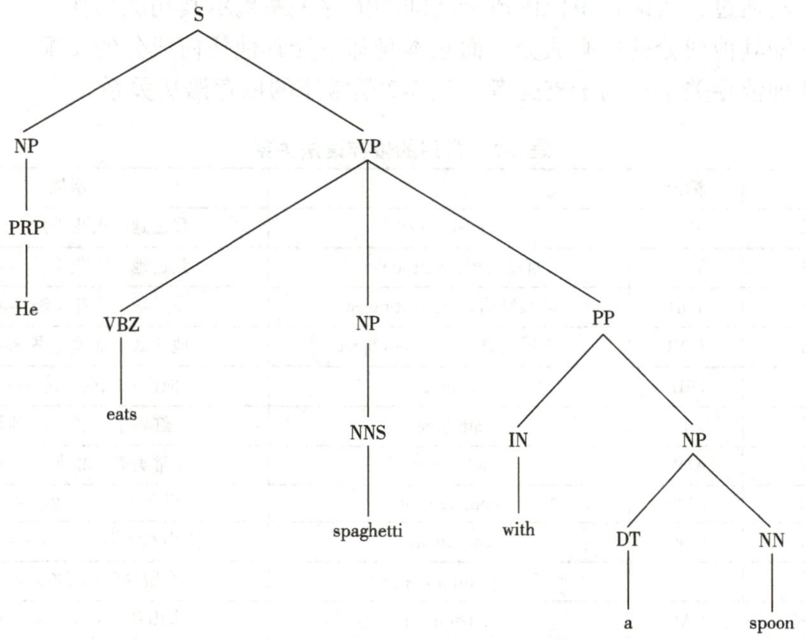

图 3-1　句法结构分析

S 表示句子（sentence），NP 表示名词短语（noun phrase），PRP 表示人称代词（pronoun personal），VP 表示动词短语（verb phrase），VBZ 表示动词第三人称单数（verb 3rd person singular present），NNS 表示常用名词复数（noun plural），PP 表示介词短语(prepositional phrase)，IN 表示介词或从属连词(preposition or conjunction subordinating)，DT 表示限定词(determiner)，NN 表示常用名词（noun）。

句法结构分析的基本方法分为基于规则的分析方法和基于统计的分析方法。基于规则的分析方法存在很多局限性，所以我们采取基于统计的分析方法，目前最成功的是基于概率上下文无关文法（probabilistic context free grammar，PCFG）的分析方法。基于 PCFG 分析需要有以下几个要素：终结符集合、非终结符集合、规则集。

句法分析树生成算法是基于统计学习的原理，根据大量标注的语料库（树库），通过机器学习算法得出非终结符、终结符、规则集及其概率参数，然后利用动态规划算法生成每一句话的句法分析树，在句法分析树生成过程中如果遇到多种树结构，选择概率最大的那一种作为最佳句子结构。

此外，浅层句法分析（shallow parsing）也是句法分析中的一种。浅层句法分析，也叫部分句法分析（partial parsing）或语块分析（chunk parsing），是自然语言处理领域出现的一种新的语言处理策略。它是与完全句法分析相对的，完全句法分析要求通过一系列分析过程，最终得到句子的完整的句法分析树。而浅层句法分析则不要求得到完整的句法分析树，它只要求识别其中的某些结构相对简单的成分，如非递归的名词短语、动词短语等。这些识别出来的结构通常称作语块（chunk），语块和短语这两个概念通常可以互换。

2）依存语法分析

依存语法是由法国语言学家 Tesniere（1959）提出的，对语言学的发展产生了深远的影响，特别是在计算语言学界备受推崇。

依存语法通过分析语言单位内成分之间的依存关系揭示其句法结构，主张句子中核心动词是支配其他成分的中心成分，而它本身却不受其他任何成分的支配，所有受支配成分都以某种依存关系从属于支配者。表 3-2 是常用的依存语法关系。

表 3-2　常用的依存语法关系

关系类型	标记	描述	举例
主谓关系	SBV	subject-verb	我送她一束花（我 <-- 送）
动宾关系	VOB	直接宾语，verb-object	我送她一束花（送 --> 花）
间宾关系	IOB	间接宾语，indirect-object	我送她一束花（送 --> 她）
前置宾语	FOB	前置宾语，fronting-object	他什么书都读（书 <-- 读）
兼语	DBL	double	他请我吃饭（请 --> 我）
定中关系	ATT	attribute	红苹果（红 <-- 苹果）
状中结构	ADV	adverbial	非常美丽（非常 <-- 美丽）
动补结构	CMP	complement	做完了作业（做 --> 完）
并列关系	COO	coordinate	大山和大海（大山 --> 大海）
介宾关系	POB	preposition-object	在贸易区内（在 --> 内）
左附加关系	LAD	left adjunct	大山和大海（和<-- 大海）
右附加关系	RAD	right adjunct	孩子们（孩子 --> 们）
独立结构	IS	independent structure	两个单句在结构上彼此独立
核心关系	HED	head	指整个句子的核心

用词与词之间的关系来描述语言结构的框架称为依存语法，又称从属关系语法。在依存语法理论中，“依存”是词与词之间支配与被支配的关系，这种关系不是对等的，而是有方向的。处于支配地位的词称为支配者，被支配的词称为从属者。图 3-2 是依存语法分析的示意图。

图 3-2　依存语法分析

3.6　词干提取和词形还原

1）词干提取

词干化是去除词尾变化或有时将派生词变回它们的词干——本形的过程。例如，一种词干化算法可能会将 Riding 和 Rides 转化为 Ride。在英语中，一个单词常常是另一个单词的“变种”，如 happy→happiness，这里 happy 称为 happiness 的词干（stem）。在信息检索系统中，我们常常做的一件事就是在词语规范化过程中提取词干（stemming），即除去英文单词分词变换形式的结尾。例如，agreed、agreeing 和 agreeable 这三个词具有相同的词根。涉及任何这些词的搜索应该把它们当作与词根一样。因此将所有单词链接到它们的词根变得非常重要。

应用最为广泛的、中等复杂程度的、基于后缀剥离的词干提取算法是波特词干算法，也叫波特词干器（Porter Stemmer），详见官方网站。比较热门的检索系统包括 Lucene、Whoosh 等的词干过滤器就是采用的波特词干算法。

大多词干器产生的词干化的词元都不再是一个拼写合法的单词，如 Bunnies 会转化为 Bunni，而不是 Bunny，Quote 转化为 Quot。如果在索引和查找时都进行词干化，那么是不会影响搜索的。但是一个域词干化之后，就无法进行拼写检查、通配符匹配或输入提示，因为这些特性要直接用索引中的词。

2）词形还原

词形还原（lemmatization）是把一个任何形式的语言词汇还原为一般形式（能表达完整语义），而词干提取是抽取词的词干或词根形式（不一定能够表达完整语义）。词形还原和词干提取是词形规范化的两类重要方式，都能够达到有效归并词形的目的，两者既有联系也有区别。两者的共同点和联系包括以下几点。

（1）目标一致。词干提取和词形还原的目标均为将词的屈折形态或派生形态简化或归并为词干或原形的基础形式，都是一种对词的不同形态的统一归并的过程。

（2）结果部分交叉。词干提取和词形还原不是互斥关系，其结果是有部分交叉的。一部分词利用这两类方法都能达到相同的词形转换效果。例如，dogs 的词干为 dog，其原形也为 dog。

（3）主流实现方法类似。目前词干提取和词形还原的主流实现方法均是利用语言中存在的规则或利用词典映射提取词干或获得词的原形。

（4）应用领域相似。主要应用于信息检索和文本、自然语言处理等方面，两者均是这些应用的基本步骤。

但是，两者也有一些区别。

（1）在原理上，词干提取主要是采用“缩减”的方法，将词转换为词干，如将 cats 处理为 cat，将 effective 处理为 effect。而词形还原主要采用“转变”的方法，将词转变为其原形，如将 drove 处理为 drive，将 driving 处理为 drive。

（2）在复杂性上，词干提取方法相对简单，词形还原则需要返回词的原形，需要对词形进行分析，不仅要进行词缀的转化，还要进行词性识别，区分词形相同但原形不同的词的差别。词性标注的准确率也直接影响词形还原的准确率，因此，词形还原更为复杂。

（3）在实现方法上，虽然词干提取和词形还原实现的主流方法类似，但两者在具体实现上各有侧重。词干提取的实现方法主要利用规则变化进行词缀的去除和缩减，从而达到词的简化效果。词形还原则相对较复杂，有复杂的形态变化，单纯依据规则无法很好地完成，其更依赖于词典进行词形变化和原形的映射，生成词典中的有效词。

（4）在结果上，词干提取和词形还原也有部分区别。词干提取的结果可能并不是完整的、具有意义的词，而只是词的一部分，如 revival 词干提取的结果为 reviv，airliner 词干提取的结果为 airlin。而经词形还原处理后获得的结果是具有一定意义的、完整的词，一般为词典中的有效词。

（5）在应用领域上，同样各有侧重。虽然两者均被应用于信息检索和文本处理中，但侧重不同。词干提取更多地被应用于信息检索领域，如 Solr、Lucene 等，用于扩展检索，粒度较粗。词形还原则主要应用于文本挖掘、自然语言处理领域，用于更细粒度、更为准确的文本分析和表达。

相对而言，词干提取是简单的轻量级的词形归并方式，最后获得的结果为词干，并不一定具有实际意义。词形还原处理相对复杂，获得的结果为词的原形，能够承载一定意义，与词干提取相比，更具有研究和应用价值。

3.7 实验

3.7.1 简单的字符串操作

1）字符串长度操作

使用 len（）函数可以计算一个字符串的长度。

输入：

```
text1="Ethics are built right into the ideals and objectives of the United Nations"
len（text1）#The length of text1
```

输出：

```
75
```

2）将字符串切分成单词

输入：

```
text2=text1.split（' '）#Return a list of the words in text2,
                        #separating by ' '.
len（text2）
```

输出：

```
13
```

3）查看切分后的单词列表

输入：

```
text2
```

输出：

```
['Ethics',
```

```
 'are',
 'built',
 'right',
 'into',
 'the',
 'ideals',
 'and',
 'objectives',
 'of',
 'the',
 'United',
 'Nations']
```

4）将所有长度超过 3 个字母的单词找出来

输入:

```
[w for w in text2 if len (w) > 3] #Words that are greater than
                                  #3 letters long in text2
```

输出:

```
['Ethics',
 'built',
 'right',
 'into',
 'ideals',
 'objectives',
 'United',
 'Nations']
```

5）将所有大写开头的单词找出来

输入:

```
[w for w in text2 if w.istitle () ] #Capitalized words in text2
```

输出:

```
['Ethics', 'United', 'Nations']
```

3.7.2　正则表达式

正则表达式（regular expression）是对字符串［包括普通字符（例如，a～z 的字母）和特殊字符（称为“元字符”）］操作的一种逻辑公式，就是用事先定义好的一些特定字符及这些特定字符的组合，组成一个“规则字符串”，这个“规则字符串”用来表达对字符串的一种过滤逻辑。正则表达式是一种文本模式，模式描述在搜索文本时要匹配的一个或多个字符串。正则表达式的灵活性、逻辑性和功能性非常强，可以迅速地用极简单的方式达到对字符串的复杂控制。但是，对于刚接触它的人来说，比较晦涩难懂。

正则表达式描述了一种字符串匹配的模式，可以用来检查一个串是否含有某种子串、将匹配的子串替换或者从某个串中取出符合某个条件的子串等。

例如，runoo+b 可以匹配 runoob、runooob、runoooooob 等，“+”代表前面的字符必须至少出现一次（1 次或多次）。

runoo*b 可以匹配 runob、runoob、runoooooob 等，“*”代表前面的字符可以不出现，也可以出现一次或者多次（0 次或 1 次或多次）。

colou？r 可以匹配 color 或者 colour，“？”代表前面的字符最多只可以出现一次（0 次或 1 次）。

构造正则表达式的方法和创建数学表达式的方法一样，也就是用多种元字符与运算符将小的表达式结合在一起来创建更大的表达式。正则表达式的组件可以是单个字符、字符集合、字符范围、字符间的选择或者所有这些组件的任意组合。

要想真正用好正则表达式，正确地理解元字符是最重要的事情。表 3-3 列出了所有的元字符和对它们的一个简短的描述。

表 3-3 正则表达式的元字符

元字符	描述
\	即相当于多种编程语言中都有的“转义字符”的概念。例如，"\\n"匹配"\n"。"\n"匹配换行符，序列"\\"匹配"\"而"\（"则匹配"（"
^	匹配输入字行首。如果设置了 RegExp 对象的 Multiline 属性，"^"也匹配"\n"或"\r"之后的位置
$	匹配输入行尾。如果设置了 RegExp 对象的 Multiline 属性，"$"也匹配"\n"或"\r"之前的位置
*	匹配前面的子表达式任意次。例如，"zo*"能匹配"z"，也能匹配"zo"以及"zoo"。"*"等价于{0，}
+	匹配前面的子表达式一次或多次（大于等于 1 次）。例如，"zo+"能匹配"zo"以及"zoo"，但不能匹配"z"。"+"等价于{1，}
?	匹配前面的子表达式零次或一次。例如，"do（es）？"可以匹配"do"或"does"。"？"等价于{0，1}
{*n*}	*n* 是一个非负整数，匹配确定的 *n* 次。例如，"o{2}"不能匹配"Bob"中的"o"，但是能匹配"food"中的两个 o
{*n*，}	*n* 是一个非负整数，至少匹配 *n* 次。例如，"o{2，}"不能匹配"Bob"中的"o"，但能匹配"foooood"中的所有 o。"o{1，}"等价于"o+"。"o{0，}"则等价于"o*"
{*n*，*m*}	*m* 和 *n* 均为非负整数，其中 *n*≤*m*。最少匹配 *n* 次且最多匹配 *m* 次。例如，"o{1，3}"将匹配"fooooood"中的前三个 o 为一组，后三个 o 为一组。"o{0，1}"等价于"o？"。请注意在逗号和两个数之间不能有空格
?	当该字符紧跟在任何一个其他限制符（*，+，？，{*n*}，{*n*，}，{*n*，*m*}）后面时，匹配模式是非贪婪的。非贪婪模式尽可能少地匹配所搜索的字符串，而默认的贪婪模式则尽可能多地匹配所搜索的字符串。例如，对于字符串"oooo"，"o+"将尽可能多地匹配"o"，得到结果["oooo"]，而"o+？"将尽可能少地匹配"o"，得到结果 ['o'，'o'，'o'，'o']
.点	匹配除"\n"和"\r"之外的任何单个字符。要匹配包括"\n"和"\r"在内的任何字符，请使用像"[\s\S]"的模式
（pattern）	匹配 pattern 并获取这一匹配。所获取的匹配可以从产生的 Matches 集合得到，在 VBScript 中使用 SubMatches 集合，在 JScript 中则使用$0…$9 属性。要匹配圆括号字符，请使用"\（"或"\）"
（？：pattern）	非获取匹配，匹配 pattern 但不获取匹配结果，不进行存储供以后使用。这在使用或字符"（|）"来组合一个模式的各个部分时很有用。例如，"industr（？：y|ies）"就是一个比"industry|industries"更简略的表达式
（？=pattern）	非获取匹配，正向肯定预查，在任何匹配 pattern 的字符串开始处匹配查找字符串，该匹配不需要获取供以后使用。例如，"Windows（？=95|98|NT|2000）"能匹配"Windows2000"中的"Windows"，但不能匹配"Windows3.1"中的"Windows"。预查不消耗字符，也就是说，在一个匹配发生后，在最后一次匹配之后立即开始下一次匹配的搜索，而不是从包含预查的字符之后开始

续表

<table>
<tr><th>元字符</th><th>描述</th></tr>
<tr><td>（？!pattern）</td><td>非获取匹配，正向否定预查，在任何不匹配 pattern 的字符串开始处匹配查找字符串，该匹配不需要获取供以后使用。例如，"Windows（？!95|98|NT|2000）"能匹配"Windows3.1"中的"Windows"，但不能匹配"Windows2000"中的"Windows"</td></tr>
<tr><td>（？<=pattern）</td><td>非获取匹配，反向肯定预查，与正向肯定预查类似，只是方向相反。例如，"（？<=95|98|NT|2000）Windows"能匹配"2000Windows"中的"Windows"，但不能匹配"3.1Windows"中的"Windows"。
"（？<=95|98|NT|2000）Windows"目前在 Python 3.6 中 re 模块测试会报错，用"|"连接的字符串长度必须一样，这里"95|98|NT"的长度都是 2，"2000"的长度是 4，会报错</td></tr>
<tr><td>（？<!pattern）</td><td>非获取匹配，反向否定预查，与正向否定预查类似，只是方向相反。例如，"（？<!95|98|NT|2000）Windows"能匹配"3.1Windows"中的"Windows"，但不能匹配"2000Windows"中的"Windows"。这个地方不正确，有问题；
此处如果使用“或”（1），则任意一项都不能超过 2 位数，如"（？<!95|98|NT|20）Windows"正确，"（？<!95|980|NT|20）Windows"报错，若是单独使用则无限制，如"（？<!2000）Windows"正确匹配。
同上，这里在 Python 3.6 中 re 模块中字符串长度要一致，并不是一定为 2，如"（？<!1995|1998|NTNT|2000）Windows"也是可以的</td></tr>
<tr><td>x|y</td><td>匹配 x 或 y。例如，"z|food"能匹配"z"或"food"（此处请谨慎）。"[zf]ood"则匹配"zood"或"food"</td></tr>
<tr><td>[xyz]</td><td>字符集合。匹配所包含的任意一个字符。例如，"[abc]"可以匹配"plain"中的"a"</td></tr>
<tr><td>[^xyz]</td><td>负值字符集合。匹配未包含的任意字符。例如，"[^abc]"可以匹配"plain"中的"plin"</td></tr>
<tr><td>[a-z]</td><td>字符范围。匹配指定范围内的任意字符。例如，"[a-z]"可以匹配"a"到"z"范围内的任意小写字母字符。
注意：只有连字符在字符组内部，并且出现在两个字符之间时，才能表示字符的范围；如果出现在字符组的开头，则只能表示连字符本身</td></tr>
<tr><td>[^a-z]</td><td>负值字符范围。匹配任何不在指定范围内的任意字符。例如，"[^a-z]"可以匹配不在"a"到"z"范围内的任意字符</td></tr>
<tr><td>\b</td><td>匹配一个单词边界，也就是指单词和空格间的位置（即正则表达式的“匹配”有两种概念，一种是匹配字符，一种是匹配位置，这里的"\b"就是匹配位置的）。例如，"er\b"可以匹配"never"中的"er"，但不能匹配"verb"中的"er"</td></tr>
<tr><td>\B</td><td>匹配非单词边界。"er\B"能匹配"verb"中的"er"，但不能匹配"never"中的"er"</td></tr>
<tr><td>\cx</td><td>匹配由 x 指明的控制字符。例如，"\cM"匹配 Control+M，等价于"\r"。x 的值必须为 A～Z 或 a～z 之一。否则，将 c 视为一个原义的"c"字符</td></tr>
<tr><td>\d</td><td>匹配一个数字字符。等价于[0-9]，可以匹配 0～9 中任意一个数字。grep 要加上-P，perl 正则支持</td></tr>
<tr><td>\D</td><td>匹配一个非数字字符。等价于[^0-9]，可以匹配除 0～9 之外的任意字符。grep 要加上-P，perl 正则支持</td></tr>
<tr><td>\f</td><td>匹配一个换页符。等价于\x0c 和\cL</td></tr>
<tr><td>\n</td><td>匹配一个换行符。等价于\x0a 和\cJ</td></tr>
<tr><td>\r</td><td>匹配一个回车符。等价于\x0d 和\cM</td></tr>
<tr><td>\s</td><td>匹配任何不可见字符，包括空格、制表符、换页符等，等价于[\f\n\r\t\v]</td></tr>
<tr><td>\S</td><td>匹配任何可见字符。等价于[^ \f\n\r\t\v]</td></tr>
<tr><td>\t</td><td>匹配一个制表符。等价于\x09 和\cI</td></tr>
<tr><td>\v</td><td>匹配一个垂直制表符。等价于\x0b 和\cK</td></tr>
<tr><td>\w</td><td>匹配包括下划线的任何单词字符。类似但不等价于"[A-Za-z0-9_]"，这里的单词字符使用 Unicode 字符集</td></tr>
<tr><td>\W</td><td>匹配任何非单词字符。等价于"[^A-Za-z0-9_]"</td></tr>
</table>

正则表达式是由普通字符（如字符 a～z）以及特殊字符（称为“元字符”）组成的

文字模式。模式描述在搜索文本时要匹配的一个或多个字符串。正则表达式作为一个模板，将某个字符模式与所搜索的字符串进行匹配。

由于正则表达式的主要应用对象是文本，它在各种文本编辑器场合都有应用，小到编辑器 EditPlus，大到 Microsoft Word、Visual Studio 等大型编辑器，都可以使用正则表达式来处理文本内容。

（1）使用正则表达式挑选出所有用“@”开头、后面跟字母或数字的单词。

输入：

```
text7='@UN @UN_Women "Ethics are built right into the ideals and objectives of the United Nations" \
#UNSG @ NY Society for Ethical Culture bit.ly/2guVelr'
text8=text7.split（' '）
[w for w in text8 if re.search（'@[A-Za-z0-9_]+', w）]
```

输出：

```
['@UN', '@UN_Women']
```

（2）re.match。re.match 尝试从字符串的起始位置匹配一个模式，如果不是起始位置匹配成功的话，re.match（）就返回 none。

函数语法：re.match（pattern，string，flags=0）。

输入：

```
#!/usr/bin/python
import re
line="Cats are smarter than dogs"
matchObj=re.match（r'（.*）are（.*?）.*', line, re.M|re.I）
if matchObj:
   print "matchObj.group（）: ", matchObj.group（）
   print "matchObj.group（1）: ", matchObj.group（1）
   print "matchObj.group（2）: ", matchObj.group（2）
else:
   print "No match!!"
```

输出：

```
matchObj.group（）: Cats are smarter than dogs
matchObj.group（1）: Cats
matchObj.group（2）: smarter
```

（3）re.search 方法。re.search 扫描整个字符串并返回第一个成功的匹配。

函数语法：re.search（pattern，string，flags=0）。

输入：

```
#!/usr/bin/python
import re
line="Cats are smarter than dogs";
```

```
searchObj=re.search (r' (.*) are (.*? ) .*', line, re.M|re.I)
if searchObj:
  print "searchObj.group (): ", searchObj.group ()
  print "searchObj.group (1): ", searchObj.group (1)
  print "searchObj.group (2): ", searchObj.group (2)
else:
  print "Nothing found!!"
```

输出：

```
searchObj.group ():  Cats are smarter than dogs
searchObj.group (1):  Cats
searchObj.group (2):  smarter
```

（4）检索和替换。Python 的 re 模块提供了 re.sub 用于替换字符串中的匹配项。

函数语法：re.sub（pattern，repl，string，count=0，flags=0）。

输入：

```
#!/usr/bin/python
# -*- coding: UTF-8 -*-
import re
#将匹配的数字乘以 2
def double (matched):
   value=int (matched.group ('value'))
   return str (value * 2)
s='A23G4HFD567'
print (re.sub (' (? P<value>\d+) ', double, s))
```

输出：

```
A46G8HFD1134
```

（5）re.compile 函数。re.compile 函数用于编译正则表达式，生成一个正则表达式对象，供 match（ ）和 search（ ）这两个函数使用。

函数语法：re.compile（pattern[，flags]）。

输入：

```
>>>import re
>>> pattern=re.compile (r'\d+')
#用于匹配至少一个数字
>>> m=pattern.match ('one12twothree34four')
#查找头部，没有匹配
>>> print m
```

输出：

```
None
```

输入：

```
>>> m=pattern.match（'one12twothree34four'，2，10）
#从'e'的位置开始匹配，没有匹配
>>> print m
```
输出：
```
None
```
输入：
```
>>> m=pattern.match（'one12twothree34four'，3，10）
#从'1'的位置开始匹配，正好匹配
>>> print m
#返回一个 Match 对象
```
输出：
```
<_sre.SRE_Match object at 0x10a42aac0>
```
输入：
```
>>> m.group（0）  #可省略 0
```
输出：
```
'12'
```
输入：
```
>>> m.start（0）  #可省略 0
```
输出：
```
3
```
输入：
```
>>> m.end（0）    #可省略 0
```
输出：
```
5
```
输入：
```
>>> m.span（0）   #可省略 0
```
输出：
```
（3，5）
```
（6）正则表达式模式。模式字符串使用特殊的语法来表示一个正则表达式：字母和数字表示它们自身。一个正则表达式模式中的字母和数字匹配同样的字符串。

多数字母和数字前加一个反斜杠时会拥有不同的含义。

标点符号只有被转义时才匹配自身，否则它们表示特殊的含义。

反斜杠本身需要使用反斜杠转义。由于正则表达式通常都包含反斜杠，所以最好使用原始字符串来表示它们。模式元素（如 r'\t' 等价于 '\\t'）匹配相应的特殊字符。

表 3-4 列出了正则表达式模式语法中的特殊元素。如果使用模式的同时提供了可选的标志参数，某些模式元素的含义会改变。

表 3-4　正则表达式的模式

模式	描述
^	匹配字符串的开头
$	匹配字符串的末尾
.	匹配任意字符，除了换行符，当 re.DOTALL 标记被指定时，则可以匹配包括换行符的任意字符
[...]	用来表示一组字符，单独列出：[amk] 匹配 'a'、'm'或'k'
[^...]	不在[]中的字符：[^abc] 匹配除了'a'、'b'、'c'之外的字符
re*	匹配 0 个或多个表达式
re+	匹配 1 个或多个表达式
re?	匹配 0 个或 1 个由前面的正则表达式定义的片段，非贪婪方式
re{ *n*}	精确匹配 *n* 个前面的表达式。例如，o{2} 不能匹配 "Bob" 中的 "o"，但是能匹配 "food" 中的两个 o
re{ *n*，}	匹配 *n* 个前面的表达式。例如，o{2，} 不能匹配"Bob"中的"o"，但能匹配 "foooood"中的所有 o。"o{1，}" 等价于 "o+"。"o{0，}" 则等价于 "o*"
re{ *n*，*m*}	匹配 *n*～*m* 次由前面的正则表达式定义的片段，贪婪方式
a| b	匹配 a 或 b
（re）	匹配括号内的表达式，也表示一个组
（？imx）	正则表达式包含三种可选标志：i、m 或 x。只影响括号中的区域
（？-imx）	正则表达式关闭 i、m 或 x 可选标志。只影响括号中的区域
（？：re）	类似（...），但是不表示一个组
（？imx：re）	在括号中使用 i、m 或 x 可选标志
（？-imx：re）	在括号中不使用 i、m 或 x 可选标志
（？#...）	注释
（？=re）	前向肯定界定符。如果所含正则表达式，以…表示，在当前位置匹配时成功，否则失败。但一旦所含表达式已经尝试，匹配引擎根本没有提高；模式的剩余部分还要尝试界定符的右边
（？！re）	前向否定界定符。与肯定界定符相反；当所含表达式不能在字符串当前位置匹配时成功
（？>re）	匹配的独立模式，省去回溯
\w	匹配字母、数字及下划线
\W	匹配非字母、数字及下划线
\s	匹配任意空白字符，等价于 [\t\n\r\f]
\S	匹配任意非空字符
\d	匹配任意数字，等价于 [0-9]
\D	匹配任意非数字
\A	匹配字符串开始
\Z	匹配字符串结束，如果存在换行，只匹配到换行前的结束字符串
\z	匹配字符串结束
\G	匹配最后匹配完成的位置
\b	匹配一个单词边界，也就是指单词和空格间的位置。例如，"er\b" 可以匹配"never" 中的 "er"，但不能匹配 "verb" 中的 "er"
\B	匹配非单词边界。"er\B" 能匹配 "verb" 中的 "er"，但不能匹配 "never" 中的 "er"
\n，\t，等.	匹配一个换行符，匹配一个制表符等
\1...\9	匹配第 *n* 个分组的内容
\10	匹配第 *n* 个分组的内容，如果它可以匹配。否则指的是八进制字符码的表达式

3.7.3 使用 NLTK 处理 NLP 任务

自然语言处理工具包（natural language toolkit，NLTK）是一款 PythonNLP 工具包，在其收集的大量公开数据集、模型上提供了全面、易用的接口，涵盖了分词、词性标注（part-of-speech tag，POS-tag）、命名实体识别（named entity recognition，NER）、句法分析（syntactic parse）等各项自然语言处理领域的功能。

1）NLTK 的安装

可以使用以下命令安装 NLTK：

```
>>>pip install nltk
```

NLTK 还包括一些数据资源。可以使用以下命令安装 NLTK-Data：

```
>>>import nltk
>>>nltk.download ()
```

之后会弹出一个窗口，让用户选择需要的语料包下载，如图 3-3 所示。

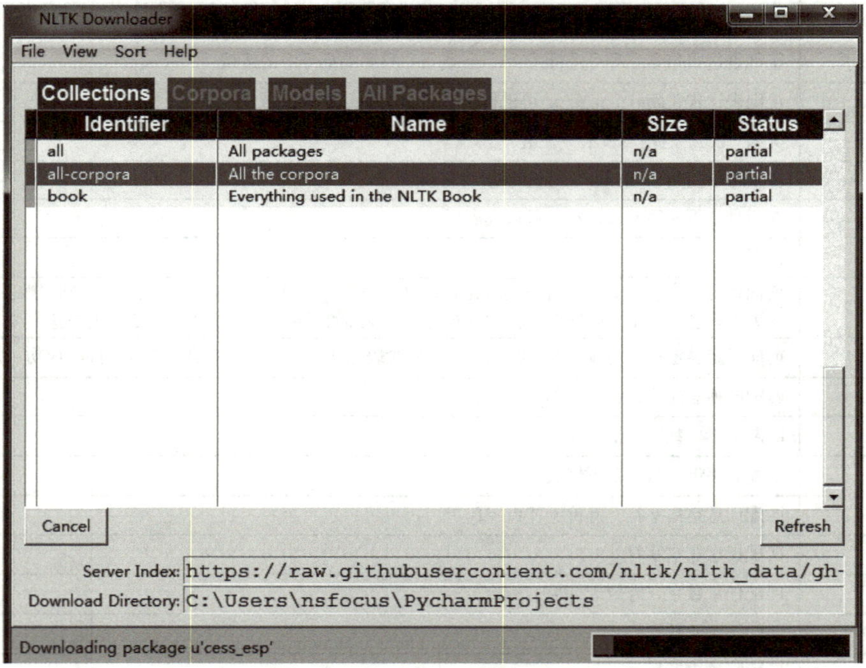

图 3-3 NLTK 的下载配置界面

用户可以在这里选择要下载的语料内容。直接从官网途径下载，速度可能比较慢。可以先将压缩包 nltk_data.zip 下载下来，然后解压到 C 盘根目录下。

下载好后，加载 NLTK 的 book 模块中的所有条目：from nltk.book import *，加载后，就可以使用库中包含的文档了，如 text1/tex2/tex3 等。

2）引入 NLTK

```
import nltk
from nltk.corpus import *
```

3）获取布朗语料库中的句子

布朗语料库是 20 世纪 60 年代美国布朗大学构建的一个语料库，用于研究当代美国英语。布朗语料库收集了 500 个连贯英语书面语，每个文本超过 2000 词，整个语料库约 1 014 300 词。布朗语料库是第一个机读语料库，也是第一个平衡语料库。它包括来自 1961 年印刷的美国英语文本中的百余万词汇，这些包括了多达 15 种不同类别的样本。尽管由现在的理论及技术的水准看来，布朗语料库的资料及平衡方式略嫌粗糙，但是这个语料库一直是英语平衡语料库的标准，甚至到了 20 世纪 80 年代新构建的英语平衡语料库如兰开斯特-奥斯陆/卑尔根语料库（the Lancaster-Oslo/Bergen corpus，LOB）（英国英文）及伦敦-隆德语料库（London-Lund corpus，LLC）（英语口语），都还遵循布朗语料库的架构。

输入：

```
sent3=brown.sents () [2] #获取布朗语料库的第 3 个句子
len (sent3)
```

输出：

```
35
```

4）布朗语料库的词汇量统计

输入：

```
text=brown.words ()
len (text) #获取布朗语料库总计的符号数
```

输出：

```
1161192
```

输入：

```
len (set (text)) #获取布朗语料库中不同符号的数量
```

输出：

```
56057
```

输入：

```
list (set (text)) [: 10] #打印布朗语料库中 10 个符号
```

输出：

```
['wear',
 'perspectives',
 'abbreviation',
 "owner's",
 'infirmary',
 'experiments',
 'Cal',
 'peltry',
 'mingles',
 'Meaningful']
```

5）布朗语料库的词频统计

输入：

```
dist=nltk.FreqDist (sent3)
len (dist)
```

输出：

```
34
```

输入：

```
nltk.FreqDist
```

输出：

```
nltk.probability.FreqDist
```

输入：

```
vocab1=dist.keys ()
#vocab1[: 10]
#In Python 3 dict.keys () returns an iterable view instead
#of a list
list (vocab1) [: 10]
vocab1
```

输出：

```
dict_keys(['The','September-October','term','jury','had',
'been', 'charged', 'by', 'Fulton', 'Superior', 'Court', 'Judge',
'Durwood','Pye','to','investigate','reports','of','possible',
'''', 'irregularities', "''", 'in', 'the', 'hard-fought',
'primary', 'which', 'was', 'won', 'Mayor-nominate', 'Ivan',
'Allen', 'Jr.', '.'])
```

输入：

```
dist['by']
```

输出：

```
2
```

6）词干提取

输入：

```
input1="List listed lists listing listings"
words1=input1.lower () .split (' ')
words1
```

输出：

```
['list', 'listed', 'lists', 'listing', 'listings']
```

输入：

```
porter=nltk.PorterStemmer ()
[porter.stem (t) for t in words1]
```

输出：

```
['list', 'list', 'list', 'list', 'list']
```

输入：

```
udhr=nltk.corpus.brown.words('ca01')
udhr[: 20]
```

输出：

```
['The',
 'Fulton',
 'County',
 'Grand',
 'Jury',
 'said',
 'Friday',
 'an',
 'investigation',
 'of',
 "Atlanta's",
 'recent',
 'primary',
 'election',
 'produced',
 '''',
 'no',
 'evidence',
 "''",
 'that']
```

输入：

```
[porter.stem(t) for t in udhr[: 20]] #Still Lemmatization
```

输出：

```
['the',
 'fulton',
 'counti',
 'grand',
 'juri',
 'said',
 'friday',
 'an',
 'investig',
```

```
 'of',
 "atlanta'",
 'recent',
 'primari',
 'elect',
 'produc',
 '``',
 'no',
 'evid',
 "''",
 'that']
```

输入：

```
WNlemma=nltk.WordNetLemmatizer ()
[WNlemma.lemmatize (t) for t in udhr[: 20]]
```

输出：

```
['The',
 'Fulton',
 'County',
 'Grand',
 'Jury',
 'said',
 'Friday',
 'an',
 'investigation',
 'of',
 "Atlanta's",
 'recent',
 'primary',
 'election',
 'produced',
 '``',
 'no',
 'evidence',
 "''",
 'that']
```

7）词性标注

输入：

```
text11="Children shouldn't drink a sugary drink before bed."
```

```
nltk.help.upenn_tagset ('MD')
```

输出：

```
MD: modal auxiliary
    can cannot could couldn't dare may might must need ought
    shall should
shouldn't will would
```

输入：

```
text13=nltk.word_tokenize (text11)
nltk.pos_tag (text13)
```

输出：

```
[ ('Children', 'NNP'),
 ('should', 'MD'),
 ("n't", 'RB'),
 ('drink', 'VB'),
 ('a', 'DT'),
 ('sugary', 'JJ'),
 ('drink', 'NN'),
 ('before', 'IN'),
 ('bed', 'NN'),
 ('.', '.') ]
```

输入：

```
text14 = nltk.word_tokenize ("Visiting aunts can be a nuisance")
nltk.pos_tag (text14)
```

输出：

```
[ ('Visiting', 'VBG'),
 ('aunts', 'NNS'),
 ('can', 'MD'),
 ('be', 'VB'),
 ('a', 'DT'),
 ('nuisance', 'NN') ]
```

8）语法树解析

输入：

```
#Parsing sentence structure
text15=nltk.word_tokenize ("Alice loves Bob")
grammar=nltk.CFG.fromstring ("""
S -> NP VP
VP -> V NP
NP -> 'Alice' | 'Bob'
```

```
V -> 'loves'
""")
parser=nltk.ChartParser(grammar)
trees=parser.parse_all(text15)
for tree in trees:
print(tree)
```

输出:

```
(S (NP Alice) (VP (V loves) (NP Bob)))
```

输入:

```
text16=nltk.word_tokenize("I saw the man with a telescope")
grammar1=nltk.data.load('mygrammar.cfg')
parser=nltk.ChartParser(grammar1)
trees=parser.parse_all(text16)
for tree in trees:
print(tree)
```

输出:

```
(S
 (NP I)
 (VP
   (V saw)
   (NP (Det the) (N man))
   (PP (P with) (NP (Det a) (N telescope)))))
(S
 (NP I)
 (VP
   (V saw)
   (NP(Det the)(N man)(PP(P with)(NP(Det a)(N telescope))))))
```

【思　考　题】

1. 有哪些常用的语言学处理操作?
2. 词频分析统计有哪些常见的用途?
3. 什么是停用词? 为什么需要去除停用词?
4. 中文分词有哪些常用的算法?
5. 编写一个小程序，对网上任意一则新闻进行分词。

6. 列举几种句法分析的应用场合。
7. 什么是词干提取？为什么要做词干提取？
8. 什么是词形还原？为什么要做词形还原？
9. 什么是正则表达式？
10. 正则表达式中包含哪几种通配符？分别是什么含义？
11. 编写一个正则表达式，可以匹配所有的非负整数。
12. 编写一个正则表达式，验证输出的字符串是否是一个合理的电子邮箱。
13. 简述 NLTK 的基本功能。
14. 简述安装 NLTK 的基本步骤。
15. NLTK 中，包含哪些预定义的语料？

第4章

文 本 表 示

4.1 向量空间模型

向量空间模型（vector space model，VSM）由 Salton 等于 20 世纪 70 年代提出，并成功地应用于著名的文本机器分析和检索系统（systems for the mechanical analysis and retrieval of text，SMART）。把对文本内容的处理简化为向量空间中的向量运算，并且它以空间上的相似度表达语义的相似度，直观易懂。

向量空间模型的基本思想是把文本表示成向量空间中的向量，采用向量之间的夹角余弦作为文本间的相似性度量。向量维对应特征在文档集中的权重，这种表示形式也称为“词袋”（bag of words）。为了将文本向量化，首先把文本的内容简单地看成它含有的基本语言单位（字、词、词组或短语）所组成的集合，这些基本的语言单位统称为特征项。即文本可以用特征项集表示为 $d=(t_1, t_2, \cdots, t_n)$，其中，$t_k$ 是项，$1 \leqslant k \leqslant n$。然后根据各个项 t_k 在文本中的重要性为其赋予一定的权重 w_k，这时文本 d 就可以记为 $(t_1, w_1, t_2, w_2, \cdots, t_n, w_n)$，简记为 $(w_1, w_2, \cdots, w_n)$。如果把 $t_1, t_2, \cdots, t_n$ 看成一个 n 维坐标系，而 $w_1, w_2, \cdots, w_n$ 是相应的坐标值，则 $(w_1, w_2, \cdots, w_n)$ 可看成 n 维空间中的一个向量，称 $(w_1, w_2, \cdots, w_n)$ 为文本 d 的向量表示。

向量空间模型的基本概念包括文档、项、项的权重（程显毅和朱倩，2010）。

（1）文档（document）：泛指一般的文本或文本中的片段（段落、句子或句群），一般指一篇文章。

（2）项（term）：文本的内容特征常常用它所含有的语言基本单位（字、词、词组或短语等）来表示，这些基本的语言单位统称为文本的项，即文本可以用项集表示为 $d=(t_1, t_2, \cdots, t_n)$，其中，$t_k$ 是项，$1 \leqslant k \leqslant n$。

（3）项的权重（term weight）：对于含有 n 个项的文本 $d=(t_1, t_2, \cdots, t_n)$，项 t_k 常常被赋予一定的权重 w_k，表示它在文档 d 中的重要程度。这时文本 d 就可以记为 $(t_1, w_1, t_2, w_2, \cdots, t_n, w_n)$，简记为 $(w_1, w_2, \cdots, w_n)$。

4.1.1　权重计算

1）布尔权重

如果 w_k 为 0 或 1，表示第 k 个特征项在文本 d 中是否出现。如果特征对文本的内容表示有贡献，则赋值为 1，否则赋值为 0。查询语句则是由特征变量和操作符 and、or 和 not 组成的表达式。匹配函数遵循布尔逻辑的规则。

布尔权重的优点是速度快，易于表示同义关系和词组；其缺点是不能表示特征相对文本的重要性，缺乏定量分析和灵活性，并且不能表示模糊匹配。

2）词频权重

词频权重法是根据特征词在文档中的出现频率来确定其重要程度的一种加权方法，即 $w_k=f_k$，其中 f_k 为特征项 t_k 在文档 d 中出现的词频。

3）TF-IDF 权重

特征项的权重：简单情况下可以由专家或用户根据经验与所掌握的知识领域，人为地给特征项赋予权重。但这种办法随意性较大，更为常用的办法是运用统计的方法，从特征项的统计信息中计算权重。利用统计方法计算特征项权重的方法有很多种，如反比文本频数权重评价、信噪比、信息增益、区分度等。近年来，效果较好且应用较多的权重评价函数是 $w_{ik}=\mathrm{tf}_{ik}\cdot\mathrm{idf}_k$。其中，$\mathrm{tf}_{ik}$ 表示项 t_k 在文档 d_i 中的文本内频数；idf_k 表示项 t_k 的反比文本频数，$\mathrm{idf}_k=\lg$（N/n_k）。其中，N 表示文本集中的文本数量；n_k 表示项 t_k 的文本频数（出现 t_k 的文本的数量）。另外，文本的长度也是必须要考虑的因素，否则，越长的文本信息量越大。通过归一化后得到

$$w_{ik}=\frac{\mathrm{tf}_{ik}\cdot\lg\left(N/n_k\right)}{\sqrt{\sum_{k=1}^{n}\left(f_{ik}\cdot\lg\left(N/n_k\right)\right)^2}}$$

$\mathrm{tf}_{ik}\cdot\mathrm{idf}_k$ 的权重计算方法有很多变形和改进形式，很多情况下在不同的实际应用中要灵活运用。

4.1.2　向量相似度度量

两个向量 d_i、d_j 之间的（内容）相关程度常常用它们之间的相似度 sim（d_i，d_j）来度量。当文本被表示为向量空间中的向量时，可以借助向量之间的某种距离来表示文本间的相似度。一般的表达方式有以下几种。

（1）内积：

$$\mathrm{sim}\left(d_i,d_j\right)=\sum_{k=1}^{n}w_{ik}\cdot w_{jk}$$

（2）绝对值距离：

$$\mathrm{sim}\left(d_i,d_j\right)=\sum_{k=1}^{n}|\,w_{ik}-w_{jk}\,|$$

（3）欧几里得距离：

$$\operatorname{sim}\left(d_i,d_j\right)=\sqrt{\sum_{k=1}^{n}\left(w_{ik}-w_{jk}\right)^2}$$

（4）切比雪夫距离：

$$\operatorname{sim}\left(d_i,d_j\right)=\max_k |w_{ik}-w_{jk}|$$

（5）夹角余弦：

$$\operatorname{sim}\left(d_i,d_j\right)=\frac{\sum_{k=1}^{n}w_{ik}\cdot w_{jk}}{\sqrt{\left(\sum_{k=1}^{n}w_{ik}^2\right)\left(\sum_{k=1}^{n}w_{jk}^2\right)}}$$

将向量空间模型应用于不同的领域，其相似度的计算有所不同。例如，对于信息检索来讲，向量空间模型采用向量间的某种距离度量来反映文本对查询的满足程度。所以相似度的值最好能与真实情况相符且计算简便，同时最好能归一化到[0，1]区间上，且分布尽可能均匀，使阈值的选择更加容易。

4.2 概念模型

基于概念的文本表示模型是建立在许多自然语言处理相关理论与技术基础之上的，特别是其中的概念和概念距离，在该模型中有较多的应用和体现（程显毅和朱倩，2010）。

1）概念

概念是事物本质特征的概括和抽象，且概念不受词汇语种、多义性和歧义性影响。概念与词语有着密切的联系：概念的产生和存在必须依附于词语；词语之所以能够表示其他事物，就是由于人们头脑中有相应的概念。所以，词语是概念的语言形式，概念是词语的思想内容。

2）概念词典

概念词典精确定义了词语及其所对应概念之间的映射关系，能够用来解决自然语言中存在的同义词与多义词问题。在概念词典中，词被划分为词形、词性和概念定义。词形指词的物理形态；词性说明该词的语法功能；概念定义由一个或多个基本属性（自然语言中最基本的、不可再分的概念）以及它们与主干词之间的语义关系描述组成；这三者作为一条记录存储在词典中，如表 4-1 所示。

表 4-1 概念词典

词形	词性	概念定义
大学	n	institute place 场所，@teach 教，@ study 学，education 教育

通过这条记录可以看出：大学，这个词具有名词词性，其“概念定义”更是说明“大学”是一种场所，可以是“教”与“学”的空间，和“教育”相关。

在概念词典中，同义词都有完全相同的概念定义，而多义词则有至少两个不同的概念定义。

3）概念距离

概念距离可以较好地反映概念间的语义关系。概念距离定义为两个概念的各个基本属性之间最短连接路径长度的加权和。首先利用基本属性的层次网络结构——基本属性分类树，通过在基本属性分类树中获取两个基本属性的最短连接路径及其长度，并用该长度作为基本属性距离；然后对各个相应的基本属性距离求加权和就可得到两个概念之间的概念距离。

在实际使用中，很多距离计算方法会考虑一些其他因素，根据需求的不同经常会考虑概念层次树的深度和区域密度之类的数据。统计的方法通常只能得到词语间相关性的信息，而利用词典资源，我们可以从语义角度来描述词语间的相似度，使向量空间中合并之后的特征更加具有自然语言的代表性。但是该方法依赖人工构造的词典来计算词语相似度的过程中存在一些参数，如何估计和选择这些参数使相似度更加合理是一个很大的难题。所以不同的特征优化手段在不同的情况下应该有针对性地选择。

4）概念相似度

一般而言，概念距离是一个[0，∞）的实数，一个概念与其本身的距离为0。这在应用的时候不是很方便，因此概念距离在具体应用的时候用它的一个等价转换——概念相似度来表示。

对于两个概念 W_1 和 W_2，记其概念相似度为 sim（W_1，W_2），其概念距离为 dis（W_1，W_2），那么可以定义一个满足等价关系的转换：

$$\operatorname{sim}(W_1,W_2)=\frac{\alpha}{\operatorname{dis}(W_1,W_2)+\alpha}$$

式中，α 是一个可调节的参数，含义是当相似度为0.5时的概念距离值。

5）基于概念的文本表示模型的构建

构建基于概念的文本表示模型的初衷是弥补向量空间模型在语言知识和领域知识中的不足，特别是解决其中存在的同义词与多义词问题。模型构建步骤如下。

（1）文本预处理。按照传统的文本分类方法，先对文本进行分词，把文本表示成一段词语序列，同时记录词语在文档中的位置信息。

（2）词语-概念转换。查询概念词典，得到每一个词语（从词形的角度）对应的一个或多个概念。以概念来表征文本特征，不但可以正确地表示文本的本质内容；同时，利用概念的抽象性还可将数个同义词语归结为一个概念。用概念来衡量对类别的影响，获取关键概念及其他概念与关键概念的关系，就可能模拟人类的分类过程并可以达到较高的精确率。

（3）概念排歧。若同一词形下对应多个概念（即该词是多义词或者存在歧义），则需要对该词进行概念排歧，得到该词在当前语境下所对应的概念。在本模型中主要使用的排歧方法有以下几种。

①从词性搭配的角度和规则出发确定相应位置出现的词语所应该具有的词性，从而确定该词语在相应词性下所应该具有的概念。例如，“找工作”，“找”为动词，其后应该接名词，从而确定“工作”应该取词性为名词的相应概念而非词性为动词的相应概念。

②从相关概念的角度利用自然语言处理中的“语境”和“观其伴知其意”的原则。例如，“计算机病毒是一种特殊的程序”中的“病毒”其上下文中出现“计算机”，通过查询“计算机”的概念可确定“病毒”是指“软件”。

③从概念之间的关系——概念相似度的角度计算两个概念之间的相似度，通过比较相似度的大小确定词形的相应概念。

6）计算概念特征权重

在经过词语-概念转换及概念排歧之后，已经得到文本中出现的各个词语在文本中对应的唯一的概念，并在此基础上进行特征选择（主要是去除代词、介词、助词功能词，因为功能词一般不包含有效的分类信息，所以可以从文本表征中剔除），然后把文本的特征用概念表示出来。

统计各个特征概念的频率，并通过计算得到其权重，从而完成以概念作为特征的文本表示模型。

4.3 特征生成

预处理操作支持文本挖掘改变自然语言文本中包含的各种元素，目的是将它们从一种不规范的和隐含的结构表示转变为明确的结构表示。然而由于存在大量潜在的字词、短语、句子、印刷元素、排版对象，即使很小的文本，这些元素在不同的语境和不同的组合中也会产生多种不同的含义。大多数文本挖掘系统的一项基本的任务就是识别出文本特征的一个最简单的子集，并用以表示特定的文本，我们把这样一组特征称为文本特征（程显毅和朱倩，2010）。

1）常用的文本特征

由于文本挖掘算法作用于文本特征，而非文本本身，我们经常需要在两个重要的目标间进行权衡。第一个目标是获得语义级别的特征，以准确描绘文本，这将驱使文本挖掘预处理操作选择和抽取相对更多的特征来表示文本。第二个目标是强调精简表示特征集合，这种精简支持词汇或外部知识源（字典、词汇、本体或知识库）的验证、规范化、交叉控制功能，以协助创造更丰富的语义特征及规模较小的表示集合。

虽然有很多潜在的特征可以用来表示文本，但以下四种类型是最常用的。

（1）字词。包括单个符号级的字母、数字、特殊符号、空格和单个汉字，它是构成词组、短语、概念这些更高级语义特征的结构单元。一个字词级表示方法可以包括表示文本或其过滤子集的一整套字符集。无位置信息的基于字词的表示方法在文本挖掘中的应用很有限，而包含位置信息的基于字词的表示方法则在一定程度上更加有效和常用。

一般来说，因为文本的特征空间并没有得到优化，所以基于字词的表示方法对于某些类型的文本处理技术并不适用。另外，如果不考虑特征空间维数，因为字词特征空间的表示方式有多种，所以基于字词的特征表示被视为现实世界中的文本最完备的表示方法。

（2）词组。从源文本中挑选的特定的词组合在一起，在一定程度上可以作为最基本的语义级别的特征（如成语、有意义的数字等）。所以，词组级的特征有时暗指仅存在于源文本的特征空间中。对于词组级表示方法而言，即使限定领域，它的词组特征空间中也可能包含几万个甚至几百万个特有的词组。不过大多数词组级文本表示方法至少可以显示出一些最低程度的优化。

（3）短语。短语是直接通过实体抽取方法从原始文本语料库中选择出来的单个字词或复合词组。按照定义，短语级特征只能由特定的字词组成，这些字词通常存在于比较典型的文本中。因此，基于短语的文本表示方法必须由那篇文本所包含短语的子集所组成。例如，如果一篇文本包含以下句子："文本挖掘是对一个非结构化文本信息进行分析从而获取用户关心或感兴趣、有潜在实用价值知识的过程。"一个用来表示这篇文本的短语列表，可能包含的词组特征为"文本""挖掘""非""结构化"，而短语特征则是"文本挖掘""非结构化"等。几种短语抽取方法可以将原始的文本转换为一系列标准化的短语集。和词组级表示方法相比，这种选择过程能得到规模较小但语义相对更丰富的短语集。

（4）概念。概念是通过人工的、统计的、基于规则的或混合的分类方法为文本产生的特征。概念级特征普遍使用复杂的预处理程序来抽取。这些预处理程序可以识别单个字词、复合词组、整个从句，甚至更大的句法单元，然后把它们和特定的概念关联起来。许多分类方法涉及与外部知识源相互参照的程度。对于一些统计方法而言，知识源比较简单，就是一个训练文本的标注集合；对于人工和基于规则的分类方法，概念级相互参照和验证的标准称为"金标准"。与字词级、词组级以及短语级特征不同，概念级特征可以由不包含在原始文本中的字词组成。例如，某个运动型汽车的一个评论文本集合中可能没有包含"速率"和"发动机"这两个特定的词组，但是"速率"和"发动机"的概念仍然可以在概念集中找到并用文本表示。

2）各种特征比较

在以上叙述的四种文本特征中，短语级和概念级特征是语义上最精练和最富有表达力的特征。在文本挖掘中，使用它们来表示文本有很多优点。如果考虑特征集合的总体大小，基于短语和概念的表示方法比基于字词或词组的表示方法效率更高，和概念级表示方法相比，短语级表示方法有时更简单，而且可以从原始的源文本中自动生成，概念级方法往往需要人工交互。

在处理同义词、多义词方面，概念级表示方法比其他任何特征表示方法都好。利用由本体和知识库提供的领域知识，基于概念的表示方法可以进一步用来支持非常复杂的概念层次，并能为其提供最好的表示方法。

当然，概念级表示方法也有一些潜在的缺点。使用概念级表示方法表示文本可能的缺点包括：在预处理操作中，当需要抽取和验证概念类型的特征时，应用启发方法相对复杂；许多概念和领域是相关的。

通过分类产生的概念级文本表示通常以向量形式存储。另外，还存在文本的混合特征方法。例如，一个特定的文本挖掘系统的预处理操作，首先使用实体抽取技术来抽取短语，然后通过一组有意义的实体和主题来匹配、规范化或既匹配又规范化这些短语。这些混合方法需要认真加以规划、测试和优化，以避免单个文本表示方法在特征数量上的急剧增加，而系统的效率并没有同比例地得到提升。

本书的大部分篇幅都集中阐述依赖于用概念级特征表示文本的文本挖掘解决方案，对于其他一些特征类型仅仅一带而过，目的是突出文本挖掘特点或技术。然而，所论述的从基于概念表示方法的文本集合中识别和抽取模式的方法同样适用于用其他特征表示的文本集合，尽管可能导致不同的结果。

3）特征维数

尽管我们努力开发高效率的文本表示模型，但因为文本集合中的每个文本都是由大量的特征所组成的，所以表示文本的维数很高，这几乎影响到了文本挖掘系统的方法、设计、实现等各个方面。

高维特征在文本挖掘系统中比在经典的数据挖掘系统中所带来的问题还要严重。自然语言文本的特征数量和可能的特征值组合数量要比我们在关系数据库或层次数据库里所发现的记录的数量多很多。

即使对于最适度的文本集合，需要用来表示这些集合中文本的词组级特征仍然可能非常巨大；使用更加优化的特征类，与应用领域相关的概念级的特征仍然有数万个；而用于数据挖掘任务的关系数据库中的属性数量明显要比这个少很多。

文本特征数量巨大，因此，文本特征的选择成为推动文本挖掘预处理操作、致力于建立更加简化的表示模型的动力，使文本挖掘系统从数据挖掘系统中分离出来。

自然语言文本另一个典型的特征称为“特征稀疏”。在所有可能的特征中，只有很小百分比的特征会出现在所有单个文本里。也就是说，当文本用二值特征向量表示时，几乎所有向量的值为 0，元组的维数是稀疏的。一些特征经常出现在少数文本中，这就意味着模式的支持度非常低。

4）领域知识和背景知识

在文本挖掘系统中，概念不仅属于特定文本所描述的属性，通常还属于特定的领域，领域可以大致定义为一个感兴趣的特殊方面，因此，一些专门的技术，如本体论、字典和分类学等将得到关注。

领域可以包含非常广阔的主题事物（如体育），也可以是非常狭窄的特殊事物（如足球和马拉松）。其他一些值得关注的文本挖掘领域包括金融服务、世界大事、国际法、反恐研究、专利权研究和材料科学等。大多数的文本挖掘系统是为了某些具体的应用而设计的，可以利用外部知识来影响这些领域的信息，可以大大增强预处理、知识发现和表示层操作的能力。

领域知识，在一些文献里也许更频繁地被称为背景知识，可以用来在文本挖掘预处理操作中增强概念抽取和验证活动的能力。背景知识，虽然对于从单个文本或文本集合的语境中创建概念层次并不是必需的，但对于创建更有意义的、一致的和规范化的概念层次具有十分重要的作用。

文本挖掘比数据挖掘需要更多地利用背景知识，而且利用的方式也不一样。背景知识可以作为文本挖掘系统各元素间交互的纽带。在预处理操作中，背景知识是进行分类和概念抽取重要的工具。背景知识同样可以在核心挖掘算法和浏览操作之间起到平衡作用。另外，面向领域的信息可以作为精确搜索技术的基础之一。背景知识还可以应用到文本挖掘系统的其他组成部分中。例如，在知识发现操作中建立有意义的约束，以及允许用户对更大的结果集进行弹性浏览。

4.4　特征选择和特征提取

在实际的数据分析和建模中，我们通常要面对两种情况：①数据集中已有的特征变量不够多，或者已有的特征变量不足以充分表征数据的特点；②我们拥有大量的特征，需要判断出哪些是相关特征，哪些是不相关特征。特征工程解决的是第一个问题，而特征选择（feature selection）解决的是第二个问题。

对于特征工程来说，它的难点在于找到好的思路，来产生能够表征数据特点的新特征变量；而特征选择的难点则在于，其本质是一个复杂的组合优化（combinatorial optimization）问题。例如，如果有 30 个特征变量，当我们进行建模的时候，每个特征变量有两种可能的状态："保留"和"被剔除"。那么，这组特征维度的状态集合中的元素个数就是 2^{30}。更一般地，如果我们有 N 个特征变量，则特征变量的状态集合中的元素个数就是 2^N。因此，从算法角度讲，通过穷举的方式进行求解的时间复杂度是指数级的（$O(2^N)$）。当 N 足够大时，特征筛选将会耗费大量的时间和计算资源。在实际应用中，为了减少运算量，目前特征子集的搜索策略大都采用贪心算法（greedy algorithm），其核心思想是在每一步选择中，都采纳当前条件下最好的选择，从而获得组合优化问题的近似最优解。

特征选择和特征提取（feature extraction）是两个不同的概念。特征选择也称特征子集选择（feature subset selection，FSS）或属性选择（attribute selection），是指从已有的 M 个特征中选择 N 个特征使系统的特定指标最优化，是从原始特征中选出一些最有效的特征以降低数据集维度的过程，是提高学习算法性能的一个重要手段，也是模式识别中关键的数据预处理步骤。对于一个学习算法来说，好的学习样本是训练模型的关键。而特征提取是指利用已有的特征计算出一个抽象程度更高的特征集，也指计算得到某个特征的算法。因此，特征选择是从现有的众多特征中选择一部分，而特征提取是产生新的抽象化的特征。

4.4.1　特征选择

通常来说，可以从两个方面考虑来进行特征选择。

（1）特征是否发散：如果一个特征不发散，如方差接近于 0，也就是说样本在这个特征上基本上没有差异，这个特征对于样本的区分并没有什么用。

（2）特征与目标的相关性：这点比较显见，与目标相关性高的特征，应当优先选择。除方差法外，本节介绍的其他方法均从相关性出发进行考虑。

常见的特征选择方法有以下几种。

1）卡方检验法

卡方检验法最基本的思想就是通过观察实际值与理论值的偏差来确定理论的正确与否。具体做的时候常常先假设两个变量确实是独立的（“原假设”），然后观察实际值（观察值）与理论值（这个理论值是指“如果两者确实独立”的情况下应该有的值）的偏差程度，如果偏差足够小，我们就认为误差是很自然的样本误差，是测量手段不够精确导致或者偶然发生的，两者确确实实是独立的，此时就接受原假设；如果偏差大到一定程度，使这样的误差不太可能是偶然产生或者测量不精确所致，我们就认为两者实际上是相关的，即否定原假设，而接受备择假设。理论值为 E，实际值为 x，偏差程度的计算公式为

$$\chi^2=\sum_{i=1}^{n}\frac{\left(x_i-E\right)^2}{E}$$

这个式子就是卡方检验使用的差值衡量公式。当提供了数个样本的观察值 x_1，x_2，…，x_i，…，x_n 之后，代入式中就可以求得卡方值，用这个值与事先设定的阈值比较，如果大于阈值（即偏差很大），就认为原假设不成立，反之则认为原假设成立。

在文本分类的特征选择阶段，一般使用“词 t 与类别 c 不相关”来做原假设，计算出的卡方值越大，说明与原假设的偏离越大，我们越倾向于认为原假设的反面情况是正确的。选择的过程为对每个词计算它与类别 c 的卡方值，从大到小排序（此时卡方值越大越相关），取前 k 个就可以。

卡方检验的缺点是：它只统计文档是否出现词，而不管出现了几次。这会使它对低频词有所偏袒（因为它夸大了低频词的作用）。甚至会出现有些情况，一个词在一类文章的每篇文档中都只出现了一次，其卡方值却大过了在该类文章 99%的文档中出现了 10 次的词，其实后面的词才是更具代表性的，但只因为它出现的文档数比前面的词少，特征选择的时候就可能筛掉后面的词而保留了前者。这就是卡方检验著名的“低频词缺陷”。因此卡方检验也经常与其他因素如词频综合考虑来扬长避短。

2）信息增益

系统的信息熵（信息量）可以定义为

$$H\left(S\right)=-\sum_{i=1}^{C}p_i\log_2 p_i$$

式中，S 表示样本集；C 表示样本集合中的类别个数（如果只含有正负样本，则 C=2）；p_i 表示第 i 类的概率，可以由类别 i 中含有样本的个数除以总样本数得到。

信息熵的意思是一个变量可能的变化越多（反而与变量具体的取值没有任何关系，只和值的种类多少以及发生概率有关），它携带的信息量就越大。对于一个特征 t，系统有它和没它的时候信息量各是多少，两者的差值就是这个特征给系统带来的信息量。系统越是有序，信息熵就越低；反之，一个系统越乱，信息熵就越高。所以，信息熵也可

以说是系统有序化程度的一个衡量。

假设特征 F 有 n 个取值，那么根据 F 的不同取值我们可以对整个训练集 I 进行一次划分，可以得到关于 I 的互不重叠的子集 $I_1,I_2,\cdots,I_n$，并且 $I_1 \cup I_2 \cup \cdots \cup I_n = I$。

假设 Y 代表训练集，F 为某一特征，根据信息增益（information gain，IG）的定义，有

$$\mathrm{IG}(Y|F) = H(Y) - H(Y|F)$$

式中，$H(Y)$ 是 Y 的信息熵；$H(Y|F)$ 是在给定 F 情况下 Y 的条件熵，其定义如下：

$$H(Y|F) = \sum_{j=1}^{n} \mathrm{Prob}(F = v_j) H(Y|F = v_j)$$

式中，n 是特征 F 的取值数；v_j 是特征 F 的第 j 个取值。

在进行特征选择时，首先为每一个候选特征 F 计算信息增益，然后将这些特征按照信息增益进行排序，并选取前 N 个特征作为筛选后的特征。

但信息增益最大的问题还在于它只能考察特征对整个系统的贡献，而不能具体到某个类别上，这就使它只适合用来做“全局”的特征选择（指所有的类都使用相同的特征集合），而无法做“本地”的特征选择（每个类别有自己的特征集合，因为有的词对这个类别很有区分度，对另一个类别则无足轻重）。

3）互信息法

互信息（mutual information）用来评价一个事件的出现对于另一个事件的出现所贡献的信息量。假设在对文本进行特征选择的时候，X 表示某个词，Y 表示类别，x_i 表示这个词的取值，x_i 在这里只有两种情况：出现和不出现，y_i 可以表示某一类、某两类或者多类。那么互信息的定义为

$$I(Y;X) = \sum_{y_i \in Y} \sum_{x_i \in X} P(X = x_i, Y = y_i) \log_2 \frac{P(X = x_i, Y = y_i)}{P(X = x_i) P(Y = y_i)}$$

式中，$P(X = x_i,\ Y = y_i)$ 表示 x_i 和 y_i 同时出现在整个数据集中的概率；$P(X = x_i)$ 表示 x_i 在整个数据集中出现的概率；$P(Y = y_i)$ 表示 y_i 在整个数据集中出现的概率。对文本特征提取 x_i 的取值只能是出现和不出现两种情况。

使用互信息理论进行特征选择基于如下假设：在某个特定类别出现频率高，但在其他类别出现频率比较低的词条与该类的互信息比较大。通常用互信息作为特征词和类别之间的测度，如果特征词属于该类，它们的互信息量最大。该方法不需要对特征词和类别之间关系的性质做任何假设，因此非常适合于文本分类的特征和类别的配准工作。

特征项和类别的互信息体现了特征项与类别的相关程度，是一种广泛用于建立词关联统计模型的标准。互信息与期望交叉熵的不同在于没有考虑特征出现的频率，这样导致互信息评估函数有可能不选择高频的有用词而选择稀有词作为文本的最佳特征。因为对于每个主题来讲，特征 t 的互信息越大，说明它与该主题的共现概率越大，因此，以互信息作为提取特征的评价时应选互信息最大的若干个特征。

互信息计算的时间复杂度类似于信息增益，互信息的平均值就是信息增益。互信息的不足之处在于得分非常受词条边缘概率的影响。

4）随机森林法

随机森林法具有准确率高、鲁棒性好、易于使用等优点，这使它成为目前流行的机器学习算法之一。随机森林提供了两种特征选择的方法：平均不纯度减少（mean decrease impurity）和平均精确率减少（mean decrease accuracy）。

（1）平均不纯度减少。随机森林由多个决策树构成。决策树中的每一个节点都是关于某个特征的条件，为的是将数据集按照不同的响应变量一分为二。利用不纯度可以确定节点（最优条件），对于分类问题，通常采用基尼不纯度或者信息增益，对于回归问题，通常采用的是方差或者最小二乘拟合。当训练决策树的时候，可以计算出每个特征减少了多少树的不纯度。对于一个决策树森林来说，可以计算出每个特征平均减少了多少不纯度，并把它平均减少的不纯度作为特征选择的值。

（2）平均精确率减少。另一种常用的特征选择方法就是直接度量每个特征对模型精确率的影响。主要思路是打乱每个特征的特征值顺序，并且度量顺序变动对模型的精确率的影响。很明显，对于不重要的变量来说，打乱顺序对模型的精确率影响不会太大，但是对于重要的变量来说，打乱顺序就会降低模型的精确率。

4.4.2 特征提取

1）主成分分析法

主成分分析（principle components analysis，PCA）法是最常用的一种特征提取方法。主成分分析法是一种统计方法，通过正交变换将一组可能存在相关性的变量转换为一组线性不相关的变量，转换后的这组变量称为主成分。

在统计学中，主成分分析法是一种简化数据集的技术，它是一个线性变换。这个变换把数据变换到一个新的坐标系统中，使任何数据投影的第一大方差在第一个坐标（称为第一主成分）上，第二大方差在第二个坐标（第二主成分）上，以此类推。主成分分析通过保留低阶主成分，忽略高阶主成分，来保留住数据的最重要方面。

主成分分析法是一种降维的统计方法，它借助于一个正交变换，将其分量相关的原随机向量转化成其分量不相关的新随机向量，这在代数上表现为将原随机向量的协方差阵变换成对角阵，在几何上表现为将原坐标系变换成新的正交坐标系，使之指向样本点散布最开的 p 个正交方向，然后对多维变量系统进行降维处理，使之能以一个较高的精度转换成低维变量系统，再通过构造适当的价值函数，进一步把低维系统转化成一维系统。

主成分分析法的原理是设法将原来的变量重新组合成一组新的相互无关的几个综合变量，同时根据实际需要从中取出几个较少的综合变量尽可能多地反映原来变量的信息，它也是数学上处理降维的一种方法。主成分分析法将原来众多具有相关性的 P 个指标，重新组合成一组新的互相无关的综合指标来代替原来的指标。通常数学上的处理就是将原来 P 个指标进行线性组合，作为新的综合指标。最经典的做法就是用 F_1（选取的第一个线性组合，即第一个综合指标）的方差来表达，即 $\mathrm{Var}(F_1)$ 越大，表示 F_1 包含的信息越多。因此在所有的线性组合中选取的 F_1 应该是方差最大的，故称 F_1 为第一主成分。

如果第一主成分不足以代表原来P个指标的信息，再考虑选取F_2即选第二个线性组合，为了有效地反映原来的信息，F_1已有的信息就不需要再出现在F_2中，用数学语言表达就是要求$\mathrm{Cov}(F_1,F_2)=0$，则称F_2为第二主成分，以此类推可以构造出第三、第四、…、第P个主成分。

2）潜在语义分析方法

另一个减少维数的方法是从原始特征集产生新的、更少的合成特征集。实际上，这意味着要建立从原始特征空间到另一个维数低的特征空间的映射。合成特征（不是自然出现的字词或简单的特征过滤）的基本原理是由于一词多义、同音异义和同义词语，原始字词可能不是最佳的特征。在向量空间模型中常用的特征优化处理手段有很多，其中比较常用的有潜在语义分析（latent semantic analysis，LSA）方法和利用词典的同义项合并方法等，这里介绍潜在语义分析方法。

潜在语义分析方法是通过统计计算方法来分析自然语言中词语、段落或篇章间在语义上的相互联系及其内在规律，从而对知识进行归纳、表征和应用的理论模型。

利用潜在语义分析理论可以将向量空间模型中非完全正交的多维特征投影到维度较少的一个潜在语义空间中，同时基本保持原空间的语义特性，从而实现特征空间的降噪和降维。潜在语义分析方法对特征空间进行处理时采用的关键技术是奇异值分解（singular value decomposition，SVD）；在统计学上，SVD是针对矩阵中特征向量进行分解与压缩的技术。首先潜在语义分析将向量空间视为一个“词语-文档”的矩阵X，而任何一个矩阵X都可以分解为3个矩阵的乘积，即$X=T_0S_0D_0^{\mathrm{T}}$。在分解后得到的三个矩阵中，T_0、D_0分别为左正交词语向量矩阵和右正交文档向量矩阵，S_0为对角阵，其中按降序排列的非0值称为奇异值。在这个“语义空间”中，大奇异值所对应的维度更具词语的共性；而小奇异值所对应的维度更显词语的个性。通过从对角线矩阵中选出k个最大奇异值与其相邻的左右正交矩阵中所对应的向量同构一个经过压缩的新矩阵U，即潜在语义空间，以此来近似地表示原始稀疏矩阵X的语义空间。

具体操作方法为根据分析需要选取对角阵中k个最大值，其余的用0替代。通过降维使原始稀疏矩阵X塌陷，秩大大减少，但如果对它进行逆运算，仍旧可以得到原稀疏矩阵X的很好近似值，即$X\approx U=TSD'$。降维后的满秩新矩阵U大大减少了文档处理中不良信息的干扰。通过计算与比较文档之间的余弦值可以发现，语义关系密切的文档在压缩后的潜在语义空间里的距离变得十分短，而语义关系较弱的文档的距离相对较长。最终SVD把原来看似词形不同而语义相近的词语、句子、段落或者篇章类聚合到了一起。

该方法的缺点是对角阵中的第k个奇异值难以选择，一方面希望k足够大，能够适合所有的潜在语义结构，但k太大会导致噪声，对于潜在语义分析的使用产生影响；如果k太小，则不能适应样本的误差或其他次要的细节，保留下来的结构太少，难以把握运算的结果。此外，由于矩阵的SVD对数据的变化非常敏感，文档集合任何的变动都会对潜在语义分析模型有全局的影响，从而导致需要对潜在语义分析模型整体重新进行高复杂度的SVD计算，大大地影响效率。所以在文本集合变化较频繁的情况下，潜在语义分析的使用受到限制。

❂ 4.5 实验：特征选择

4.5.1 特征选择的方法简介

当数据预处理完成后，我们需要选择有意义的特征输入机器学习算法和模型进行训练。通常来说，从特征是否发散和特征与目标的相关性两个方面来判断特征的重要性。如果一个特征不发散，如方差接近于 0，也就是说样本在这个特征上基本上没有差异，那么这个特征对于样本的区分并没有什么用。另外，如果一个变量与目标相关性高，应当优先选择其为特征。

根据特征选择的形式又可以将特征选择方法分为三种。

1）过滤（filter）法

这一方法按照发散性或者相关性对各个特征进行评分，设定阈值或者待选择阈值的个数，选择特征。这一方法有几种不同的具体实现，包括方差选择法、相关系数法、卡方检验法和互信息法等。

（1）方差选择法。使用方差选择法，首先要计算各个特征的方差，然后根据阈值，选择方差大于阈值的特征。可以使用 feature_selection 库的 VarianceThreshold 类来实现。

（2）相关系数法。使用相关系数法，首先要计算各个特征对目标值的相关系数以及相关系数的 P 值。用 feature_selection 库的 SelectKBest 类来实现。

（3）卡方检验法。经典的卡方检验是检验定性自变量对定性因变量的相关性。假设自变量有 N 种取值，因变量有 M 种取值，考虑自变量等于 i 且因变量等于 j 的样本频数的观察值与期望的差距，构建统计量。这个统计量的含义简而言之就是自变量对因变量的相关性。用 feature_selection 库的 SelectKBest 类结合卡方检验来实现。

（4）互信息法。经典的互信息法也是评价定性自变量对定性因变量的相关性的。这一方法可以使用 feature_selection 库的 SelectKBest 类结合最大信息系数法来实现。

2）包装（wrapper）法

这一方法根据目标函数（通常是预测效果评分），每次选择若干特征或者排除若干特征。最典型的一种包装法就是递归特征消除法。

递归特征消除法使用一个基模型来进行多轮训练，每轮训练后，消除若干权重系数的特征，再基于新的特征集进行下一轮训练。使用 feature_selection 库的 RFE 类来实现。

3）嵌入（embedded）法

嵌入法先使用某些机器学习算法和模型进行训练，得到各个特征的权重系数，根据系数从大到小选择特征。类似于过滤法，但是通过训练来确定特征的优劣。

（1）基于惩罚项的特征选择法。使用带惩罚项的基模型，除了筛选出特征，同时也进行了降维。可以使用 feature_selection 库的 SelectFromModel 类结合带 L1 惩罚项的逻辑回归模型来实现。

实际上，L1 惩罚项降维的原理在于保留多个对目标值具有同等相关性的特征中的一个，所以没选到的特征不代表不重要。因此，可结合 L2 惩罚项来优化。具体操作为：若一个特征在 L1 中的权重为 1，选择在 L2 中权重差别不大且在 L1 中权重为 0 的特征构成同类集合，包含在这个同类集合中的所有特征将会平分 L1 中的权重，故需要构建一个新的逻辑回归模型。可以使用 feature_selection 库的 SelectFromModel 类结合带 L1 以及 L2 惩罚项的逻辑回归模型来实现。

（2）基于树模型的特征选择法。树模型中的梯度下降树（gradient boost decision tree，GBDT）也可用来作为基模型进行特征选择，可以使用 feature_selection 库的 SelectFromModel 类结合 GBDT 模型来实现。

4.5.2　数据集简介

本节使用的数据集是皮马印第安人糖尿病（Pima Indians Diabetes）数据集。这个数据集可以在 Kaggle.com 上下载（https://www.kaggle.com/uciml/pima-indians-diabetes-database）。美国亚利桑那州的皮马印第安人患糖尿病的概率极高。世界卫生组织为此调查了 21 岁以上的部分女性，并记录了以下信息：①怀孕了几次；②血糖；③血压；④皮脂厚度；⑤胰岛素；⑥体脂指数；⑦糖尿病血统；⑧年龄；⑨是否患病。可以根据前面的 8 项指标，来判断一个人是否患有糖尿病。数据集中一共包含 768 条记录。

我们首先将数据装入。

```
import pandas as pd
import numpy as np
data=pd.read_csv("diabetes.csv")
```

然后使用下面的命令来查看数据的结构：

```
data.head()
```

从图 4-1 中，我们可以看到 8 个不同的特征，以及一个标签属性 Outcome（其中 1 表示患有糖尿病，0 表示没有糖尿病）。并且，这个数据集有缺失值（如果有缺失值，用 0 表示）。有的指标很显然是不能取 0 的（如体脂指数 BMI 和血压 BloodPressure），如果取 0 就说明是缺失值。

	Pregnancies	Glucose	BloodPressure	SkinThickness	Insulin	BMI	DiabetesPedigreeFunction	Age	Outcome
0	6	148	72	35	0	33.6	0.627	50	1
1	1	85	66	29	0	26.6	0.351	31	0
2	8	183	64	0	0	23.3	0.672	32	1
3	1	89	66	23	94	28.1	0.167	21	0
4	0	137	40	35	168	43.1	2.288	33	1

图 4-1　皮马印第安人糖尿病数据集结构

为了简单起见，我们直接装入已经预处理好的数据集。

```
#load data
url="https://raw.githubusercontent.com/jbrownlee/Datasets/master/pima-indians-diabetes.data.csv"
names=['preg', 'plas', 'pres', 'skin', 'test', 'mass', 'pedi', 'age', 'class']
dataframe=pd.read_csv (url, names=names)
```

接下来为了加快计算速度，我们将 DataFrame 的对象转换为 NumPy 的数组。同时，我们将特征和标签分别装入不同的变量 *X* 和 *Y*。

```
array=dataframe.values
X=array[:, 0: 8]
Y=array[:, 8]
```

4.5.3 卡方统计方法

本节选择卡方统计方法来从所有的非负特征中选择 4 个最重要的特征。卡方统计方法属于特征选择中的过滤法，与之对应的是包装法。Scikit-Learn 库提供了一个 SelectKBest 类来进行特征选择，我们选择其中的卡方方法。

```
#Import the necessary libraries first
from sklearn.feature_selection import SelectKBest
from sklearn.feature_selection import chi2
```

这样就引入了必要的库。

```
#Feature extraction
test=SelectKBest (score_func=chi2, k=4)
fit=test.fit (X, Y)
#Summarize scores
np.set_printoptions (precision=3)
print (fit.scores_)
features=fit.transform (X)
#Summarize selected features
print (features[0: 5,: ])
```

输出：

```
[ 111.52  1411.887   17.605   53.108 2175.565  127.669    5.393
181.304]
[[148.    0.   33.6  50. ]
 [ 85.    0.   26.6  31. ]
 [183.    0.   23.3  32. ]
 [ 89.   94.   28.1  21. ]
```

```
[137.  168.   43.1  33. ]]
```

输出中显示了每个属性的得分。得分最高的 4 个属性分别是：Glucose、Insulin、BMI 和 Age。

4.5.4 递归式特征消除方法

本节对递归式特征消除（recursive feature elimination）的特征选择方法进行实验。递归式特征消除属于包装法，这种方法依次删除某个属性，并根据剩下的属性来训练模型，使用模型精确度来判断哪个属性（或属性的组合）对预测精度的贡献最大。我们首先装入 RFE 和相关的必要库。

```
#Import your necessary dependencies
from sklearn.feature_selection import RFE
from sklearn.linear_model import LogisticRegression
```

然后，我们使用 RFE+逻辑回归的分类器来选出最重要的 3 项特征。这里不选择逻辑回归而选择其他算法也是没有问题的。

```
#Feature extraction
model=LogisticRegression ()
rfe=RFE (model, 3)
fit=rfe.fit (X, Y)
print ("Num Features: %s" % (fit.n_features_))
print ("Selected Features: %s" % (fit.support_))
print ("Feature Ranking: %s" % (fit.ranking_))
```

输出：

```
Num Features: 3
Selected Features: [ True False False False False  True  True
False]
Feature Ranking: [1 2 3 5 6 1 1 4]
```

选出的 3 个特征是 preg、mass 和 pedi。在 Selected Features 数组中，标记为 True 的即为选出的特征；在 Feature Ranking 数组中，标记为 1 的即为选出的特征。

4.5.5 岭回归方法

本节使用岭回归方法来进行特征选择。岭回归方法是一种正则化技术（regularization technique），也是一种集成的特征选择方法（embedded feature selection techniques）。

```
#First things first
from sklearn.linear_model import Ridge
```

使用岭回归来确定 R^2 系数。

```
ridge=Ridge (alpha=1.0)
```

```
ridge.fit (X, Y)
Ridge(alpha=1.0,copy_X=True,fit_intercept=True,max_iter=None,
  normalize=False,random_state=None,solver='auto',tol=0.001)
```

下面，我们定义一个函数，来打印岭回归的输出。

```
#A helper method for pretty-printing the coefficients
def pretty_print_coefs (coefs, names=None, sort=False):
    if names==None:
        names=["X%s" % x for x in range (len (coefs)) ]
    lst=zip (coefs, names)
    if sort:
        lst=sorted (lst, key=lambda x: -np.abs (x[0]))
    return " + ".join ("%s * %s" % (round (coef, 3), name)
                                    for coef, name in lst)
```

接下来，将岭回归模型的参数项传给 pretty_print_coefs 这个函数，然后打印结果。

```
print ("Ridge model: ", pretty_print_coefs (ridge.coef_))
```

输出：

```
Ridge model: 0.021 * X0 + 0.006 * X1 + -0.002 * X2 + 0.0 * X3
+ -0.0 * X4 + 0.013 * X5 + 0.145 * X6 + 0.003 * X7
```

从上面的输出可以看到所有项的系数，从而帮助我们选择最有效的特征。在使用岭回归方法进行特征选择时，需要注意以下几点。

（1）岭回归也称为权重衰减。

（2）对于相关的特征，这一方法倾向于给出相似的系数。

（3）系数为负的特征通常贡献并不大，但是如果涉及很多特征，这个值对特征选择决策绝对有帮助。

通过上面的案例，我们实验了三种不同的特征选择方法。特征选择绝对是机器学习不可或缺的一个重要步骤，也是文本挖掘中的关键步骤。

【思　考　题】

1. 为什么需要将文本表示为数字？
2. 文本表示为数字有哪些经典模型？
3. 什么是词袋模型？
4. 什么是向量空间模型？
5. 如何计算向量空间模型中两个文档的相似度？
6. 如何计算两个概念之间的距离？

7. 什么是特征？举例说明一些可以从文本中提取的特征。

8. 简述潜在语义分析这种特征提取方法。

9. 为什么要进行特征选择？

10. 简述常见的几种特征选择方法。

11. 简述卡方检验用于特征选择时的基本原理。

第5章

信息抽取

5.1 信息抽取简介

信息抽取（information extract，IE）是一种从自然语言文本中抽取指定类型的实体、关系、事件等事实信息，并形成结构化数据输出的文本处理技术（程显毅和朱倩，2010）。信息抽取也许是目前文本挖掘预处理操作中最关键的技术。没有信息抽取技术，文本挖掘系统便会只有有限的知识发现能力。

信息抽取往往区别于信息检索，信息检索返回符合给定查询条件的文本，但仍需要用户通过读这些文本来查找相关信息。信息抽取旨在针对相关的信息，并以结构化的形式呈现出来（一般以表格的形式）。对于分析师和其他知识工作者，可节省大量的宝贵时间。

即使是一个正确率不高的信息抽取系统，与没有得到任何潜在相关信息相比较也是一个更好的选择。总体来说，满足以下条件的信息抽取系统是有用的。

（1）抽取的信息是明确说明的，而不需要参考更多的内容。

（2）数目不多的模板足以抽取文本中相关的内容。

（3）所需要的信息在文本的局部位置出现。

标注作为文本挖掘系统的第一步，每个文本经过标注后能方便地找到有意义且和内容相关的实体与实体关系。此处，实体关系指与特定实体相关的事实或事件。事实是静态的，通常不会改变，而事件更为动态，通常有与之相关的明确时间。与基于词的方法相比较，信息抽取所抽取到的信息能为挖掘过程提供更为简洁而精确的数据，同时，信息也更能表示那些更有意义以及与待检查文本领域直接相关的概念和关系。

因此，信息抽取方法考虑的是出现在文本中的实际信息的挖掘，而不是文本相关标签的有限集，生成适用于文本挖掘系统的更丰富且灵活的文本表示模式。

信息抽取可以视为一种受限形式的“完全文本理解”，不需要透彻理解文本。相反，它定义了从文本中抽取到的语义信息类型的先验知识。信息抽取将文本表示为实体和框架的组合，是以另一种形式表示实体关系的方法。

所有可能的实体和框架的集合常常是开放的，和分类的关键字组合相比较，关键词组合显得比较庞大，它不能自动生成。相反，特征是直接从文本中抽取到的，在实体和框架之间的层次关系常常是棵简单树。其根有几个分支（如“机构”“人”），一旦实际的实体被发现就立即自动添加进来（如“保险公司”“张平”等）。

框架组成了结构化对象，虽然它们不能直接当作文本挖掘的特征来使用，但框架属性和其标签可以当作特征来使用。然而，框架本身可能避开常规的文本挖掘操作而直接用于查询和可视化组件。

最简单的信息抽取是实体抽取，没有框架，只有实体类型。

图 5-1 给出了信息抽取过程的示意图。在该过程的核心部分，信息抽取引擎的输入是一组文本，引擎通过使用一个统计模块、一个规则模块或两者的混合进行工作。

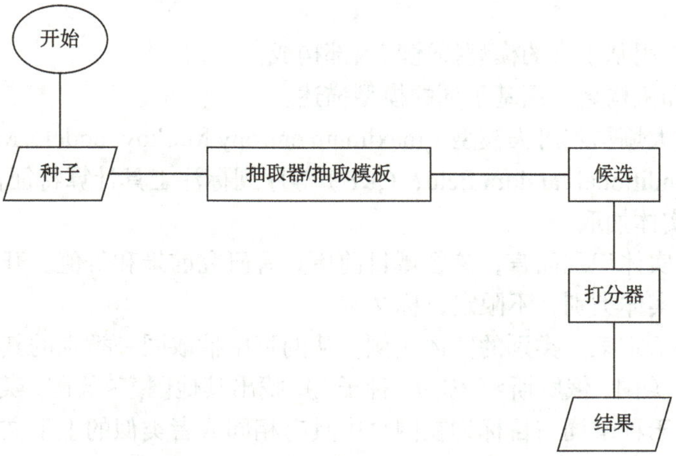

图 5-1　开放实体抽取的主流框架

信息抽取引擎的输出是一组从文本中抽取出的标注过的框架，框架其实是填充了一张表。目前，可以从文本中抽取到四种基本类型的元素。

（1）实体。实体是文本中的基本构成块，如人、公司、地址、基因和药品等。

（2）属性。属性是所抽取实体的特征，如人的头衔、人的年龄以及组织的类型等。

（3）关系。实体之间存在的联系即为事实，如公司和员工之间的雇佣关系、两种蛋白质之间的磷酸化作用等。

（4）事件。事件是实体的行为或实体因为兴趣而参加的活动，如两个公司间的联谊、一次生日聚会等。

5.2 信息抽取的任务

5.2.1 实体识别

实体的识别和抽取根据应用的不同可以分为命名实体识别和开放域实体抽取（程显

毅和朱倩，2010）。

1）命名实体识别

命名实体识别的主要任务是识别出待处理文本中七类命名实体，分别为人名、机构名、地名、时间、日期、货币和百分比。

在这七类当中，时间、日期、货币、百分比相对而言其构成具有很明显的规律，识别起来相对容易，但是剩下的三类由于用字灵活，识别难度很大。命名实体的内部构成和外部语言环境具有一些特征，无论何种方法，都在试图充分发现和利用实体所在的上下文特征及实体的内部特征。

考虑到每一类命名实体都具有不同的特征，不同类别的实体适合采用不同的识别模型。

（1）人名：用基于字的模型描述其内部构成。

（2）地名和机构名：用基于词的模型描述。

同时利用最大熵马尔可夫模型（maximum entropy Markov model，MEMM）、HMM、条件随机场（conditional random field，CRF）等序列标注工具计算特征权重。

2）开放域实体抽取

相对于命名实体识别而言，该领域目前更具有研究前景和价值。开放域实体抽取的特点在于不限定实体类别，不限定目标文本。

基本任务是给定某一类别的实体实例，从网页中抽取同一类别的其他实体实例。例如，给定<中国，美国，俄罗斯>（称为“种子”），找出其他国家<德国，英国，法国……>。

基本思路在于种子词与目标词在网页中具有相同或者类似的上下文（包括网页结构和上下文）。因此需要首先利用种子词提取模板，随后利用模板提取更多同类实体。处理该问题的主流框架如图 5-1 所示。

开放域实体抽取的主要方法有以下几种。

（1）基于查询日志的抽取方法。通过分析种子实例，在查询日志中的上下文中进行学习从而得到模板，再利用模板找到同类别的实例。基本方法为构造候选与种子上下文向量，计算相似度。

（2）基于网页的抽取方法。该方法的动机源于处理列表型文件，即在同一个网页中，种子和目标实体具有相同的网页结构。整个系统主要分为三个模块。

爬取模块（fetcher）：把种子送到搜索引擎，把返回的前 100 个网页抓取下来作为语料。

抽取模块（extractor）：针对单个网页学习模板，再使用模板抽取候选实例。

排序模块（ranker）：利用种子、网页、模板、候选构造一个图，综合考虑网页和模板的质量，使用随机游走算法为候选打分并排序。

（3）融合多个数据源的抽取方法。采用网页、查询日志、维基百科等多种数据源，针对不同数据源，选取不同特征分别进行实例扩展，对结果进行融合，针对不同数据源选取不同的模板和特征，使用不同特征计算候选的置信度。

5.2.2 实体消歧

命名实体的歧义指的是一个实体指称项可对应到多个真实世界实体，确定一个实体指称项所指向的真实世界实体，这就是命名实体消歧。

针对方法的不同，可以分为基于聚类的实体消歧和基于实体链接的实体消歧。

1. 基于聚类的实体消歧

基本思路为同一指称项具有近似的上下文，利用聚类算法进行消歧。其核心问题在于选取何种特征对指称项进行表示，根据特征的不同，共有以下几种方法。

1）基于词袋模型

利用待消歧实体周边的词来构造向量，利用向量空间模型来计算两个实体指称项的相似度，进行聚类。

2）基于语义特征

词袋模型没有考虑词的语义信息，本书利用 SVD 挖掘词的语义信息，利用词袋和浅层语义特征，共同表示指称项，利用余弦相似度来计算两个指称项的相似度。

3）基于社会化网络

不同的人具有不同的社会关系，利用实体的社会化关联信息所表现出来的网页链接特征，对网页进行聚类，从而实现网页内的人名聚类消歧。

4）基于维基百科

维基百科中相关实体具有链接关系，这种链接关系反映条目之间的语义相关度。在维基百科当中，语义关联度最高的概念会共同链接更多的概念。

$$\mathrm{sr}(a,b)=\log_2(\max(A,B))-\log_2(A\cap B)\log_2(W)-\log_2(\min(A,B))$$

式中，A、B 表示概念 a、b 的链接数；W 表示维基百科中总共实体的个数。

5）基于多源异构知识

仅仅考虑维基百科一种知识源，覆盖度有限。知识源中存在大量的多源异构知识，挖掘和集成多源异构知识可以提高实体消歧的性能。该方法利用维基百科、WordNet、Web 网页库（挖掘社会关联）三种知识源，利用语义图来表示多源异构数据。在语义图中，利用语义图的边表示语义关联，利用语义图的机构表示隐藏语义关联。

2. 基于实体链接的实体消歧

基于实体链接的实体消歧的基本目标在于给定实体指称项和它所在的文本，将其链接到给定知识库中的相应实体上，主要的步骤分为两步。

1）候选实体的发现

给定实体指称项，链接系统根据知识、规则等信息找到实体指称项的候选实体。主要有两种方法，一种利用维基百科信息，如维基百科中锚文本的超级链接关系、利用维基百科中的消歧页面、利用维基百科中的重定向页面；另一种利用上下文信息，主要利用上下文获取缩略语候选实体。缩略语指称项具有很强的歧义性，但它的全称往往是没有歧义的。在实体指称项文本中，缩略语的全称出现过。利用人工规则抽取候选实体。

2）候选实体的链接

系统根据指称项和候选实体之间的相似度等特征，选择实体指称项的目标实体。其基本方法为：计算实体指称项和候选实体的相似度，选择相似度最大的候选实体。候选实体的链接又可以分为单一实体链接和协同实体链接。

（1）单一实体链接。

①词袋模型：基于词袋模型计算相似度。将实体指称项上下文文本与候选实体上下文文本表示成词袋向量形式，通过计算向量间的夹角确定指称项与候选实体的相似度，系统选择相似度最大的候选实体进行链接。

②加入候选实体的类别特征：针对候选实体的文本内容可能太短，会导致相似度计算不准确的问题，可以加入指称项文本中的词与候选实体类别的共现特征。例如，除了计算待消歧文本和实体 Wikipedia 文本 John Williams（一位作曲家）的相似度外，还考虑当前文本中的词语与音乐、艺术等类别（实体所属类别）的共现信息。基于文本相似度和指称项文本中词与候选实体类别的共现信息特征，用支持向量机进行分类。

③加入候选实体的流行度等特征：针对传统的方法仅仅计算实体指称项与候选实体的相似度，忽略了候选实体的背景知识与先验信息，如实体本身的流行度、实体与指称项的关系等问题，考虑实体的背景知识，将实体的背景知识融入实体链接的过程。实体的背景知识和先验信息主要有实体流行度、实体 e 在知识库中的概率 $P(e)$、名称的知识、指称项 s 指向实体 e 的概率 $P(s|e)$、上下文知识、实体 e 出现在特定上下文环境 c 的概率 $P(c|e)$等。

（2）协同实体链接。该方法主要针对同一篇文档中实体之间具有语义相关性的情况，因此利用全对偶优化策略。

针对目标实体之间的语义相似度的计算方法有两种：一是利用实体类别重合度计算目标实体语义相似度；二是利用实体之间的链接关系计算目标实体语义相似度。

①基于图的协同链接：全对偶优化策略只考虑两两实体的关系，结果不是最优的基于图的协同链接，采用图方法，全局考虑目标实体之间的语义关联。指称项文本与实体文本的相似度由传统的向量空间模型得到，利用目标实体之间的链接关系计算实体之间的语义相关度。

②基于深度学习的方法：传统的方法中，计算待消歧实体上下文和目标实体语义相似度的方法［点乘、余弦相似度、KL（Kullback-Leibler）距离等］可扩展性差，没有考虑各个概念间的内在联系，在协同过滤的方法中，计算待消歧实体上下文和目标实体语义相似度也是基础工作。该方法利用深度学习的方法自动联合学习实体和文档的表示，进而完成实体链接任务。

③跨语言实体链接：给定一种语言的实体指称项和其所在的上下文，将其链接到另外一种语言的知识库中，传统方法要先翻译成目标语言，可能产生错误传递，需要大量的句子级平行的双语训练语料。本书利用双语隐含主题模型将实体指称项与候选实体映射到同一个主题空间中，每一个隐含主题有两种不同的分布，分别对应两种不同的语言，处于同一个主题分布下的两种不同语言的词的分布具有一些共性。

④结构化数据中的实体链接：结构化数据没有上下文，任务与传统的实体链接不同，

主要利用实体的流行度和实体共现类型去消歧。

⑤社交数据中的实体链接：社交媒体（Twitter）是一种重要的信息来源，社交媒体的上下文较短，语言表述不规范。该方法利用 Twitter 的用户信息和 Twitter 的交互信息进行链接。

目前实体链接方法主要是考虑如何更有效地挖掘实体指称项信息，如何更准确地计算实体指称项和实体概念之间的相似度。难点在于未登录实体的处理。

5.2.3 关系抽取

关系抽取是自动识别由一对概念和联系这对概念的关系构成的相关三元组。下面是一些关系三元组的例子。

例 1：比尔盖茨是微软的 CEO。

CEO（比尔盖茨，微软）

例 2：CMU 坐落于匹兹堡。

Located-in（CMU，匹兹堡）

例 3：Michael Jordan 获得 1997/98 赛季的 MVP。

Award（Michael Jordan，1997/98 赛季，MVP）

结构化与半结构化的关系抽取方法一般利用其特定的网页结构。而非结构化的文本关系抽取一般可以分为三类：传统关系抽取、开放域关系抽取、开放域关系发现。

1）传统关系抽取

传统关系抽取的主要任务为给定实体关系类别，给定语料，抽取目标关系对。在该类任务中，有专家标注的语料，语料质量高，而且有公认的评价方式。常用的评测集有消息理解会议（message understanding conference，MUC）、自动内容抽取（automatic content extraction，ACE）、知识库拓展（knowledge base population，KBP）、语义评测（semantic evaluation，SemEval）大会。

在抽取方法上，目前主要采用统计机器学习的方法，将关系实例转换成高维空间中的特征向量或直接用离散结构来表示，在标注语料库上训练生成分类模型，然后识别实体间关系，主要包括三类方法。

（1）基于特征向量的方法。基于特征向量的方法主要面临的问题是如何获取各种有效的词法、句法、语义等特征，并把它们有效地集成起来，从而产生描述实体语义关系的各种局部特征和简单的全局特征。

特征选取主要是从自由文本及其句法结构中抽取出各种表面特征以及结构化特征。常配合使用的分类器包括最大熵模型和支持向量机。

（2）基于核函数的方法。基于核函数的方法主要面临的问题是如何有效挖掘反映语义关系的结构化信息及如何有效计算结构化信息之间的相似度。常使用卷积树核（convolution tree kernel，CTK），用两棵句法树之间的公共子树的数目来衡量它们之间的相似度。标准的卷积树核在计算两棵子树的相似度时，只考虑子树本身，不考虑子树的上下文信息。上下文相关卷积树核（context sensitive-convolution tree kernel，CS-CTK）

函数在计算子树相似度时，同时考虑子树的祖先信息，如子树根节点的父节点、祖父节点信息，并对不同祖先的子树相似度加权平均。

（3）基于神经网络的方法。基于神经网络的方法主要面临的问题是如何设计合理的网络结构，从而捕捉更多的信息，进而更准确地完成关系的抽取。需要使用不同的网络结构捕捉文本中不同的信息。其中递归神经网络（recurrent neural network，RNN）在网络的构建过程中更多地考虑到句子的句法结构，但是需要依赖复杂的句法分析工具。卷积神经网络（convolutional neural network，CNN）通过卷积操作完成句子级信息的捕获，不需要复杂的自然语言处理工具。

总体来说，传统的人工标注语料+机器学习算法模式无法满足开放域开放语料下的信息抽取，构建语料的成本过高，因此出现了开放域关系抽取。

2）开放域关系抽取

开放域关系抽取的特点是不限定关系类别、不限定目标文本。难点在于如何获取训练语料、如何获取实体关系类别、如何针对不同类型的目标文本抽取关系。主要有以下几种方法。

（1）按需抽取的 Bootstrapping 方法。Bootstrapping 方法的基本流程是：模板生成→实例抽取→迭代直至收敛，但是存在语义漂移问题，即迭代会引入噪声实例和噪声模板，例如，依靠下面的模板来抽取城市。

首都—城市模板“XX is a city of YY”

Paris is a city of France.

Paris is a city of Romance.

为了解决这个问题，可以同时扩展多个互斥类别，同时扩展人物、地点、机构，一个实体只能属于一个类别，或者引入负实例来限制语义漂移。

（2）开放抽取（open IE）。通过识别表达语义关系的短语来抽取实体之间的关系，同时使用句法和统计数据来过滤抽取出来的三元组。关系短语应当是一个以动词为核心的短语且应当匹配多个不同实体对。开放抽取的优点在于无须预先定义关系类别，但是也存在语义没有归一化、同一关系有不同表示等问题。典型的系统包括 TextRunner 系统，从 Web 网页中抽取包含用户输入的特定谓词和论元的三元组。

（3）知识监督开放抽取——远程监督。开放域信息抽取的一个主要问题是缺乏标注语料。远程监督方法可以使用知识库中的关系启发式地标注训练语料。例如，简单远距离监督方法基于一个假设，每一个同时包含两个实体的句子都会表述这两个实体在知识库中的对应关系，利用上述假设标注所有句子作为训练语料，使用最大熵分类器来构建信息抽取系统，但主要问题是噪声训练实例。对于噪声问题，解决方法均假设一个正确的训练实例会位于语义一致的区域，也就是其周边的实例应当都有相同一致的标签。

3）开放域关系发现

开放域关系发现主要是在现有的知识图谱的基础上，对于未连接的实体之间的关系进行合理的推理和补全。根据知识表示的不同可以分为两大类方法，分别为逻辑符号和分布式表示。

（1）逻辑符号。逻辑符号表示一般使用归纳逻辑编程（inductive logic programming）和概率图模型（probabilistic graph model）。优点在于表达能力强，人类可理解并可提供精确的结果。

但是知识库的规模越来越大，逻辑表示很难高效地扩展到大规模知识库上（如Freebase）；逻辑规则通常使用霍恩子句表达，其在推理时只能考虑与对象有紧密联系的少数概念和关系，不能进行全局推理，否则是非确定多项式（non-deterministic polynomial，NP）难问题。因为容纳的影响因素较少，推断不准确；推理建立在明确的符号基础上，很难学习隐藏的推理规则。

基于逻辑符号的关系发现的主要任务为事实推理和推理规则学习。事实推理可以推理出隐含的事实（如西蓝花可以防止骨质疏松），而推理规则学习可以学习查询之间的逻辑推理关系（如含有能预防骨质疏松元素的蔬菜可以防止骨质疏松）。

（2）分布式表示。在数值空间中编码实体和关系，头部实体和尾部实体都以向量表示，关系表示为向量之间的操作，学习过程依赖于三元组间的相似性。主要方法有张量分解法、基于翻译的模型法以及基于神经网络的能量函数模型法。

张量分解法将知识图谱编码为一个三维邻接张量，然后将其分解为一个核心张量和因子矩阵的乘积。分解后的结果作为对应三元组存在与否的概率。基于翻译的模型法将关系看作头部实体到尾部实体的翻译，在原模型的基础上考虑一对多、多对一、多对多等多种关系。基于神经网络的能量函数模型法，使用神经网络定义三元组的能量函数，为三元组打分，通过惩罚错误的三元组完成学习过程。

5.3 应用案例：药物副作用挖掘

药物警戒也称为药物安全监督，被定义为“发现、评价、理解和预防不良反应（药物使用时发生的不良身体状况）和其他可能与药物有关问题的科学研究活动”（范馨月和崔雷，2018）。药物警戒从预批准阶段开始，持续到核准后新药监视期并贯穿于药物上市后的整个生命周期。虽然临床试验是评估安全性的首要方法，但它们在参与患者的数量、身体特征，持续时间和收集的数据类型方面受到限制。大量的药物副作用、处方药与非处方药的相互作用以及与食物的相互作用可能需要一段时间才会显露出来。因此，与新药有关的完整安全性能不能通过临床试验完全建立。于是，核准后的不良药物事件成为一个重要的健康问题，仅仅在美国每年就造成200多万人受伤、住院和死亡；相关费用估计为每年750亿美元。因此，药品上市后及时进行药品安全监测是公共卫生系统的一个重要目标。

近年来，越来越多的社交网络和线上患者论坛已经出现。针对患者的社交媒体覆盖各色各样的人口，并包含数百万的自发的药物讨论。这些讨论包括有关药物适应症（使用该药物治疗某种特定医学症状）的信息和不良药物事件（药物使用期间出现的任何医学状况或症状，是否被识别为损伤的原因)。因此，分析患者在健康社交媒体中不良药物事件的报告、挖掘药物的有效性和副作用，可以为当前的药物警戒做出有益的贡献。

考虑到互联网上健康社交网站和论坛的数量成百上千，用人工方法识别患者对于不良药物事件的报告是不可行的。因此，在本案例中我们使用信息抽取的相关技术来识别糖尿病患者社交媒体中不良药物事件的报告。这一方法结合了统计学习模式和语义信息来提取不良药物事件。它基于患者经历获取不良药物事件，提供一种有效的方式来倾听患者对于药物安全监测的声音。

本节提出的用于识别患者报告的不良药物事件的研究框架在图 5-2 中示出，主要组分在下面详细解释。

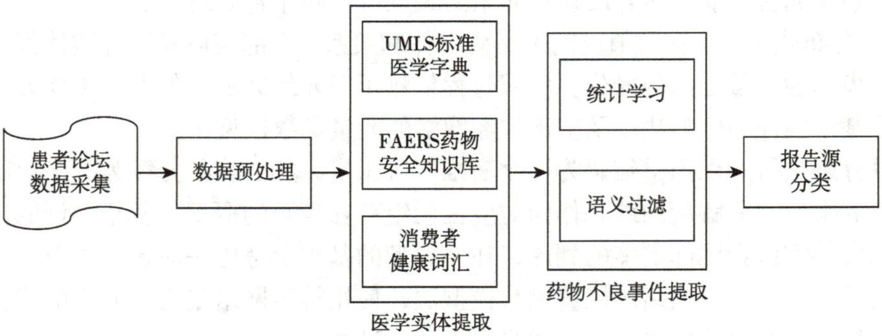

图 5-2 从患者论坛识别药物副作用的研究框架

5.3.1 数据准备和预处理

1）患者论坛数据收集

糖尿病影响 2580 万人，占美国人口的 8.3%，现在存在大量的治疗方法帮助控制患者的血糖水平，以避免高血糖引起的器官损伤。许多治疗会有一些不良反应，在不同程度上危害患者的安全。我们收集的数据来自美国的一个较大的糖尿病患者论坛——美国糖尿病协会（American Diabetes Association，ADA）在线社区（http://community.diabetes.org），通过网络爬虫下载网页并提取患者讨论中的相关字段。收集的信息包括帖子 ID（论坛中的帖子的唯一标识符）、URL、主题标题、帖子作者的 ID（论坛中的用户的唯一标识符）、发帖日期和帖子内容。时间跨度从 2009 年 2 月（论坛成立时）至 2012 年 12 月，一共包含 184 874 个帖子。

2）数据预处理

数据预处理将原始数据归一化为可分析的格式。预处理包括两个部分：文本清理和句子边界检测。对于文本清理，我们开发了特定的正则表达式来删除网址，复制标点符号以及个人身份信息，如电子邮件地址、社会保障号码等。然后，我们关注本研究中句子水平的分析。对于句子边界检测，我们使用开源自然语言处理工具 OpenNLP（https://opennlp.apache.org）将帖子切分成句子。经过切分，语料中一共包含 1 348 364 条语句。

3）医疗实体提取

我们应用多种类型的词汇源来从文本中提取药物名称和不良事件，包括医学一体化语言系统（unified medical language system，UMLS）、不良事件报告系统（FDA adverse event reporting system，FAERS）、消费者健康词汇（consumer health vocabulary，CHV）以及在先前研究中经常使用的医学本体。MetaMap（http://metamap.nlm.nih.gov）用于将患者社交媒体文本映射到UMLS。我们使用MetaMap初始化医疗实体提取，从而在患者论坛中识别与标准医疗词典匹配的术语。MetaMap提取的药物名称和事件名称通过食品药品监督管理局（Food and Drug Administration，FDA）药物安全数据库FAERS中的术语过滤。未出现在FAERS中的术语不会被进一步分析。然后扩展实体提取，以包括CHV。对于MetaMap标识的每个术语，我们查询CHV以获得其消费者偏好的等价术语并将其添加到我们的词典中。所找到的消费者偏好术语用于在患者论坛中搜索附加实体。在医疗实体提取后，一共确定了50 468个药物实体和22 195个医疗事件实体。提取包含药物和事件实体的所有句子用于进一步分析。

5.3.2 不良药物事件提取

在论坛中患者对于不良药物事件的讨论往往是非正式和口语化的，解释它需要医学知识和复杂的语言技巧。为了解决这些问题，我们的方法结合统计学习方法的关系检测和医疗与语言知识库的语义信息，以从药物适应证和否定的不良药物事件中发现不良药物事件。

1. 统计学习

不良药物事件提取的一个重要任务是确定一条语句中的药物与医疗事件之间是否存在关系。为了检测患者论坛帖子中的相关药物和医疗事件，我们开发了一个最短的依赖路径核函数，并训练了一个支持向量机来学习相关药物和事件的帖子的模式。这种基于内核的统计学习方法在识别先前研究中的各种关系时已经显示出希望，如蛋白质相互作用和药物相互作用。

1）特征生成

我们建议基于从医疗事件到治疗实体的最短相关路径来生成关系实例的句法和语义特征。依赖分析可以捕获句子中的单词之间的语法和语义信息。它基于语法关系生成词对词链接。在依赖性分析树中，句法依赖性由树的层次结构表示。语义依赖性由链接的方向表示。本节利用斯坦福分析器（Stanford Parser）（http://nlp.stanford.edu/software/lex-parser.shtml）进行依赖性解析，它涵盖了53种不同的语法关系。其中包括从依赖到管理者（也称为摄政或头脑）的语法关系。图5-3显示了一个例句的依赖关系树。

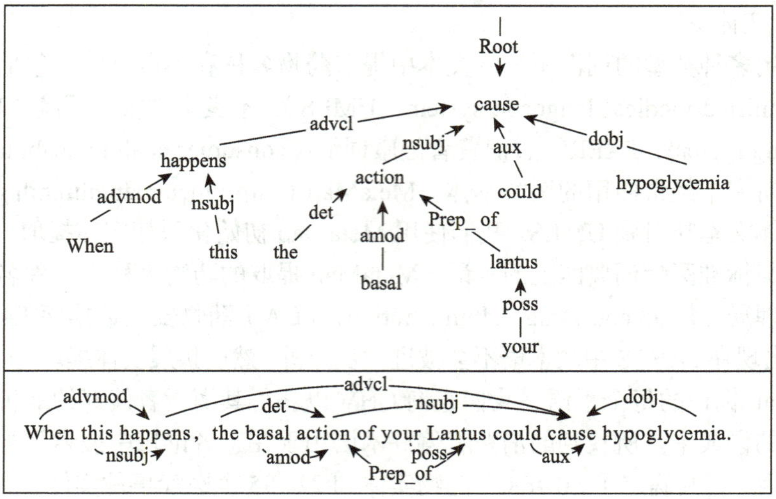

图 5-3 一个例句表示成依赖树的形式

在这个例句中，hypoglycemia 是一种不良事件实体，Lantus 是一种糖尿病治疗。图 5-3 中示出了词之间的语法关系。例如，hypoglycemia 是 cause 的直接对象，因此它们具有语法关系 dobj。在这种情况下，cause 是管理者，hypoglycemia 是附属。action 是 cause 的名词主体，因此它们具有关系 nsubj。

虽然依赖关系树表示句子中单词之间的句法和语义关系，但大部分依赖关系树与句子中的药物和医疗事件之间的关系无关。我们利用医疗事件实体和药物实体之间的最短路径在依赖关系树（最短相关路径）中进行特征生成。

由于测试台中存在大量数据，实例的表示通常导致庞大但稀疏的特征集，导致训练和测试中的性能降低。为了减少数据稀疏度并增加本节的方法的鲁棒性，我们通过将路径上的单词分类为具有不同程度的一般性的词类来扩展最短相关性路径。词类包括单词、词性标签和广义词性标签。词性标签用 Stanford CoreNLP（http://nlp.stanford.edu/software）提取。我们根据 Penn TreeBank 指南一般化词性标签。语义类型（事件和处理）也用在最短路径的两端。

生成的关系实例中，hypoglycemia 和 Lantus 的特征可以被定义为路径上所有元素的笛卡儿积，如图 5-4 所示。因此，原始句子可以以序列表示为 $X=\{x_1, x_2, x_3, x_4, x_5, x_6, x_7\}$，其中 x_1 = {hypoglycemia，NN，Noun，Event}，x_2 = {->}，x_5 = {action，NN，Noun}，x_6= {< - }，x_7= {Lantus，NN，Noun，Treatment}。

$$\begin{bmatrix}\text{hypoglycemia}\\ \text{NN}\\ \text{Noun}\\ \text{Event}\end{bmatrix}\times[->]\times\begin{bmatrix}\text{cause}\\ \text{VB}\\ \text{Verb}\end{bmatrix}\times[<-]\times\begin{bmatrix}\text{action}\\ \text{NN}\\ \text{Noun}\end{bmatrix}\times[<-]\times\begin{bmatrix}\text{Lantus}\\ \text{NN}\\ \text{Noun}\\ \text{Treatment}\end{bmatrix}$$

图 5-4 从依赖树生成特征

2）最短相关路径内核函数

统计学习方法依赖于内核函数来找到一个将正面实例与负面实例分离的超平面。给定 $x = x_1x_2x_3 \cdots x_m$ 和 $y = y_1y_2y_3 \cdots y_n$ 是两个关系实例，其中 x 表示对应于位置 i 的特征集合，核函数按下式计算：

$$K(x,y)=\begin{cases}0, & m \neq n \\ \sum_{i=1}^{n} C(x_i,y_i), & m=n\end{cases}$$

式中，$C(x_i,y_i)=\left|x_i \bigcap y_i\right|$，是 x_i 和 y_i 共有的特征数。

例如，实例 x = {当这种情况发生时，你的 Lantus 的基础状态可能导致低血糖}，可以表示为 x = [{hypoglycemia，NN，Noun，Event}，{ - >}，{cause，VB，Verb }，{< - }，{action，NN，Noun}，{< - }，{Lantus，NN，Noun，Treatment}]。实例 y = {但是，现在我已经阅读了这个线程中的几个帖子表明抑郁症为 Lantus 可能导致的副作用}可以表示为 y = [{抑郁，NN，名词，事件}，{ - > }，{指示，VBP，Verb}，{< - }，{效果，NN，名词}，{< - }，{Lantus，NNP，K（x，y）}]可以被计算为位置 i 中的共同特征 x 和 y 的数目的乘积。K（x，y）= 3 × 1 × 1 × 1 × 2 × 1 × 3 = 18。基于结果，我们可以看到关系实例 x 和 y 具有非常高的相似性得分。如果实例 x 具有药物事件关系，则实例 y 也很可能包含药物事件关系。

3）分类

我们采用了用于关系检测分类的直推式支持向量机（transductive support vector machine，TSVM）。关系检测中的分类将与之有关系的实例和没有关系的实例区分开。TSVM 是一种半监督的机器学习方法。它使用超平面，基于核函数找到两类数据之间的最大距离分离。它可以进行带有标记和未标记数据的学习。本案例使用了一个开源的 TSVM 包 SVM-light（http://svmlight.joachims.org），因为它支持定制的内核函数。

为了进行统计学习，我们从每个论坛随机选择 400 条语句作为标记数据，每条语句至少有一个药物实体和一个医疗事件实体。我们建立了内容编码，标记这些句子是否包含相关的药物和医疗事件。我们通过添加最短的依赖路径核心函数来自定义 SVM-light。我们在最短相关性路径内核上训练 TSVM 分类器，然后应用它来识别具有药物事件关系的实例。统计学习的过程总结在算法 5-1 中。

算法 5-1　统计学习算法

```
Input: all relation instances with at least a pair of related drug and medical events,
R (drug, event) .
Output: where the instance has a pair of related drug and event.
1.For each relation instance R (drug, event):
  Generate Dependency tree T of R (drug, event)
  Features=Shortest Dependency Path Extraction (T, R)
  Features=Syntactic and Semantic Classes Mapping (Features)
2.Separate relation instances into training set and test set
3.Train a SVM classifier C with shortest dependency kernel function based on the training set
4.Use the SVM classifier C to classify instances in the test set into two classes R (drug,
event)=True and R (drug, event) = False.
```

2. 语义过滤

统计学习方法可以检测相关的药物和医疗事件，但不能精确地捕获句子中的否定短语，也不区分药物适应证与不良药物事件。大多数前人研究忽略了过滤掉药物适应证和否定用于分析的药物不良事件（adverse drug event，ADE）的重要性，导致低查准率。为了解决这些问题，我们开发了语义过滤算法，利用来自药物安全数据库的语义知识去除检测工具中的药物适应证和规则，从而过滤出被否定的 ADE。

在美国，FDA 严格规范了药物适应证。药物适应证在 FAERS 的药物安全数据库中有详细记录。我们可以从现有的知识库获得药物适应证知识配制模板和过滤药物适应证。对于否定检测，我们以语言规则为基础开发了一个负检测工具 NegEx。NegEx 是一种用于医疗文件中的医疗事件否定检测的自然语言处理系统。它能够识别否定短语，例如，“从不”和“无”以及否定的范围。然后确定医疗事件是否属于否定的范围。它在识别否定的医疗事件方面已经实现 88%的查准率和 85%的查全率。鉴于一句话中的不良药物事件，我们使用 NegEx 来确定该事件是否被否定。语义过滤的详细步骤见算法 5-2。

算法 5-2　语义过滤算法

```
Input: a relation instance i with a pair of related drug and medical events, Rfdnig, event).
Output: The relation type.
If drug exists in FAERS:
    Get indication list for drug;
    For indication in indication list:
        If event=indication:
            Return R (drug, event) ='drug indication';
    For rule in NegEx:
        If relation instance i matches rule:
            Return R (drug, event) ='negated adverse drug events';
    Return R (drug, event) ='adverse drug events';
```

3. 报告源分类

社交媒体中 ADE 的报告可能来自不同的报告来源，包括患者经历、第三方账户、新闻和研究。其中，基于患者经历的报告具有最大的临床价值；其他来源可能引入更多的噪声和冗余。然而，以前的患者社交媒体研究没有将患者的 ADE 报告和来自第三方账户、新闻和研究的报告区分开。要解决此问题，我们提出报告源分类方法以过滤 ADE 报告，而不依赖于实际患者经历。我们基于先前的研究开发了基于特征的分类模型，以区分患者报告与传闻。词袋模型和 TSVM 用于报告源分类。

为了获得分类的训练和评价数据，我们随机选择 400 个至少包含一种药物实体和一个医疗事件实体的句子来创建一个黄金标准评估数据集。我们建立了定义和用于标记每条句子中的描述是否基于患者自己的经历的决策规则。两个研究员被训练以根据这些规则标注来自每个论坛的句子。我们在报表源分类的词袋模型特征中表示实例。总共有 6374 个独有的特征。我们在 SVM-light 中应用线性核函数半监督报告源分类。

5.3.3 评价和结果

我们使用标准的机器学习和文本分析评估指标：查准率、查全率和 F 值，来评估案例研究的表现。这些指标已广泛用于信息提取和健康社交媒体研究。

$$\text{Precision}(i)=\frac{\text{被正确识别为第}i\text{类的实例数}}{\text{被识别为第}i\text{类的实例数}}$$

$$\text{Recall}(i)=\frac{\text{被正确识别为第}i\text{类的实例数}}{\text{第}i\text{类所有的实例数}}$$

$$F-\text{measure}(i)=\frac{2\times\text{Precision}(i)\times\text{Recall}(i)}{\text{Precision}(i)+\text{Recall}(i)}$$

为了评估医疗实体提取的性能，我们从测试数据中随机选择了 200 条句子，并为标签实体和医疗事件实体建立了定义和内容编码。两个研究生级别的研究员被训练为医疗实体注释挑选出来的句子。当他们的注释意见不同时，第三个评价者将审查数据并做出最终决定。这些句子成为实体识别评价的黄金标准。然后，我们将自动标记器的结果与黄金标准进行比较。为了评估我们的药物不良事件提取与统计学习和语义过滤（statistic learning + semantic filtering，SL + SF）的方法，我们建立了基于现有知识库中的信息和临床专家的建议标记不良药物事件的内容编码。随机选择至少一个药物实体和一个医疗事件实体的 400 条句子，进行注解并作为评价的黄金标准。在黄金标准数据集中有 762 个关系实例，包括 302 个与药物和事件无关的实例，276 个不良药物事件关系，15 个被否定的不良药物事件关系和 169 个药物适应证关系。为了证明统计学习中核函数的选择，我们比较了最短依赖路径（shortest dependency path，SDP）核函数和词袋模型核函数的结果。我们比较了本节提出的方法与黄金标准的提取结果。我们报告了结合统计学习和语义过滤的提取不良药物事件的性能，并将其与没有经过语义过滤的结果进行比较。为了证明提出的方法的有效性，我们进行基于词频共现（co-occurance，CO）分析的药物不良事件提取，作为比较的基线。我们采用了先前研究的方法，其中如果药物发生在事件期的 20 个标记内，那么这被视为同现。

我们进行了 5 倍交叉验证，以获得药物不良事件提取和报告源分类的评估结果。每次，实验台中的 80%的标记数据和所有未标记的句子用作训练集，20%的标记数据用作测试集。表 5-1 总结了我们的评估结果。

表 5-1 评估结果

组件	分类	查准率	查全率	F 值
医疗命名实体识别	药物	93.90%	91.70%	92.50%
	医疗事件	87.30%	80.30%	83.50%
药物不良事件提取	统计学习+词袋	27.34%	77.36%	40.36%
	统计学习+最短过滤路径	61.50%	59.81%	60.64%
	统计学习+语义过滤	81.70%	59.81%	69.06%
	词频共现	36.22%	100%	53.18%

续表

组件	分类	查准率	查全率	F值
报告源分类	有报告源分类	83.50%	84.10%	83.80%
	没有报告源分类	62.50%	100%	76.92%

对于显著性检验，我们基于对 762 个实例中 5 次交叉验证的结果创建了用于药物不良事件提取和报告源分类的两个可能性表。如表 5-2 所示，我们采用费希尔精确检验来计算零假设（即不会出现假设的情况）的 p 值。二者的 p 值都低于 0.01。对于药物不良事件提取和报告源分类，二者的方法和结果之间的联系都是显著的。

表 5-2 费希尔精确检验的列联表

药物不良事件提取	准确结果	不准确结果	报告源分类	准确患者报告	不准确患者报告
统计学习+语义过滤	163	38	有报告源分类	399	78
词频共现	276	486	没有报告源分类	476	286
p 值<0.01			p 值<0.01		

在药物实体识别中，本书的方法查准率达到 93.90%，查全率为 91.70%，F 值为 92.50%。对于医疗事件实体识别，查准率为 87.30%，查全率为 80.30%，F 值为 83.50%。医疗实体识别程序的有效性有助于随后的分析。基于评价结果，可以观察到，我们的方法显著增加了药物不良事件提取的查准率和 F 值。最短的依赖路径核函数优于词袋模型核函数。我们的方法实现了 81.70%的查准率、59.81%的查全率和 69.06%的 F 值。词频共现的基线方法查准率为 36.22%，查全率为 100%，F 值为 53.18%。我们的方法的 F 值提高了约 16 个百分点。没有报告源分类，提取的性能受到讨论中的噪声很大影响。未进行报告源分类时，查准率为 62.50%，查全率为 100%，F 值为 76.92%。报告源分类后，查准率提高到 83.50%，整体性能（F 值）提高到 83.80%。在实验台应用提出的技术后，我们获得 1069 种不良药物事件关系，其中 652 例为患者报告。创建一个 400 条语句的黄金标准数据集花费每个评价者 10～15h 的努力。考虑到问题的规模，人工审查健康社交媒体中患者的不良药物事件报告是耗时且昂贵的。与人工方法相比，我们提出的方法减少了人工干预，并成功提高了社交媒体中患者不良药物事件报告提取的效率。与基线方法相比，我们的方法显著提高了社交媒体中不良药物事件报告的准确性和整体性能，为危险药物鉴定提供了更可靠的证据。

5.4 实验：命名实体识别

命名实体识别是一种非常有用的信息抽取技术。常见的命名实体识别包括七大类实体，如人名、机构名、地名、时间、日期、货币、百分比等。除了这些通用的命名实体识别，还有一些是特定领域命名实体的识别（如某种操作系统、编程语言、足球队、化合物等)。

命名实体识别可以分为三大类：命名实体、时间表示和数字表示。命名实体表示一个事物的标识，如人名、职位名、组织名以及任何有生命或无生命的东西。时间表示是与日历、时间或期间相关的任何词。数字表示是涉及数字或操作符号的数学句子，包括描述、财务数据、可数实体、数学表达式等。

5.4.1 调用 NLTK 实现命名实体识别

NLTK 已经自带了对最常见的七类命名实体的识别。下面的例子使用了维基百科的一段文本片段，并从中抽取人名、地名和组织名。

```
import nltk
doc='''Andrew Yan-Tak Ng is a Chinese American computer scientist. He is the former chief scientist at Baidu, where he led the company's Artificial Intelligence Group. He is an adjunct professor (formerly associate professor) at Stanford University. Ng is also the co-founder and chairman at Coursera, an online education platform. Andrew was born in the UK in 1976. His parents were both from Hong Kong.'''
#tokenize doc
tokenized_doc=nltk.word_tokenize (doc)
#tag sentences and use nltk's Named Entity Chunker
tagged_sentences=nltk.pos_tag (tokenized_doc)
ne_chunked_sents=nltk.ne_chunk (tagged_sentences)
#extract all named entities
named_entities=[]
for tagged_tree in ne_chunked_sents:
    if hasattr (tagged_tree, 'label'):
        entity_name=''.join (c[0] for c in tagged_tree.leaves
        ())
        entity_type=tagged_tree.label () #get NE category
        named_entities.append ((entity_name, entity_type))
print (named_entities)
```

输出：

```
[('Andrew', 'PERSON'), ('Chinese', 'GPE'), ('American', 'GPE'),
 ('Baidu', 'ORGANIZATION'), ('Artificial Intelligence Group', 'ORGANIZATION'),
 ('Stanford University', 'ORGANIZATION'), ('Coursera', 'ORGANIZATION'),
```

```
('Andrew', 'PERSON'), ('Hong Kong', 'GPE') ]
```

其中，GPE 是 geo-political entity 的缩写，表示一个地名。在上面的例子中，NER Chunker 借助了词性标注来发现句子中的命名实体。

5.4.2 基于规则的命名实体识别

基于规则的命名实体识别系统，使用预定义的语言规则来识别文档中的命名实体。如果规则构造恰当，基于规则的方法效果良好。但是，这一方法的缺陷在于灵活性和拓展性差。

基于规则的命名实体识别系统的例子是 NLTK 的时间表达标记器，可以用于识别和标记所有的时间表达方式。下面是 NLTK 的时间表达标记器的代码片段：

```
#Predefined strings.
numbers="(^a(? =\s)|one|two|three|four|five|six|seven|eight|
nine|ten|\eleven|twelve|thirteen|fourteen|fifteen|sixteen|sevent
een| \eighteen|nineteen|twenty|thirty|forty|fifty|sixty|seventy|
eighty| \ninety|hundred|thousand)"
day="
(monday|tuesday|wednesday|thursday|friday|saturday|sunday)"
week_day="
(monay|tuesday|wednesday|thursday|friday|saturday|sunday)"
...
...
regxp1="((\d+|(" + numbers + "[-\s]?)+)" + dmy + "s?  " + exp1
+ ")"
regxp2="(" + exp2 + "(" + dmy + "|" + week_day + "|" + month +
"))"
...
...
    # If timex matches ISO format, remove 'time' and reorder 'date'
    if re.match(r'\d+[/-]\d+[/-]\d+ \d+: \d+: \d+\.\d+', timex):
            dmy=re.split(r'\s', timex)[0]
            dmy=re.split(r'/|-', dmy)
            timex_val=str(dmy[2]) + '-' + str(dmy[1]) + '-' + str
            (dmy[0])
...
...
        #Weekday in the previous week.
        elif re.match(r'last ' + week_day, timex, re.IGNORECASE):
```

```
        day = hashweekdays[timex.split () [1]]
        timex_val = str (base_date + RelativeDateTime (weeks=-1,
        \weekday= (day, 0)))
...
...
        # Month in the following year.
        elif re.match (r'next ' + month, timex, re.IGNORECASE):
            month=hashmonths[timex.split () [1]]
            timex_val=str (base_date.year + 1) + '-' + str (month)
...
...
```

完整的代码可以参看 NLTK 的时间表达标记器：https://github.com/nltk/nltk_contrib/blob/master/nltk_contrib/timex.py。

5.4.3 基于机器学习的命名实体识别

基于规则的命名实体识别不仅缺乏灵活性，而且有的时候非常复杂，效果还不理想。因此，基于机器学习的命名实体识别方法就更加有用了。通过标注一些样本数据进行有监督的训练，算法就可以识别出文档中包含的命名实体（Coursera，2018）。

假设现在有一个实际问题，要识别出文档中所有出现过的操作系统。为了训练这个模型，我们需要标记一些语料中出现过的操作系统。对于命名实体识别任务而言，序贯标注（sequence tagging）是一种常用的标准方法。具体来说，我们将操作系统的词标记为 OS，而将其他的词标记为 IR（无关）。例如：

```
Sent: ['Linux', 'is', 'the', 'best', 'OS']
Labels: ['OS', 'IR', 'IR', 'IR', 'IR']
Sent: ['Ubuntu', 'is', 'my', 'favorite', 'OS']
Labels: ['OS', 'IR', 'IR', 'IR', 'IR']
```

接下来，使用条件随机场来训练一个操作系统命名实体的识别器。条件随机场是一种常用的命名实体识别方法，可以用于建模序列数据。条件随机场是在给定一组输入随机变量的条件下另外一组输出随机变量的条件概率分布模型，它是一种判别式的概率无向图模型。条件随机场可以包含大量独立的特征，如词性标签的特征、大小写/首字母特征等。随着并发或序列特征的增加，模型的能力也会提高。

为了准备训练数据，我们需要将句子中的每一个词标记成不相关（IR）或者命名实体中的一部分。

```
data=[ (['Linux', 'is', 'the', 'best', 'OS'], ['OS', 'IR', 'IR',
'IR', 'IR']),
    (['Ubuntu', 'is', 'my', 'favourite', 'OS'], ['OS', 'IR', 'IR',
'IR', 'IR']) ]
```

```
corpus=[]
for (doc, tags) in data:
    doc_tag=[]
    for word, tag in zip (doc, tags):
        doc_tag.append ((word, tag))
    corpus.append (doc_tag)
print (corpus)
```

输出：

```
>>> [[('Linux', 'OS'),('is', 'IR'),('the', 'IR'),('best', 'IR'),
('OS', 'IR') ], [ ('Ubuntu', 'OS'), ('is', 'IR'), ('my', 'IR'),
('favorite', 'IR'), ('OS', 'IR') ]]
```

下面我们来训练条件随机场模型。为了训练条件随机场模型，需要在语料的所有句子中抽取特征，特征就是词的序贯。

```
def doc2features (doc, i):
    word=doc[i][0]
    #Features from current word
    features={
        'word.word': word,
    }
    #Features from previous word
    if i > 0:
        prevword=doc[i-1][0]
        features['word.prevword']=prevword
    else:
        features['BOS']=True#Special "Beginning of Sequence" tag
    #Features from next word
    if i < len (doc) -1:
        nextword=doc[i+1][0]
        features['word.nextword']=nextword
    else:
        features['EOS']=True # Special "End of Sequence" tag
    return features
def extract_features (doc):
    return [doc2features (doc, i) for i in range (len (doc)) ]
X=[extract_features (doc) for doc in corpus]
print (X)
```

输出：

```
[[{'BOS': True, 'word.word': 'Linux', 'word.nextword': 'is'},
```

```
{'word.nextword': 'the', 'word.word': 'is', 'word.prevword':
'Linux'},
{'word.nextword': 'best', 'word.word': 'the', 'word.prevword':
'is'},
{'word.nextword': 'OS', 'word.word': 'best', 'word.prevword':
'the'},
{'EOS': True, 'word.word': 'OS', 'word.prevword': 'best'}],
[{'BOS': True, 'word.word': 'Ubuntu', 'word.nextword': 'is'},
{'word.nextword': 'my', 'word.word': 'is', 'word.prevword':
'Ubuntu'},
{'word.nextword' : 'favorite' , 'word.word' : 'my' ,
'word.prevword': 'is'},
{'word.nextword' : 'OS' , 'word.word' : 'favorite' ,
'word.prevword': 'my'},
{'EOS': True, 'word.word': 'OS', 'word.prevword': 'best'}],
```

在这个例子中，只包含两类特征：前一个词和后一个词。当然，也可以包含更多的特征，如前两个词和后两个词，直到前五个词和后五个词。

接下来，我们准备训练集的标签。

```
def get_labels (doc):
    return [tag for (token, tag) in doc]
y=[get_labels (doc) for doc in corpus]
print (y)
```

输出：

```
[['OS', 'IR', 'IR', 'IR', 'IR'], ['OS', 'IR', 'IR', 'IR', 'IR']]
```

给定训练特征和相应的标签，接下来使用 sklearn-crfsuite 来训练操作系统命名实体识别模型。sklearn-crfsuite 是一个围绕 CRFsuite（python-crfsuite）的兼容 Scikit 的包装库。在模型训练的过程中，条件随机场会按照最大化训练数据标签可能性的原则，来确定不同特征的权重。

```
import sklearn_crfsuite
crf=sklearn_crfsuite.CRF (
    algorithm='lbfgs',
    c1=0.1,
    c2=0.1,
    max_iterations=20,
    all_possible_transitions=False,
)
crf.fit (X, y);
```

接下来，我们将训练出的模型应用到新的句子上，看是否可以标记出一种新的操作系统。

```
test=[['CentOS', 'is', 'my', 'favourite', 'OS']]
X_test=extract_features (test)
print (crf.predict_single (X_test))
```

输出：

```
['OS', 'IR', 'IR', 'IR', 'IR']
```

在这个输出中，可以看到 CentOS 已经被标记成了 OS。在这里我们识别出 CentOS 主要靠相似的上下文，如×× is my favorite OS 是一个经常出现的句式，于是××就会被识别为一个操作系统。这个例子可以扩充到更多的语料以及扩大到更长的特征窗口，来构建一个更强大的操作系统命名实体识别器。

【思 考 题】

1. 什么是信息抽取？
2. 列举几个信息抽取在商务中的典型应用。
3. 信息抽取有哪些经典的任务？
4. 命名实体识别有哪些常用的算法？
5. 实体消歧有哪些常用的算法？
6. 关系抽取有哪些常用的算法？
7. 编写一个程序，调用 NLTK 识别出一则新闻中的人名和地名。
8. 使用正则表达式编写一个程序，抽取出新闻中的时间和日期。
9. 了解一下 Bi-LSTM-CRF 算法，并说明该算法可以用于解决什么类型的信息抽取问题。

第 6 章 文本分类

概括地说，文本分类（text classify，TC）的任务就是把给定数据集的实例划分到预先确定的类别中（程显毅和朱倩，2010）。自动文本分类的研究可以追溯到 20 世纪 60 年代初，它的主要目的是作为受控词汇的科学文献索引手段。到了 20 世纪 90 年代，随着可用的电子文本不断增加，有必要组织这些文本以方便使用，文本分类领域的研究才得到了发展。如今自动文本分类已经有了许多应用领域，从传统的自动或半自动（互动）文本索引，到个性化广告发布、垃圾邮件过滤，到依据层次目录的网页分类和元数据的自动生成等。

如同许多其他的人工智能（artificial intelligence，AI）的任务一样，文本分类有两种主要方法：一种是知识工程的方法，使专家的类别知识直接编码为分类规则；另一种是机器学习（machine learning，ML），根据训练样本集建立分类器。在文本分类中，这两种方法虽然性能差距不大，但知识工程方法的主要缺点是知识获取瓶颈——创建和维护高技能的脑力劳动和专家知识编码规则。因此，近期的分类研究大部分集中在机器学习方面，该方法需要一些手工分类训练样本。

6.1 文本分类的种类

文本分类可以形式地定义为一个函数（分类器）$F: D\times C\rightarrow\{0,1\}$，其中，$D$ 是所有可能的文本集，C 是预定义的类别。如果文本 d 属于 C 类，F 值（d，C）为 1，否则为 0。

6.1.1 单标签分类与多标签分类

根据 F 的属性，我们可以区分单标签分类与多标签分类。多标签分类的类别可能重

叠，文本可能属于多个类别。在单标签分类中，每个文本完全属于一个类别。二元分类是单标签分类中的类别数为 2 的特殊情况。二元分类是非常重要的，因为它是最简单、最普遍、最常用的分类方法。多标签可以通过$|C|$个二元分类器解决（$|C|$是分类器的数目），把一个文本决定分配给哪一类的二元分类器之间是互相独立的。

6.1.2 文本主元与类别主元分类

通常情况下，分类器通过下列方式使用。给定一个文本，分类器查找所有属于该类别的文本，这就是所谓的文本主元分类。另外，我们可能需要寻找所有根据某一类别提交的文本，这就是所谓的类别主元分类。在并非所有的文本或所有类别都立即可用的情况下，区分文本主元与类别主元才有意义。例如，在“在线”的分类中，文本一个接一个到来，文本主元分类是可能的。如果类别不是固定的，文本必须重新归类为新的类别，此时类别主元分类是恰当的。然而，多数情况下是文本主元与类别主元分类兼有。

6.2 文本分类的知识工程方法

文本分类的知识工程方法的重点是围绕着分类规则的手工编写问题。相关领域专家定义了给定类别文本的充分条件标注集合。20 世纪 90 年代以前，占主导地位的文本分类方法一直是基于知识工程的分类方法，即由专业人员手工进行分类。当专家的质量较高时，这一方法的分类精度还是较好的。尤其是当文本的规模较小时，能够取得不错和稳定的效果。但是，手工编写规则最大的问题是难以应对文档规模的增长。当文档规模迅速扩大时，手工编写规则的召回率迅速下降。同时，要维护这些规则，代价也非常高昂。

Construe 系统是采用知识工程的方法进行文本分类的一个例子，它使用的是一些包含析取、合取的产生式规则。该系统在路透社语料集（723 个文本）的子集中可以达到 90%的正确率和召回率。但是在其他数据集上的性能，以及扩大了文本集后性能如何，尚不清楚。

6.3 文本分类的机器学习监督算法

6.3.1 监督学习算法概述

监督学习已经在实际应用中取得了巨大的成功，它几乎适用于所有的领域，包括文本和网页处理。监督学习又称为分类（classification）或者归纳学习（inductive learning）。这种类型的学习类似于人类学习的方式。人类可以从过去的经验中获取知识以用于提高解决当前问题的能力，然而。由于计算机没有“经验”可用，计算机只能从自己所收集的过去的数据中获取知识，这些数据就代表了过去的经验。

有许多典型的监督学习的问题。本章将集中讨论一种典型的类型：学习一个目标函数从而用于预测实例的类别（离散的），这一类学习问题已经成为机器学习研究领域最关注的问题之一。本章将会介绍一系列的此类监督学习的技术，这些技术已经在各个 Web 挖掘应用中广泛使用。

在学习问题中，一个数据集里的每个数据实例都可以用一组属性值 $A=\{A_1, A_2, \cdots, A_{|A|}\}$ 来描述，其中 $|A|$ 表示属性集合 A 的大小。同时，数据集里的每个数据实例都具有一个特殊的目标属性 C，称为类属性，它表征了每个元素所归属的类。类属性 C 具有一系列离散的值，例如，$C=\{C_1, C_2, \cdots, C_{|C|}\}$，其中 $|C|$ 是集合 C 的大小，并且 $|C|\geqslant 2$。一个类属性值也称为一个类标（class label）。简单来说，一个用于学习的数据集就是一张关系表，表里的每条记录描述了一条“以往的经验”。在机器学习和数据挖掘的词汇中，一条数据记录又称作一个样例、一个实例、一个用例或者一个向量。这样，一个数据集就是包括一系列样例的集合。

给出一个数据集 D，机器学习任务的目标就是产生一个联系属性值集合 A 和类标集合 C 的分类/预测函数（classification/predictive function）（刘兵，2013）。这个函数可以用于预测新的属性集合（数据实例）的类标。这个函数被称为分类模型（classification model）、预测模型（predictive model）或者简称为分类器（classifier）。应该指出的是，这个分类模型可以是任何形式的，如决策树、规则集、贝叶斯模型或者一个超平面。

表 6-1 是一个贷款申请的数据集，它包括四个属性。第一个属性是 Age，有三个可能的值：young、middle 和 old。第二个属性是 Has_job，它有两个可能的值：true 和 false，表示贷款申请者是否有工作。第三个属性是 Own_house，它表示贷款申请者是否有房子。第四个属性是 Credit_rating，它有三个可能的值：fair、good、excellent。最后一列是元素的类属性，表示最终贷款是否被批准了。

表 6-1 贷款申请数据

ID	Age	Has_job	Own_house	Credit_rating	Class
1	young	false	false	fair	No
2	young	false	false	good	No
3	young	true	false	good	Yes
4	young	true	true	fair	Yes
5	young	false	false	fair	No
6	middle	false	false	fair	No
7	middle	false	false	good	No
8	middle	true	true	good	Yes

续表

ID	Age	Has_job	Own_house	Credit_rating	Class
9	middle	false	true	excellent	Yes
10	middle	false	true	excellent	Yes
11	old	false	true	excellent	Yes
12	old	false	true	good	Yes
13	old	true	false	good	Yes
14	old	true	false	excellent	Yes
15	old	false	false	fair	No

我们想从这个数据集里学习一个分类模型来对新的贷款申请是否能成功做出预测，也就是说，当一个新的客户进行贷款申请的时候，只要给出以下信息：年龄（Age）、是否有工作（Has_job）、是否有房子（Own_house）、信用度（Credit_rating），那么这个分类模型应该可以预测出他的贷款是否能够得到批准。

我们所讨论的学习问题之所以被称为监督学习，是因为已有数据已经给出了类标（例如，表 6-1 中的类标 Yes 或 No）。与这相对的一种方式是无监督式的学习，在无监督学习（unsupervised learning）中，所有的类属性都是未知的，算法需要根据数据集的特征自动产生类属性。我们将在第 7 章讨论无监督式的学习。

算法用于进行学习的数据集称为训练数据集（training data）。当学习算法（learning algorithm）用训练数据学习得到一个模型以后，我们使用测试数据集（test data）来评测这个模型的精准度。测试数据集的数据往往也是带有类标的，通过检查模型预测的类标与实际的类标是否一致，我们可以评测学习所得到的模型的精准度。因此，为了能够训练并且测试模型，我们通常把可用的数据分为两个子集，一个子集作为训练集，另一个作为测试集。

一个分类模型的精准度定义如下：

$$分类精准度=（正确分类的测试用例个数）/（测试用例的总数） \tag{6-1}$$

在式（6-1）中，一个正确的分类是指分类模型对一个测试用例预测的类标与测试用例实际的类标一致。

在这里，存在两个重要的问题：

（1）学习的含义是什么？

（2）训练数据和测试数据之间有什么关系？

我们首先来回答第一个问题，给出一个数据集 *D*、一个任务 *T* 和一个性能评测方法 *M*，*D* 表示以往的“经验”，机器从 *D* 中学习，从而在评测方法 *M* 的标准之下，可以在执行任务 *T* 的时候有更杰出的表现，这就是机器学习的过程。换言之，学习模型帮系统执行任务 *T* 的时候有更好的表现。学习就是建立学习模型或者汲取知识的过程。

让我们使用表 6-1 中的数据集来解释这个观点。在表 6-1 中，任务 *T* 是对一个贷款申请能否批准进行预测。性能评测标准 *M* 是式（6-1）中所表示的精准度。如果没有进行学习过程，我们能够做的是随机猜测或者简单地使用可能性比较大的类标作为预测结果（在这里就是 Yes）。假设我们使用可能性最大的类标作为预测，那么意味着以后的贷款申请实例都可以被批准。如果未来的贷款申请和训练数据具有相同的分布，那么未经过学习预测的精准度为 9/15=0.6。现在的问题是，如果我们进行了学习过程，那么能够得到更精准的结果吗？如果能够得到，那么学习过程是有意义的。

第二个问题实际上是与机器学习的最基本假设（fundamental assumption）有关的一个问题。这个基本假设是：训练数据的分布应该与测试数据的分布一致。然而，在实际的应用中，这个假设往往是不完全满足的。如果实际情况与假设违背过于严重，也就是说训练数据与测试数据的分布差异过大，那么学习模型肯定无法在测试数据集上得到较高的精准度。因此，为了得到较高的精准度，训练实例必须能够充分代表测试数据。

我们现在描述一下学习的过程。如图 6-1 所示，在第一步中，一个学习算法使用训练数据来产生分类模型，这一过程也称为训练过程（training step）或者训练阶段（training phase）。在第二步中，学习得到的模型使用测试数据来测试分类精准度。这个过程称为测试过程（testing step）或者测试阶段（testing phase）。如果学习得到的模型的精准度能够满足我们的需求，那么这个模型就可以在实际应用中应用于新的实例（新的实例没有类标）。如果精准度不能满足我们的需求，那么需要重新选择一种学习算法，或者需要对数据进行预处理。在实际应用中，一个训练模型的产生往往需要经过多次的迭代训练才能达到我们的预期。

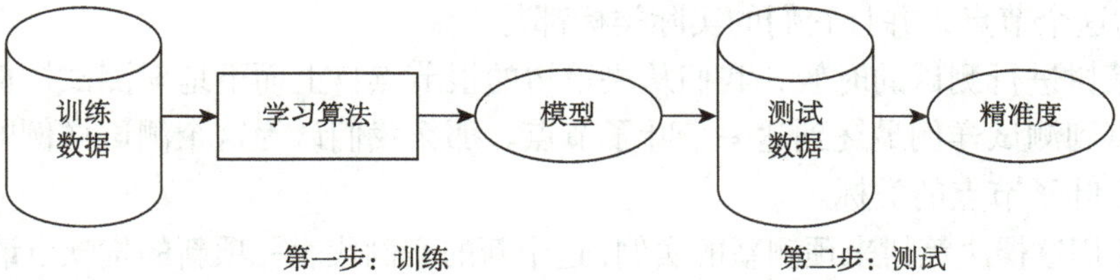

图 6-1　基本的学习过程：训练和测试

接下来，我们将给出几种监督学习的算法，主要研究建模和分类评估，我们注意到在本章中，我们始终默认有这么一个假设，那就是训练数据和测试数据是可直接用于学习任务的。然而实际上，在许多文本和网页相关的学习问题中，并不是这样的。一般来说，需要首先收集原始的数据，然后对原始数据进行预处理，设置有效属性，并且计算数据实例的各个属性值。

6.3.2　决策树推理

决策树（decision tree）学习算法是分类算法中应用最广泛的一种技术。这种算法的分类精度与其他算法相比非常具有竞争力，并且效率也非常高。这种算法所得到的分类模型表示是一棵树的形式，我们称它为决策树。本节所讲述的决策树算法是 C4.5 系统。

例 6-1　图 6-2 展示了使用表 6-1 的数据学习得到的一种决策树结构。这棵树有两种类型的节点，即决策节点（decision node，中间节点）和叶子节点（leaf node）。一个决策节点内包含针对数据实例某个属性的一些测试，而一个叶子节点则代表了一个类标。

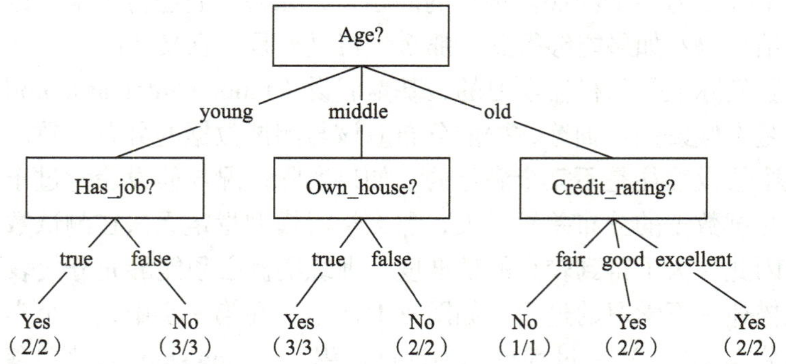

图 6-2　对应于表 6-1 中数据的一棵决策树

在图 6-2 所示的决策树结构中，根节点首先提出问题：申请者的年龄是多少？这个问题有三个可能的答案。这三个可能的答案构成了根节点下边的三个分支。其他的内部节点以相似的方式工作。每一个叶子节点代表一个类标（Yes 或者 No）。每一个叶子节点下边的（x/y）代表到达此叶子节点的 y 个训练样例里有 x 个样例的类标与这个叶子节点所标识的类标一致。例如，最左边的叶子节点的类标是 Yes。两个训练样例（样例 3 和 4）到达这个节点，并且它们的实际类标都是 Yes。

对决策树进行测试的时候，我们从决策树的根节点自上而下地对测试样例的属性进行测试，直到测试样例最终到达一个叶子节点。那么我们认为这个测试样例的类标就是到达的这个叶子节点的类标。

我们使用这棵决策树来预测新的实例，这个新的实例代表一项新的贷款申请，如表 6-2 所示。

表 6-2　一项新的贷款申请

Age	Has_job	Own_house	Credit_rating	Class
young	false	false	good	?

通过使用决策树进行预测，我们发现这个样例最终到达了自左起的第二个叶子节点，这表示对这项贷款申请的预测结果是 No。

一棵决策树的构建过程是不断地分割训练数据，以使最终分割所得到的各个子集尽可能纯。一个纯的子集（pure subset）中的数据实例类标全部一致。

一个有趣的问题是：对于表 6-1 中的数据而言，图 6-2 中的树是唯一的吗？答案是否定的。事实上，使用表 6-1 中的数据进行学习，可以得到很多可能的决策树。例如，图 6-3 给出了另外一棵决策树，这棵树更小，但是也能对训练数据进行完美的分类。在实际应用中，我们希望能够得到一棵尽可能小并且准确的决策树。另外，在许多应用中，分类器是否能够被用户理解也很重要。例如，在医疗应用中，医生想要理解用于判断患者是否患有某种特定疾病的分类器。如果医生不能理解这个分类器，那么医生不会相信这个系统。

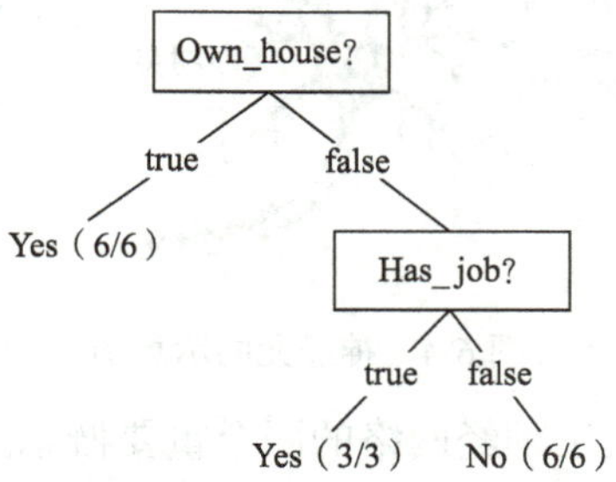

图 6-3 对应于表 6-1 中数据的另一棵更小的决策树

6.3.3 神经网络分类器

人工神经网络（artificial neural network，ANN）是 20 世纪 80 年代以来人工智能领域兴起的研究热点。它从信息处理角度对人脑神经元网络进行抽象，建立某种简单模型，按不同的连接方式组成不同的网络。在工程与学术界也常直接简称为神经网络或类神经网络。最近十多年来，人工神经网络的研究工作不断深入，已经取得了很大的进展，其在模式识别、智能机器人、自动控制、预测估计、生物、医学、经济等领域已成功地解决了许多现代计算机难以解决的实际问题，表现出了良好的智能特性。

人工神经网络中，神经元处理单元可表示不同的对象，如特征、字母、概念或者一些有意义的抽象模式。网络中处理单元分为三类：输入单元、输出单元和隐单元。输入单元接收外部世界的信号与数据；输出单元实现系统处理结果的输出；隐单元是处在输入和输出单元之间，不能由系统外部观察的单元。神经元间的连接权值反映了单元间的连接强度，信息的表示和处理体现在网络处理单元的连接关系中。人工神经网络是一种非程序化、适应性、大脑风格的信息处理，其本质是通过网络的变换和动力学行为得到一种并行分布式的信息处理功能，并在不同程度和层次上模仿人脑神经系统的信息处理功能。它是涉及神经科学、思维科学、人工智能、计算机科学等多个领域的交叉学科。

人工神经网络是一种模仿生物神经网络行为特征，进行分布式并行信息处理的算法数学模型。这种网络依靠系统的复杂程度，通过调整内部大量节点（神经元）之间相互连接的权重，从而达到处理信息的目的。

神经元的结构如图 6-4 所示。一个神经元可以通过轴突作用于成千上万的神经元，也可以通过树突从成千上万的神经元接收信息。上级神经元的轴突在有电信号传导时释放出化学递质，作用于下一级神经元的树突，树突受到递质作用后产生电信号，从而实现神经元间的信息传递。化学递质可以使下一级神经元兴奋或抑制。

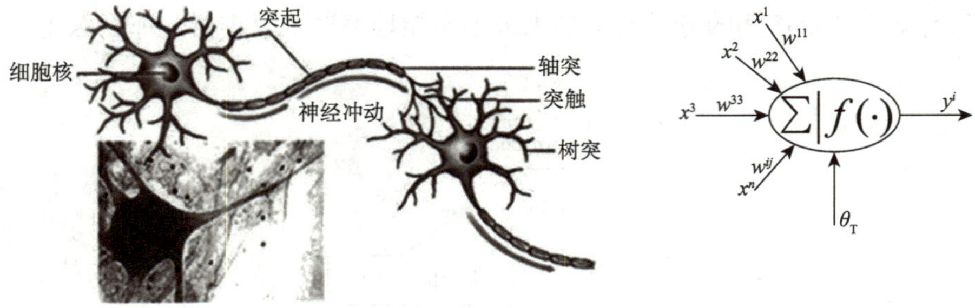

图 6-4　神经元的示意图

权值矩阵和激励函数是人工神经网络的两个重要概念。权值矩阵相当于神经网络的记忆，在训练的过程中动态调整和适应，如巴甫洛夫狗与铃声的实验，神经记忆是可以训练的。我们都应该有过这样的经历，某段时间心情不好，如失恋了，在一周或者一个月的时间里，一直在听某几首歌。过了很久，或许几年后，当再听到那首歌的时候，竟能唤醒自己当时的记忆和感受。神经网络是非线性的，“因”与“果”非直接相关。猫可爱，所以爱猫，这是直接因果；但爱屋及乌，因为爱一个姑娘，也爱上了她的猫，就是间接相关了。神经网络非常善于处理这样隐晦的关系。激励函数决定神经元如何处理从输入到输出的转化。激励函数很重要，无论对建立神经网络的模型，还是理解神经网络。常见的激励函数有 ReLU、Sigmoid、tanh 等，如图 6-5 所示。

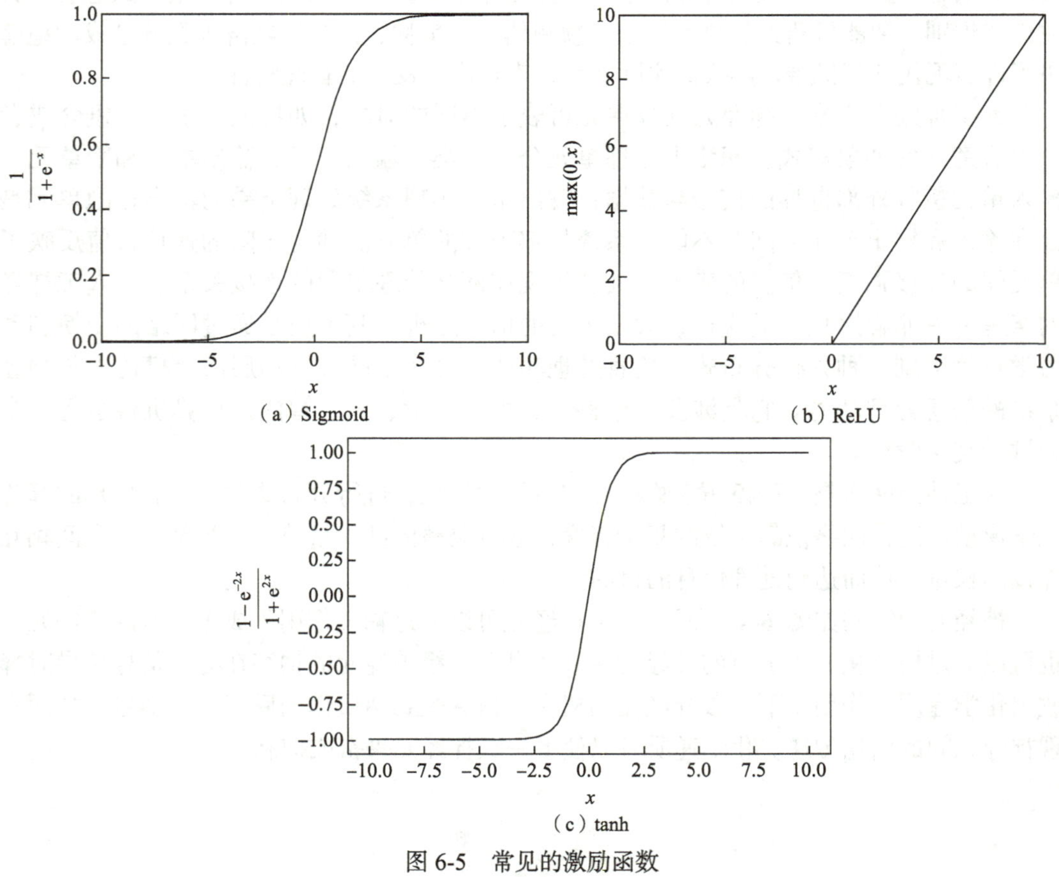

图 6-5　常见的激励函数

反向传播（back propagation，BP）神经网络是非常有代表性的一种前馈神经网络，其结构如图 6-6 所示。BP 神经网络利用输出后的误差来估计输出层的直接前导层的误差，再用这个误差估计更前一层的误差，最终获得所有各层的误差估计。与感知机不同，这是一个多层（≥3）的全连接（fully-connected，FC）网络。所谓的全连接，是指所有神经元节点，与其上一层或下一层的所有节点都有连接。

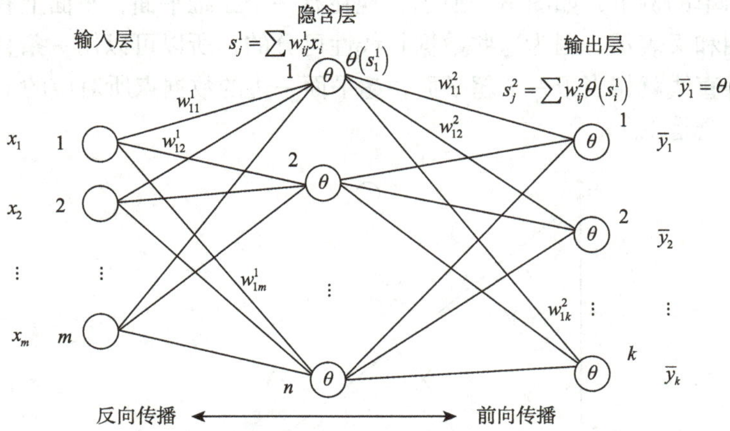

图 6-6　BP 神经网络的结构图

人工神经网络模型主要考虑网络连接的拓扑结构、神经元的特征、学习规则等。目前，已有近 40 种神经网络模型，其中有反传网络、感知器、自组织映射、Hopfield 网络、玻尔兹曼机、适应谐振理论等。根据连接的拓扑结构，神经网络模型可以分为以下两种。

（1）前向网络。网络中各个神经元接收前一级的输入，并输出到下一级，网络中没有反馈，可以用一个有向无环图表示。这种网络实现信号从输入空间到输出空间的变换，它的信息处理能力来自简单非线性函数的多次复合。网络结构简单，易于实现。反传网络是一种典型的前向网络。

（2）反馈网络。网络内神经元间有反馈，可以用一个无向的完备图表示。这种神经网络的信息处理是状态的变换，可以用动力学系统理论处理。系统的稳定性与联想记忆功能有密切关系。Hopfield 网络、玻尔兹曼机均属于这种类型。

6.3.4　支持向量机

支持向量机方法是建立在统计学习理论的 VC（Vapnik-Chervonenkis）维理论和结构风险最小原理基础上的，根据有限的样本信息在模型的复杂性（即对特定训练样本的学习精度）和学习能力（即无错误地识别任意样本的能力）之间寻求最佳折中，以求获得最好的推广能力。

支持向量机，因其英文名为 support vector machine，故一般简称 SVM，通俗来讲，它是一种二分类模型，其基本模型定义为特征空间上的间隔最大的线性分类器，其学习策略便是间隔最大化，最终可转化为一个凸二次规划问题的求解。

给定一些数据点，它们分别属于两个不同的类，现在要找到一个线性分类器把这些数据分成两类。如果用 x 表示数据点，用 y 表示类别（y 可以取 1 或者−1，分别代表两个不同的类），一个线性分类器的学习目标便是要在 n 维的数据空间中找到一个超平面（hyper plane），这个超平面的方程可以表示为（w^{T} 中的 T 代表转置）

$$w^{\mathrm{T}}x+b=0$$

下面举个简单的例子，如图 6-7 所示，现在有一个二维平面，平面上有两种不同的数据，分别用圈和叉表示。因为这些数据是线性可分的，所以可以用一条直线将这两类数据分开，这条直线就相当于一个超平面，超平面一边的数据点所对应的 y 全是−1，另一边所对应的 y 全是 1。

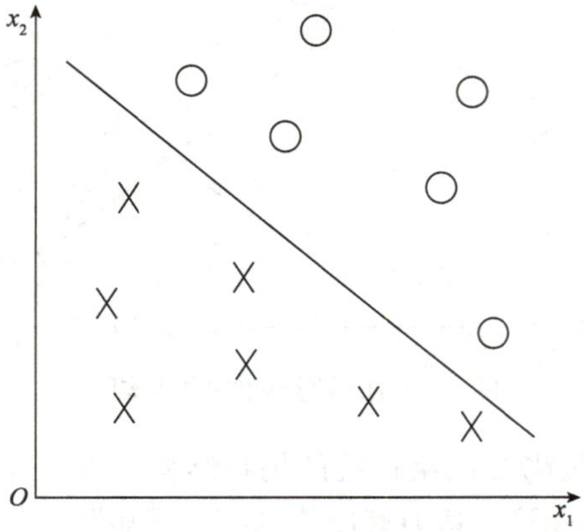

图 6-7 线性可分的情况

这个超平面可以用分类函数 $f(x)=w^{\mathrm{T}}x+b$ 表示，当 $f(x)$ 等于 0 的时候，x 便是位于超平面上的点，而 $f(x)$ 大于 0 的点对应 y=1 的数据点，$f(x)$ 小于 0 的点对应 y=−1 的点，如图 6-8 所示。

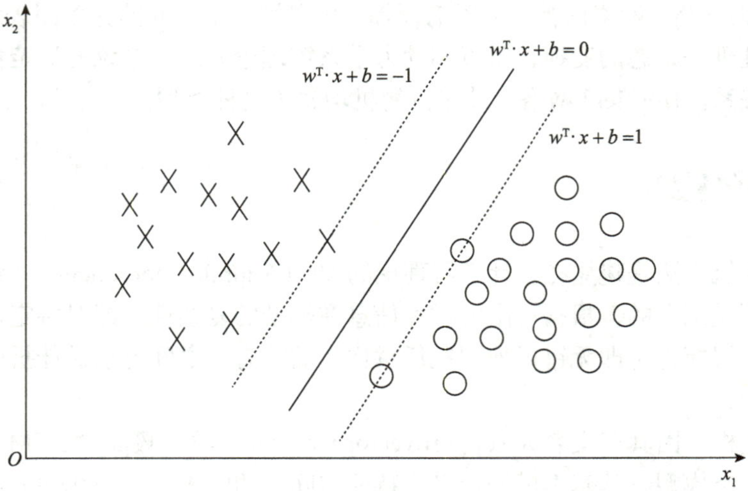

图 6-8 超平面示意图

如何确定这个超平面呢？从直观上而言，这个超平面应该是最适合分开两类数据的直线。而判定“最适合”的标准就是这条直线离直线两边的数据的间隔最大。所以，需要寻找有最大间隔的超平面。

对一个数据点进行分类，当超平面离数据点的“间隔”越大时，分类的确信度（confidence）也越大。所以，为了使分类的确信度尽量高，需要让所选择的超平面能够最大化这个“间隔”值。这个间隔如图 6-9 中的 gap / 2 所示。

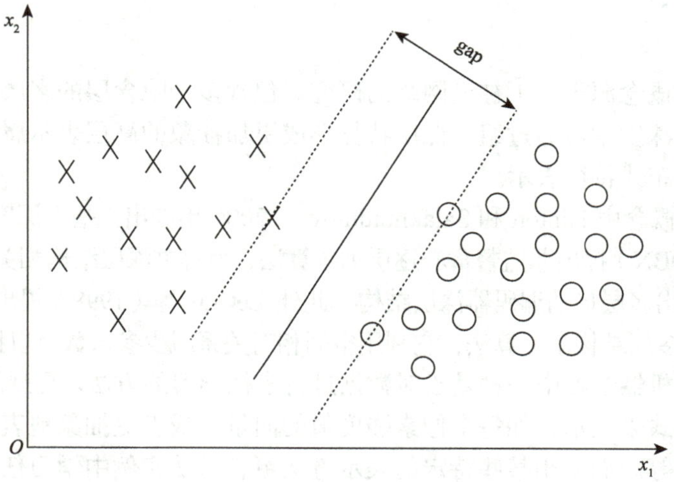

图 6-9　超平面最大化“间隔”

中间的实线便是寻找到的最优超平面（optimal hyper plane），如图 6-10 所示，其到两条虚线的距离相等，这个距离便是几何间隔 $\tilde{\gamma}$，两条虚线之间的距离等于 $2\tilde{\gamma}$，而虚线上的点则是支持向量。因为这些支持向量刚好在边界上，所以它们满足 $y\left(w^{\mathrm{T}}x+b\right)=1$，而对于所有不是支持向量的点，则显然有 $y\left(w^{\mathrm{T}}x+b\right)>1$。

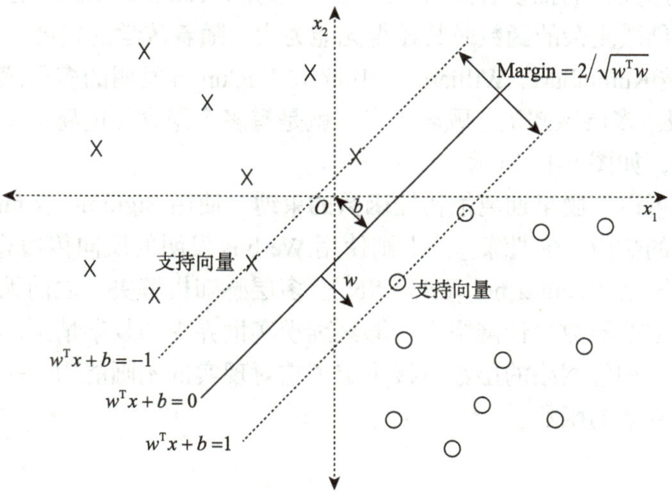

图 6-10　最优超平面

因此，寻找最优超平面的问题转化成为一个优化问题。因为目标函数是二次的，约束条件是线性的，所以它是一个凸二次规划问题。这个问题可以用现成的 QP（quadratic programming）优化包进行求解。此外，由于这个问题的特殊结构，还可以通过拉格朗日对偶性（Lagrange duality）变换到对偶变量（dual variable）的优化问题，即通过求解与原问题等价的对偶问题（dual problem）得到原始问题的最优解。

6.3.5 深度学习

深度学习的概念源于人工神经网络的研究。包含多个隐含层的多层感知器就是一种深度学习结构。深度学习通过组合低层特征形成更加抽象的高层表示属性类别或特征，以发现数据的分布式特征表示。

深度学习的概念由 Hinton 和 Salakhutdinov 于 2006 年提出。基于深度置信网络（deep belief network，DBN）提出非监督贪心逐层训练算法，为解决深层结构相关的优化难题带来了希望，随后提出多层自动编码器深层结构。此外 LeCun 等（1998）提出的卷积神经网络是第一个真正的多层结构学习算法，它利用空间相对关系减少参数数目以提高训练性能。

深度学习是机器学习中一种基于对数据进行表征学习的方法。观测值（如一幅图像）可以使用多种方式来表示，如每个像素强度值的向量，或者更抽象地表示成一系列边、特定形状的区域等。而使用某些特定的表示方法更容易从实例中学习任务（例如，人脸识别或面部表情识别）。深度学习的好处是用非监督式或半监督式的特征学习和分层特征提取高效算法来替代手工获取特征。

深度学习是机器学习研究中的一个新的领域，其动机在于建立、模拟人脑进行分析学习的神经网络，它模仿人脑的机制来解释数据，如图像、声音和文本。

神经网络技术起源于 20 世纪五六十年代，当时称为感知机（perceptron），拥有输入层、输出层和一个隐含层。输入的特征向量通过隐含层变换达到输出层，在输出层得到分类结果。早期感知机的推动者是 Rosenblatt。但是，Rosenblatt 的单层感知机有一个严重的问题，计算稍微复杂的函数时其显得无能为力。随着数学的发展，这个缺点直到 20 世纪 80 年代才被 Rumelhart、Williams、Hinton、LeCun 等发明的多层感知机（multilayer perceptron）克服。多层感知机，顾名思义，就是有多个隐含层的感知机。我们看一下多层感知机的结构，如图 6-11 所示。

多层感知机可以摆脱早期离散传输函数的束缚，使用 Sigmoid 或 tanh 等连续函数模拟神经元对激励的响应，在训练算法上则使用 Werbos 发明的反向传播算法。这就是我们现在所说的神经网络（neural network，NN）。多层感知机解决了之前无法模拟异或逻辑的缺陷，同时更多的层数也让网络更能够刻画现实世界中的复杂情形。多层感知机给我们带来的启示是，神经网络的层数直接决定了它对现实的刻画能力——利用每层更少的神经元拟合更加复杂的函数。

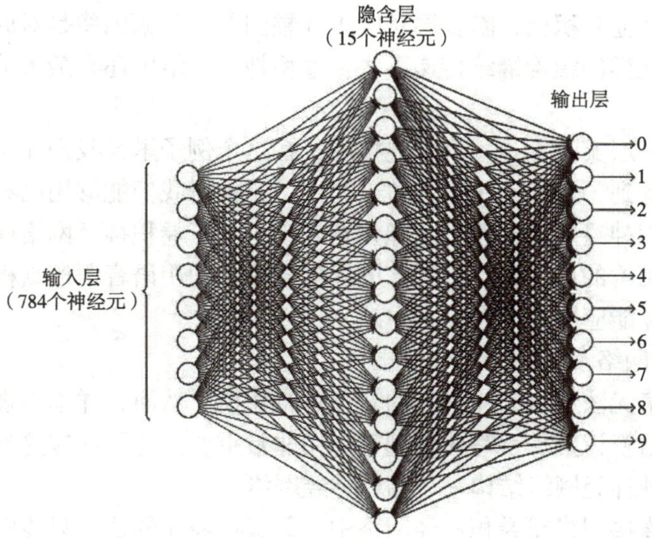

图 6-11　多层感知机

但是随着神经网络层数的加深，优化函数越来越容易陷入局部最优解，并且这个“陷阱”越来越偏离真正的全局最优。利用有限数据训练的深层网络，性能还不如较浅层的网络。同时，另一个不可忽略的问题是随着网络层数的增加，“梯度消失”现象更加严重了。具体来说，我们常常使用 Sigmoid 作为神经元的输入输出函数。对于幅度为 1 的信号，在反向传播梯度时，每传递一层，梯度衰减为原来的 25%。层数一多，梯度指数衰减后低层基本上接收不到有效的训练信号。

2006 年，Hinton 和 Salakhutdinov 利用预训练方法缓解了局部最优解问题，将隐含层推动到了 7 层，神经网络真正意义上有了“深度”，由此揭开了深度学习的热潮。这里的“深度”并没有固定的定义——在语音识别中 4 层网络就能够被认为是“较深的”，而在图像识别中 20 层以上的网络屡见不鲜。为了克服梯度消失，ReLU、maxout 等传输函数代替了 Sigmoid，形成了如今深度神经网络（deep neural network，DNN）的基本形式。单从结构上来说，全连接的深度神经网络和图 6-11 的多层感知机是没有任何区别的。

1）卷积神经网络

因为图像中存在固有的局部模式（如人脸中的眼睛、鼻子、嘴巴等），所以将图像处理和神经网络结合引出卷积神经网络。卷积神经网络是通过卷积核将上下层进行连接，同一个卷积核在所有图像中是共享的，图像通过卷积操作后仍然保留原先的位置关系。

下面通过一个例子简单说明卷积神经网络的结构。假设我们需要识别一幅彩色图像，这幅图像具有四个通道 ARGB（透明度和红绿蓝，对应了四幅相同大小的图像），假设卷积核大小为 100×100，共使用 100 个卷积核 $w_1 \sim w_{100}$（从直觉来看，每个卷积核应该学习到不同的结构特征）。

用 w_1 在 ARGB 图像上进行卷积操作，可以得到隐含层的第一幅图像；这幅隐含层图像左上角第一个像素是四幅输入图像左上角 100×100 区域内像素的加权求和，以此类推。

同理，算上其他卷积核，隐含层对应 100 幅图像。每幅图像是对原始图像中不同特征的响应，按照这样的结构继续传递下去。卷积神经网络中还有最大池化等操作进一步提高鲁棒性。

注意到最后一层实际上是一个全连接层，在这个例子里，我们注意到输入层到隐含层的参数瞬间降低到了 $100\times100\times100=10^6$ 个，这使得我们能够用已有的训练数据得到良好的模型。卷积神经网络适用于图像识别，正是由于卷积神经网络模型限制了参数个数并挖掘了局部结构的这个特点。顺着同样的思路，利用语音语谱结构中的局部信息，卷积神经网络照样能应用在语音识别中。

2）循环神经网络

深度神经网络无法对时间序列上的变化进行建模。然而，样本出现的时间顺序对于自然语言处理、语音识别、手写体识别等应用非常重要。为了适应这种需求，就出现了大家所说的另一种神经网络结构——循环神经网络。

在普通的全连接网络或卷积神经网络中，每层神经元的信号只能向上一层传播，样本的处理在各个时刻独立，因此又称为前向神经网络（feed-forward neural networks）。而在循环神经网络中，神经元的输出可以在下一个时间段直接作用到自身，即第 i 层神经元在 m 时刻的输入，除了 $i-1$ 层神经元在该时刻的输出外，还包括其自身在 $m-1$ 时刻的输出，表示成图如图 6-12 所示。

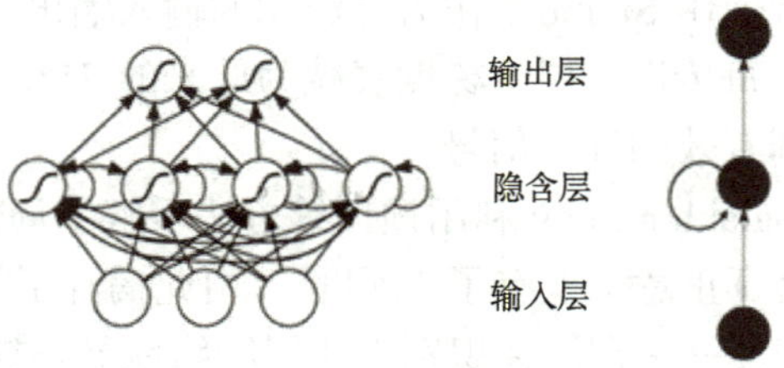

图 6-12　循环网络结构图

为了方便分析，按照时间段展开如图 6-13 所示。

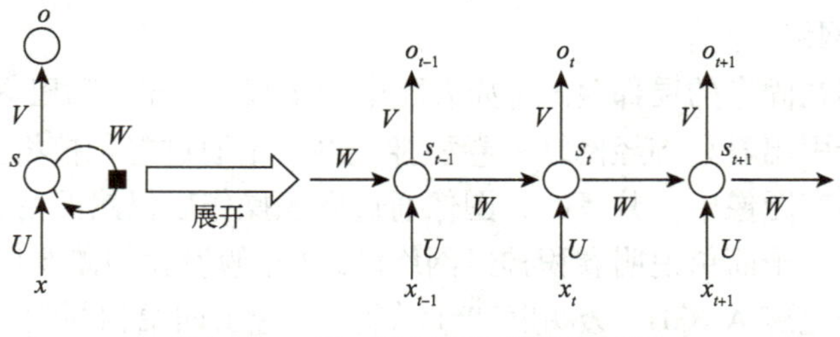

图 6-13　循环神经网络结构展开图

$t+1$ 时刻网络的最终结果 o_{t+1} 是该时刻输入和所有历史共同作用的结果，这就达到了对时间序列建模的目的。循环神经网络可以看成一个在时间上传递的神经网络，它的深度是时间的长度，正如我们上面所说，“梯度消失”现象又要出现了，只不过这次发生在时间轴上。

循环神经网络存在无法解决长时依赖的问题。为解决上述问题，人们提出了长短期记忆（long short-term memory，LSTM）单元，通过单元门开关实现时间上的记忆功能，并防止梯度消失，LSTM 单元结构如图 6-14 所示。

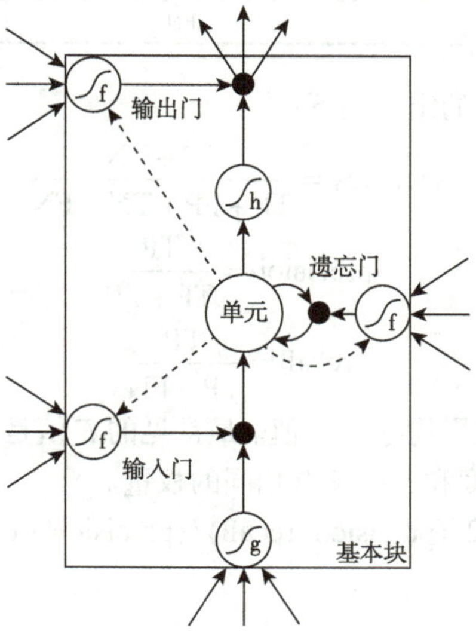

图 6-14　LSTM 单元结构

除了深度神经网络、卷积神经网络、循环神经网络、ResNet（深度残差）、LSTM 之外，还有很多其他结构的神经网络。因为在序列信号分析中，如果能预知未来，对识别也是一定有所帮助的，所以就有了双向循环神经网络、双向 LSTM，同时利用历史和未来的信息。事实上，不论哪种网络，它们在实际应用中常常都混合使用，如卷积神经网络和循环神经网络在上层输出之前往往会接上全连接层，很难说某个网络到底属于哪个类别。

6.4　文本分类的评价

6.4.1　准确率、精度、召回率和 *F* 值

对于有监督学习，最常用的评价指标是准确率（accuracy）、精度（precision）、召回率（recall）和 *F* 值（*F* measure）。根据两类错误的定义，我们记 TP（true positive）为所有被标记为真的发言中实际为真的发言数，TN（true negative）为所有被标记为假的发言中实际为假的发言数，FP（false positive）为所有被标记为真的发言中实际为假的发言数，FN（false negative）为所有被标记为假的发言中实际为真的发言数，如表 6-3 所示。

表 6-3　关于两类错误的分类

结果		实际的结果	
		真	假
观察到的结果	真	TP	FP
	假	FN	TN

准确率、精度和召回率的定义如下：

$$\text{accuracy} = \frac{\text{TP}+\text{TN}}{\text{TP}+\text{FP}+\text{TN}+\text{FN}}$$

$$\text{precision} = \frac{\text{TP}}{\text{TP}+\text{FP}}$$

$$\text{recall} = \frac{\text{TP}}{\text{TP}+\text{FN}}$$

将精度和召回率的加权平均称为 F 值。最常见的 F 值是均衡的 F 值，也称为 F_1（如下面的公式所示），因为精度和召回率有相同的权重。

$$F_1 = 2\cdot(\text{precision}\cdot\text{recall})/(\text{precision}+\text{recall})$$

6.4.2　ROC 和 AUC

1）ROC

ROC 曲线即接收者操作特征曲线（receiver operating characteristic curve），是反映敏感性和特异性连续变量的综合指标，ROC 曲线上每个点反映着对同一信号刺激的感受性。图 6-15 是一个 ROC 曲线的示例。

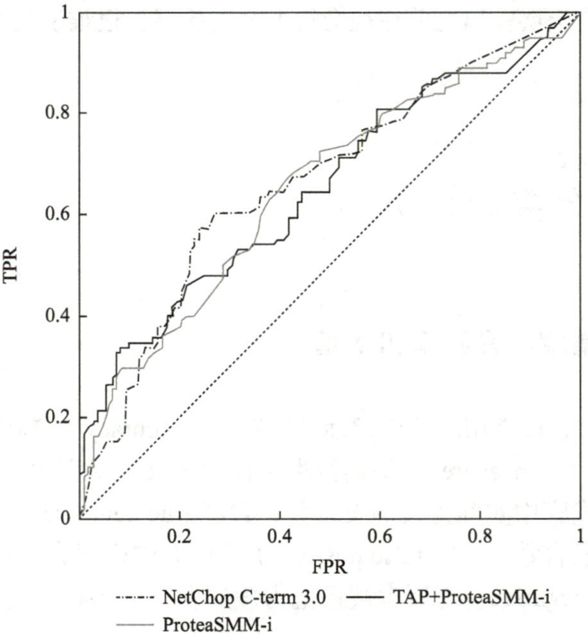

图 6-15　一个 ROC 曲线的示例

注意：横坐标为假阳性率（false positive rate，FPR），预测为正但实际为负的样本占所有负例样本的比例；纵坐标为真阳性率（true positive rate，TPR），预测为正且实际为正的样本占所有正例样本的比例。NetChop C-term 3.0 是基于 C-term 预测人类蛋白酶体的剪切位点，TAP+ProteaSMM-i 和 ProteaSMM-i 是两种蛋白酶体的酶切方法。

在一个二分类模型中，假设采用逻辑回归分类器，其给出针对每个实例为正类的概率，那么通过设定一个阈值如 0.6，概率大于等于 0.6 的为正类，小于 0.6 的为负类。对应地，就可以算出一组（FPR，TPR），在平面中得到对应坐标点。随着阈值的逐渐减小，越来越多的实例被划分为正类，但是这些正类中同样也掺杂着真正的负实例，即 TPR 和 FPR 会同时增大。阈值最大时，对应坐标点为（0，0），阈值最小时，对应坐标点为（1，1）。

如图 6-16 所示，图 6-16 中实线为 ROC 曲线，线上每个点对应一个阈值。

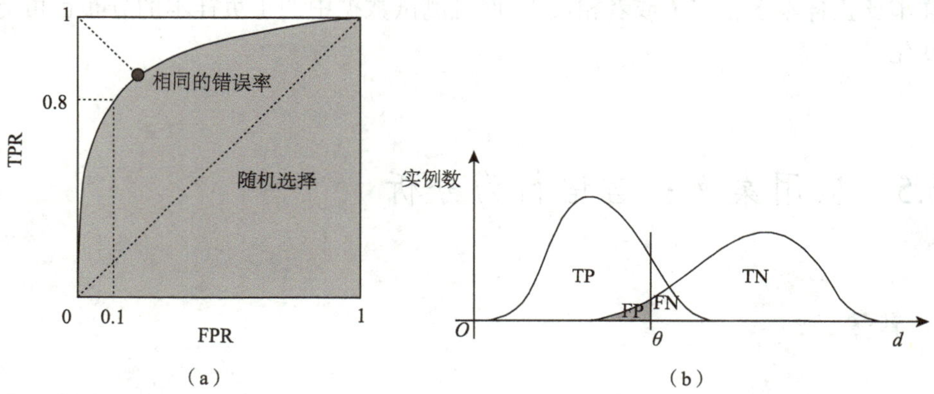

图 6-16　ROC 曲线和它相关的比率

图 6-16（a）中，理想情况下，TPR 应该接近 1，FPR 应该接近 0。ROC 曲线上的每一个点对应于一个阈值，对于一个分类器，每个阈值下会有一个 TPR 和 FPR。例如，阈值最大时，TP=FP=0，对应于原点；阈值最小时，TN=FN=0，对应于右上角的点（1，1）。

图 6-16（b）中，P 和 N 得分不作为特征间距离 d 的一个函数，随着阈值 θ 增加，TP 和 FP 都增加。

横轴 FPR：FPR 越大，预测正类中实际负类越多。

纵轴 TPR：TPR 越大，预测正类中实际正类越多。

理想目标：TPR=1，FPR=0，即图中（0，1）点，故 ROC 曲线越靠拢（0，1）点，越偏离 45° 对角线越好。

2）AUC

AUC（area under curve）被定义为 ROC 曲线下的面积，显然这个面积的数值不会大于 1。又因为 ROC 曲线一般都处于 $y=x$ 这条直线的上方，所以 AUC 的取值范围一般为 0.5 ~ 1。使用 AUC 值作为评价标准是因为很多时候 ROC 曲线并不能清晰地说明哪个分类器的效果更好，而作为一个数值，对应 AUC 更大的分类器效果更好。

首先 AUC 值是一个概率值，当随机挑选一个正样本以及一个负样本时，当前的分类算法根据计算得到的值将这个正样本排在负样本前面的概率就是 AUC 值。当然，AUC 值越大，当前的分类算法越有可能将正样本排在负样本前面，即能够更好地分类。

通过 AUC 判断分类器（预测模型）优劣的标准如下。

（1）AUC=1，是完美分类器，采用这个预测模型时，存在至少一个阈值能得出完美预测。绝大多数预测的场合，不存在完美分类器。

（2）0.5 < AUC < 1，优于随机猜测。如果这个分类器（模型）妥善设定阈值，能有预测价值。

（3）AUC = 0.5，与随机猜测一样（如丢铜板），模型没有预测价值。

（4）AUC < 0.5，比随机猜测还差；但只要总是反预测而行，就优于随机猜测。

使用 ROC 和 AUC 的优点在于，当测试集中的正负样本的分布变化的时候，ROC 曲线能够保持不变。在实际的数据集中经常会出现类不平衡（class imbalance）现象，即负样本比正样本多很多（或者相反），而且测试数据中的正负样本的分布也可能随着时间变化。

6.5 应用案例：言语行为分析

6.5.1 背景

社会化媒体的蓬勃发展，使用户产生的内容激增。例如，用户可以在电子公告板（bulletin board system，BBS）、网络社区、聊天室、微信群等网络空间就某一问题进行研讨。传统靠人工分析研讨文本的做法，不仅费时、费力、费钱，而且通常不能全天在线工作。因此迫切需要能够自动分析和处理群体研讨文本的技术和方法，而言语行为分类就是这类自动处理中有可能实现并且具有应用价值的一个。能够自动分析这些研讨数据的言语行为关系并得到一些有益的结论，将是开创未来许多研究与应用的第一步。

根据言语行为理论（theory of speech act），人们说话的同时即在实施某种行为，言语行为（speech act）就是说话者意图的一个缩写（如支持和反对）（李嘉等，2013a）。如果我们将研讨文本看作一种特殊的人类对话，那么根据言语行为理论，就可以定义一系列的言语行为来描述不同发言（message）之间的关系。通过识别发言之间的言语行为关系，就可以刻画群体当前的研讨状态，从而做出适当的干涉来帮助群体更好地进行研讨（李嘉等，2013b）。

6.5.2 言语行为类别

言语行为理论最初是由英国哲学家约翰·奥斯汀在 20 世纪 50 年代提出的。根据言语行为理论，人们说话的同时是在实施某种行为。言语行为理论认为人们在以言行事。言语行为不仅是文字句法的语义问题，而且涉及语用问题。因此，言语行为理论已成为当今语用学的重要内容之一。

言语行为关系的定义与所使用的语料以及言语行为分类的目的有关（李嘉等，2012）。在本书中，群体支持系统是一个以 Zeno 研讨模型为基础设计的专门适合研讨的系统。根据群体研讨的 Zeno 模型，一个任务导向型的研讨可以分解成以下三类元素：议题（ISSUE）、方案（ALTER）和主张（PROP）。这三类元素通过发言关系形成一棵研讨树。一个需要被解决的问题称为议题，通常一棵研讨树的根节点是一个议题。一个议题可以有子议题，子议题又可以有其他的子议题。一个子议题可以出现在研讨树的任何位置。针对议题提出的解决办法称为方案，针对一个议题可以提出多个方案。方案不一定是议题的直接后继，方案可以出现在议题的子研讨树的任何位置。针对方案或主张提出的倾向性的观点称为主张。主张可以是肯定的（positive），也可以是否定的（negative）。研讨者可以表达对方案的主张，也可以表达对其他主张的主张。针对议题、方案或主张的进一步说明称为阐述（ELAB）。阐述仅仅是提供更多的信息，并没有提出新的议题、方案或主张。

在 Zeno 模型的基础上，我们将群体研讨的言语行为分为议题、方案、支持（POS_PROP）、反对（NEG_PROP）、阐述五类。为了证实这个分类体系的客观性，我们聘请了 2 位硕士生和 1 位博士生，让每个标注者（annotator）对 1 次会议共 153 个发言进行独立标注，然后计算不同标注者之间的一致程度（用 Kappa 值来表示，如表 6-4 所示）。结果显示评估者间信度（inter-rater reliability）的 Kappa 值为 0.72 ~ 0.93，说明这些类别是客观存在并且定义良好的。

表 6-4　各言语行为类别的评估者间信度

言语行为	描述	Kappa 值
议题（ISSUE）	一个需要被解决的问题称为议题，通常一棵研讨树的根节点是一个议题。一个议题可以有子议题，子议题又可以有其他的子议题。一个子议题可以出现在研讨树的任何位置	0.75 或更高
方案（ALTER）	针对议题提出的解决办法称为方案。针对一个议题可以提出多个方案。方案不一定是议题的直接后继，方案可以出现在议题的子研讨树的任何位置	0.68 或更高
支持（POS_PROP）	针对方案或主张提出的肯定性的观点（positive proposition）	0.91 或更高
反对（NEG_PROP）	针对方案或主张提出的否定性的观点（negative proposition）	0.93 或更高
阐述（ELAB）	针对议题、方案或主张的进一步说明称为阐述。阐述仅仅是提供更多的信息，并没有提出新的议题、方案或主张	0.72 或更高

根据 Samuel 等（1998）的研究，特征短语（specific cue）在识别言语行为类别时是至关重要的。为了进一步提高分类的精度，我们让标注者对语料进行手工标注。手工标注者不仅应该指出该发言属于哪个言语行为，还应该尽可能标出特征短语。例如：

圣诞节我们去< ISSUE >哪里</ISSUE>玩呢< ISSUE >？</ ISSUE >

首先，标注者识别出这是一个议题，因为发言者提出一个问题，希望大家来讨论解决。然后，标注者认为“哪里”和“？”属于议题类的特征短语，因此使用类似可扩展标记语言（extensible markup language，XML）的语法将“哪里”和“？”括起来（如上所示）。这样程序在解析这个被标注的发言时，就可以提取到其中议题类的特征短语了。

在研讨语料中还有少量的与研讨任务无关的发言（如闲聊、幽默等）。因为本书研究的目的是识别和任务导向有关的言语行为类别，所以我们将这些噪声数据删除。在删除了这些噪声数据后，我们一共标记了 10 次会议共 2357 条发言。每次会议三分之二的数据用作训练数据，另外三分之一的数据用作测试数据。

6.5.3 基于转换学习的言语行为分类

本节使用基于转换学习的方法进行言语行为分类，其算法主要包含以下几个步骤。

1. 特征选取

在归纳前人研究的基础上，我们根据语料特征，提出了以下五个特征。

1）特征短语

特征短语即对识别一个言语行为类别有突出作用的短语。例如，很多议题类都以问题的形式出现，因此问号对识别议题类有突出作用，这样问号就成为议题类的特征短语。

程序在解析每一条被标注过的发言时，会为每一个言语行为类别取得对应的特征短语。将特征短语进行分词处理后，可以得到特征短语集合 W_1，如式（6-2）所示：

$$W_1 = \{w_1, w_2, \cdots, w_n\} \tag{6-2}$$

根据集合的定义，W_1 中所有元素都是唯一的。

根据标注者的经验，我们注意到某些不连续词（短语）的组合对于识别言语行为非常有效，例如，将“哪里”和“？”联合起来就是识别议题类很好的标识。但是因为在语料中“哪里”和“？”是分开标注的，所以在 W_1 中会出现两者的组合（“哪里？”）。为了包含这种情况，我们引入了二元词 W_2（W_1 中元素的二元组合）和三元词 W_3（W_1 中元素的三元组合），其定义如式（6-3）和式（6-4）所示：

$$W_2 = \{\{w_i, w_j\} \mid w_i, w_j \in W_1, i \neq j\} \tag{6-3}$$

$$W_3 = \{\{w_i, w_j, w_k\} \mid w_i, w_j, w_k \in W_1, i \neq j \neq k\} \tag{6-4}$$

根据集合的定义，W_1、W_2 和 W_3 中所有的元素都是唯一的，并且 $\{w_i, w_j\}$ 和 $\{w_i, w_j, w_k\}$ 中的元素没有顺序关系（即 $\{w_i, w_j\}$ 和 $\{w_j, w_i\}$ 被认为是相同的）。我们将 W_1、W_2 和 W_3 中所有的元素都加入特征短语集。

2）前一个发言的言语行为类别

因为研讨文本是一种特殊的人类对话，所以当前发言的言语行为一定与前一个发言的言语行为有关系。例如，如果当前发言的言语行为是议题，那么下一个发言的言语行为是方案或阐述的可能性就很大。所以我们选择前一个发言的言语行为类别作为特征。

3）下一个发言的言语行为类别

根据 Samuel 等（1998）的研究，后一个发言的言语行为类别对于识别当前发言的言语行为类别也有一定的作用。在一个实时系统中，可能无法取得下一个发言的言语行为类别，但是在本节中，因为是在研讨结束后分析所有的研讨文本，所以我们仍然把下一个发言的言语行为类别作为一个特征。

4）发言者变换

所谓发言者变换是指前一个发言和后一个发言的发言者是不是同一个人。如果前后发言的发言者是同一个人，则很有可能是对前述发言内容的进一步阐述。

5）发言长度

所谓发言长度即发言包含字符数的多少。我们将发言长度分为短（1~5 个字）、中（6~30 个字）和长（30 个字以上）几类。发言的长度对于判断发言的言语行为分类也具有重要作用。有的言语行为类别的发言长度通常比较短，如支持类和反对类；而有的言语行为类别的发言长度则通常比较长，如阐述类。

2. 算法实现

1）预处理

为了方便后续处理并提高算法的整体运行速度，我们进行了一系列的预处理工作。这里列出几个主要的预处理操作。

（1）中文分词。中文处理因为其独特性，一般需要先进行分词处理。基于词典的方法（dictionary approach）、基于语言学的方法（linguistic approach）和基于统计的方法（statistic approach）是中文分词的三种代表性的方法。本节对分词的要求不是很高，因此我们采用了基于前向最大匹配（forward maximum matching，FMM）的辞典法，使用搜狗互联网词库作为分词用的词典。搜狗辞典互联网词库来自于对搜索引擎所索引到的中文互联网语料的统计分析，统计所进行的时间是 2006 年 10 月，涉及的互联网语料规模在 1 亿页面以上。统计出的词条数约为 15 万条高频词，除标出这部分词条的词频信息之外，还标出了常用的词性信息。

（2）句子切分。句子是表达言语行为的最小单位。当我们匹配二元词和三元词时，应该在一条句子内进行匹配而不是在一个发言内匹配。因为我们对句子切分的精度要求不是很高，所以使用换行号（“\r\n”）、中文句号（“。”）、英文句号（“.”）、中文问号（“？”）、英文问号（“?”）、中文感叹号（“！”）、英文感叹号（“!”）来识别一个中文句子的结束。由于同步群体研讨中口语化的短句很多，发言长度普遍较短，这进一步降低了句子切分的难度。实验证明，这种简单的句子切分算法可以达到 87.7%的准确率。

（3）替换。替换主要分为两类，第一类是对正则表达式中的元字符（meta-character）进行替换。因为在本节中使用正则表达式来处理字符串，所以需要过滤掉正则表达式中的元字符（如“{”“[”“]”“\”“|”“（”“）”等）。另一类是对同类符号进行替换，其目的是增加支持一个规则的实例数。例如，在一个讨论课程安排的群体研讨中，一周中的七天是经常使用的词，用户常常谈到“星期一”、“星期二”、…、“星期天”。如果我们要抓住这一信息，必须产生 7 条规则（从“星期一”到“星期天”各一条）。然而，如果将“星期一”到“星期天”合并成#CATEGORY_DAY#，则只需要一条规则，而且支持这条新规则的数据是以前的 7 倍。这样合并后的规则就有更大的机会被选入最优规则序列

（optimal rule sequence）。类似的替换还有将阿拉伯数字替换成#CATEGORY_INTEGER#、将网址替换成#CATEGORY_URL#等。

2）产生潜在规则集合

基于转换的学习首先根据标记过的训练语料生成一个模型，这个模型就是由一系列规则组成的最优规则序列。与以前的研究不同，本节为每一个言语行为类别训练一个分类器。例如，对于支持类一共产生了 15 条规则，前 5 条规则如表 6-5 所示。

表 6-5　系统产生的规则（样例）

序号	规则前件	规则后件
规则 1	包含“是的”	POS_PROP
规则 2	包含“可以” 前一个言语行为是 POS_PROP 改变了发言者	POS_PROP
规则 3	包含“好” 消息长度为短	POS_PROP
规则 4	包含“支持” 下一个言语行为是 LAST_NONE 消息长度为短	POS_PROP
规则 5	包含“不错” 前一个言语行为是 LATER 改变了发言者 消息长度为中等	POS_PROP

例如，规则 1 认为如果发言包含关键短语“是的”，那么这个发言的言语行为是支持类（POS_PROP）。规则 2 认为如果发言包含关键短语“可以”，前一个发言的言语行为是支持类（POS_PROP），并且发言者发生了变化，那么这个发言的言语行为是支持类（POS_PROP）。

从以上例子可以看到，规则由两部分组成：前件（RuleLHS）和后件（RuleTAG）。前件是所有特征的组合，后件则是言语行为标签（SA tag）。规则的表示如式（6-5）所示：

$$\text{RuleLHS} \Rightarrow \text{RuleTAG} \tag{6-5}$$

$\text{RuleLHS} \in \left(F_1 \times F_2 \times F_3 \times F_4 \times F_5\right)$，$\text{RuleTAG} \in \{\text{all SA tag}\}$

式中，RuleLHS 是所有特征（F_1、F_2、F_3、F_4、F_5）的笛卡儿积中的一个元素；RuleTAG 则是言语行为类别集合中的一个元素。

因为所有特征的笛卡儿积是一个非常庞大的空间，所以在实现的时候我们必须获得其有限子集。我们根据以下两条规则来获得特征子空间。

（1）所有的规则都必须在训练集中出现过。

（2）根据以前的研究显示，特征短语（F_1）是最重要的特征，因此我们强迫所有的规则都必须至少包含特征短语（F_1）。

3）选择最优规则

选择最优规则就是从潜在规则集中挑选最优规则进入最优规则序列，也称为训练阶段。在训练阶段，我们将潜在规则集中的每一条规则在所有的训练语料上进行测试并计算其得分。在训练开始时，最优规则序列是一个空集。在每一轮迭代中，我们选择得分最高的规则进入最优规则序列，同时将这条规则从潜在规则集中删除。当新一轮选出的最优规则的得分与上一轮迭代的得分相比没有显著改进（即小于一个阈值）时，训练（迭代）结束。

因为所有的训练语料都经过人工标记，所以我们可以获得训练集和测试集中每一个发言的言语行为。我们把人工识别出来的所有发言的言语行为称为黄金标记（gold tag）。在训练阶段，程序从黄金标记中获得前一个和后一个发言的言语行为类别信息，同时使用黄金标记来计算规则得分。

记所有的发言的集合为 I，对于一个给定的言语行为类别，我们首先用式（6-6）计算 I 的信息熵：

$$\begin{aligned} H(I) &= -\sum_{j=1}^{2} p_j \log_2 p_j \\ &= -\frac{\text{TP}+\text{FN}}{\text{TP}+\text{FP}+\text{TN}+\text{FN}}\log_2\frac{\text{TP}+\text{FN}}{\text{TP}+\text{FP}+\text{TN}+\text{FN}} \\ &\quad -\frac{\text{FP}+\text{TN}}{\text{TP}+\text{FP}+\text{TN}+\text{FN}}\log_2\frac{\text{FP}+\text{TN}}{\text{TP}+\text{FP}+\text{TN}+\text{FN}} \end{aligned} \tag{6-6}$$

假设分类器将集合 I 分成两个子集 I_1 和 I_2，我们用式（6-7）计算给定分类器 C 后集合 I 的条件熵：

$$\begin{aligned} H(I|C) &= \sum_{j=1}^{2} \text{Prob}(C=v_j)H(I|C=v_j) \\ &= \text{Prob}(C=v_1)H(I|C=v_1)+\text{Prob}(C=v_2)H(I|C=v_2) \\ &= -\text{Prob}(C=v_1)\sum_{j=1}^{2} p_{1j}\log_2 p_{1j} - \text{Prob}(C=v_2)\sum_{j=1}^{2} p_{2j}\log_2 p_{2j} \\ &= -\frac{\text{TP}+\text{FN}}{\text{TP}+\text{FP}+\text{TN}+\text{FN}}\left(\frac{\text{TP}}{\text{TP}+\text{FP}}\log_2\frac{\text{TP}}{\text{TP}+\text{FP}}+\frac{\text{TP}}{\text{TP}+\text{FP}}\log_2\frac{\text{TP}}{\text{TP}+\text{FP}}\right) \\ &\quad -\frac{\text{FP}+\text{TN}}{\text{TP}+\text{FP}+\text{TN}+\text{FN}}\left(\frac{\text{TN}}{\text{TN}+\text{FN}}\log_2\frac{\text{TN}}{\text{TN}+\text{FN}}+\frac{\text{FN}}{\text{TN}+\text{FN}}\log_2\frac{\text{FN}}{\text{TN}+\text{FN}}\right) \end{aligned} \tag{6-7}$$

最后我们用式（6-8）计算信息增益：

$$\text{IG}(I|C) = H(I) - H(I|C) \tag{6-8}$$

因为所有的规则是叠加后产生效果的，所以用信息增益来定义得分时，我们得到的得分实际上是所有规则叠加后的信息增益。在每一轮挑选中，使信息增益增长最快的规则将被选入最优规则序列。

4）将规则应用到测试集

将最优规则序列中的规则应用到测试集的过程也称为测试。在测试阶段，黄金标记仅仅用来计算分类精度，不能用来获得前一个和后一个发言的言语行为类别。前一个和后一个发言的言语行为类别只能从学习到的标记（learned tag）中获取。在测试开始的时候，学习到的标记全部为空。我们依次取出最优规则序列中的每一条规则，应用于测试集中的所有发言。如果规则适用于某条发言，就更新学习到的标记。这样随着规则被应用，学习到的标记就被相应地更新（转换），直到用完最优规则序列中的所有规则。

5）分阶段转换学习

我们为每一个言语行为类别单独训练一个分类器，并且在训练阶段使用黄金标记来获得前一个和后一个发言的言语行为类别。因此训练后得到的规则（previous SA 和 next SA 字段）可能会包含对其他类别言语行为的引用，但是当这些引用了其他类别言语行为的规则应用于测试集时，它们永远都不会被触发。这是因为我们为每一个单独的言语行为类别建造了一个 0-1 分类器，因此在测试阶段一个发言只可能被标记成这种言语行为类别，而其他类别的言语行为都不会出现。

解决这一问题的办法就是分阶段转换学习。我们注意到有一些言语行为类别是比较容易识别的，它通常只依赖特征短语等自身特征，一般不需要使用如前一个言语行为和下一个言语行为这样的高级特征。因此这样的类别可以相对独立地以较高的精度先被识别出来。当这些类别被识别出来以后，语料被转换成部分标注的语料。在此基础上，再对那些难以识别、依赖于前一个言语行为和下一个言语行为的类别进行识别。因此分阶段学习的核心问题是确定不同类别的学习（运行）顺序，我们综合考虑以下两个特征来判断一个类别的学习优先级：单独运行时的分类精度和召回率，以及规则的对外依赖程度。

一个类别对另一个类别的依赖程度由式（6-9）确定：

$$\text{Dependency}_{i,j} = \frac{N_{i,j}}{N_i} \quad (6\text{-}9)$$

式中，$N_{i,j}$ 是类 i 的最优规则集中引用类 j 的规则数；N_i 是类 i 的最优规则集中所有的规则数。$\text{Dependency}_{i,j}$ 是一个 0 ~ 1 的数。需要注意的是，一个类别对所有类别的依赖性之和并不为 1，因为并不是所有的规则都包含对前一个言语行为或下一个言语行为的引用，即不一定满足 $\sum_j N_{i,j} = N_i$ 。同时，$\text{Dependency}_{i,j}$ 也不一定满足对称性，即不一定满足 $\text{Dependency}_{i,j} = \text{Dependency}_{j,i}, i \neq j$ 。

一个类别的对外依赖程度由式（6-10）确定：

$$\text{Dependency}_i = \sum_{j \neq i} \text{Dependency}_{i,j} \quad (6\text{-}10)$$

那些单独运行时分类精度和召回率都较高，而规则的对外依赖程度低的类别将首先学习（运行）。当一个类别运行后，再用类似的方法从剩余类别中选择下一个运行的类别，直到所有的类别都运行完毕。

6.5.4 实验结果

本节首先在所有言语行为类别上独立运行一次分类器，其分类精度和召回率如表 6-6 所示，所有类别间的依赖关系和所有类别的对外依赖性如表 6-7 所示。

表 6-6 各言语行为类别独立运行在测试集上的结果

言语行为类别	精度	召回率
议题	0.81	0.87
方案	0.41	0.65
支持	0.56	0.82
反对	0.63	0.78
阐述	0.44	0.72

表 6-7 所有类别间的依赖关系和所有类别的对外依赖性

言语行为类别	议题	方案	支持	反对	阐述	对外依赖性
议题	0	0.1	0.03	0.02	0.07	0.13
方案	0.11	0	0.13	0.07	0.01	0.32
支持	0	0.15	0.23	0.27	0.01	0.66
反对	0	0.14	0.21	0.19	0.04	0.58
阐述	0.18	0.16	0.01	0.01	0	0.36

从表 6-7 中可以看到，对外依赖性最弱的是议题类，其次是方案和阐述类，最强的是支持和反对类。结合各言语行为类别的分类精度和召回率，经过几次试算，我们确定了如下的运行次序：议题类、方案类、阐述类、反对类、支持类。用这个次序运行所有类别后，得到在测试集上的最终结果如表 6-8 所示。

表 6-8 各言语行为类别在测试集上的最终结果

言语行为类别	精度	召回率
议题	0.81	0.87
方案	0.53	0.70
支持	0.78	0.85
反对	0.71	0.81
阐述	0.61	0.75

从测试集上的最终结果可以看出，基于转换学习的方法能够较好地解决群体研讨文本的言语行为分类问题。对于议题类别和表达主张的类别（支持和反对），识别结果已经达到了一个较为理想的水平，这对于自动刻画群体研讨的状态，自动识别出共识点和争论点，具有重大意义。议题类由于特征比较明显（多以问句的形式出现），获得了比较高的精度和召回率。方案和阐述类是最难的两个类，因为一般这两个类的发言内容较长，而且特征短语不是很明显。

机器能够自动识别出群体研讨的言语行为类别，意味着机器自动刻画群体研讨状态，进而提供有效干涉成为可能。本节虽然着眼于群体研讨文本的言语行为分类，但是其中运用的方法为解决在中文环境下其他类型研讨（如网络聊天室、即时聊天工具等）文本言语行为分类问题提供了参考依据。

6.6 实验：垃圾邮件检测

垃圾邮件作为互联网中最具有争议的副产品，对于企业邮箱用户的影响首先就在于给日常办公和邮箱管理者带来了额外负担。根据不完全统计，在高效的反垃圾环境下仍然有 80%的用户每周需要耗费 10min 左右的时间处理垃圾邮件，而在中国多数企业邮件应用仍处于低效率反垃圾环境的情况下，这个比例更是呈现数十倍的增长。对于企业邮件服务商而言，垃圾邮件的恶意投送还会大量占用网络资源，使邮件服务器 85%的系统资源用于处理垃圾邮件的识别，不仅资源浪费极其严重，甚至可能导致网络阻塞瘫痪，影响企业正常业务邮件的沟通。

本节实验使用文本分类算法，将正常邮件和垃圾邮件识别出来（Coursera，2018）。使用的数据集 spam.csv 包含了 5572 条记录。每一条记录包含两个字段，第一个字段是邮件的文本内容，第二个字段标识了这是否是一个垃圾邮件。

1）查看数据集

```
import pandas as pd
import numpy as np
spam_data=pd.read_csv（'spam.csv'）
spam_data['target']=np.where（spam_data['target']=='spam', 1, 0）
spam_data.head（10）#查看数据集的前 10 条记录
```

查看数据集的前 10 条记录，其中 1 表示是垃圾邮件，0 表示不是垃圾邮件，如图 6-17 所示。

	text	target
0	Go until jurong point, crazy.. Available only ...	0
1	Ok lar... Joking wif u oni...	0
2	Free entry in 2 a wkly comp to win FA Cup fina...	1
3	U dun say so early hor... U c already then say...	0
4	Nah I don't think he goes to usf, he lives aro...	0
5	FreeMsg Hey there darling it's been 3 week's n...	1
6	Even my brother is not like to speak with me. ...	0
7	As per your request 'Melle Melle (Oru Minnamin...	0
8	WINNER!! As a valued network customer you have...	1
9	Had your mobile 11 months or more? U R entitle...	1

图 6-17　数据集的前 10 条记录

2）将数据集分成训练集和测试集

```
from sklearn.model_selection import train_test_split
X_train, X_test, y_train, y_test=train_test_split(spam_data
['text'], spam_data['target'], random_state=0)
```

3）问题列举

问题1：垃圾邮件的占比是多少？

```
def answer_one():
    return len(spam_data[spam_data['target']==1])/len(spam_
data)*100
answer_one()
```

输出：

```
13.406317300789663
from sklearn.feature_extraction.text import CountVectorizer
```

问题2：训练集中最长的token是多少？

```
def answer_two():
    vect=CountVectorizer().fit(X_train)
    return max(vect.get_feature_names(), key=lambda token: len
    (token))
answer_two()
```

输出：

```
'com1win150ppmx3age16subscription'
```

问题3：训练一个多项式朴素贝叶斯模型。

训练一个多项式朴素贝叶斯（multinomial naive Bayes）模型，平滑参数alpha=0.1。报告在测试集上的AUC值。

```
from sklearn.naive_bayes import MultinomialNB
from sklearn.metrics import roc_auc_score
def answer_three():
    vect=CountVectorizer().fit(X_train)
    X_train_vectorized=vect.transform(X_train)
    clf=MultinomialNB(alpha=0.1)
    clf.fit(X_train_vectorized, y_train)
    predictions=clf.predict(vect.transform(X_test))
    return roc_auc_score(y_test, predictions)
answer_three()
```

输出：

```
0.9720812182741116
```

问题4：找出TF-IDF值最小和最大的20个特征。

找出TF-IDF值最小和最大的20个特征，将其放入两个不同的序列中，并按照TF-IDF

值和字母顺序排序。序列中的每一项包含两项内容：特征名称和 TF-IDF 值。

```
from sklearn.feature_extraction.text import TfidfVectorizer
def answer_four ():
    vect=TfidfVectorizer () .fit (X_train)
    X_train_vectorized=vect.transform (X_train)
    feature_names=np.array (vect.get_feature_names ())
    sorted_tfidf_index=X_train_vectorized.max (0) .toarray ()
    [0].argsort ()
    small_index=feature_names[sorted_tfidf_index[: 20]]
    small_value=X_train_vectorized.max ( 0 ) .toarray ( ) [0]
    [sorted_tfidf_index[: 20]]
    smallTuples=[(value,word)for word,value in zip(small_index,
    small_value) ]
    smallTuples.sort ()
    small_index=[element[1] for element in smallTuples]
    small_value=[element[0] for element in smallTuples]
    small_series=pd.Series (small_value, index=small_index)
    big_index=feature_names[sorted_tfidf_index[-20: ]]
    big_value=X_train_vectorized.max ( 0 ) .toarray ( ) [0]
    [sorted_tfidf_index[-20: ]]
    bigTuples=[ (-value, word) for word, value in zip (big_index,
    big_value) ]
    bigTuples.sort ()
    big_index=[element[1] for element in bigTuples]
    big_value=[-element[0] for element in bigTuples]
    big_series=pd.Series (big_value, index=big_index)
    return (small_series, big_series)
answer_four ()
```

输出：

```
(aaniye          0.074475
athletic         0.074475
chef             0.074475
companion        0.074475
courageous       0.074475
dependable       0.074475
determined       0.074475
exterminator     0.074475
healer           0.074475
```

```
listener        0.074475
organizer       0.074475
pest           0.074475
psychiatrist    0.074475
psychologist    0.074475
pudunga        0.074475
stylist        0.074475
sympathetic     0.074475
venaam         0.074475
diwali         0.091250
mornings       0.091250
dtype: float64, 146tf150p    1.000000
645        1.000000
anything     1.000000
anytime      1.000000
beerage      1.000000
done        1.000000
er         1.000000
havent      1.000000
home        1.000000
lei         1.000000
nite        1.000000
ok         1.000000
okie        1.000000
thank       1.000000
thanx       1.000000
too        1.000000
where       1.000000
yup        1.000000
tick        0.980166
blank       0.932702
dtype: float64)
```

问题 5：忽略在文档中出现次数低于 3 次的特征。

忽略在文档中出现次数低于 3 次的特征，然后训练一个多项式朴素贝叶斯模型，平滑参数 alpha=0.1。报告在测试集上的 AUC 值。

```
def answer_five ():
    vect=TfidfVectorizer (min_df=3) .fit (X_train)
    X_train_vectorized=vect.transform (X_train)
```

```
    model=MultinomialNB (alpha=0.1)
    model.fit (X_train_vectorized, y_train)
    predictions=model.predict (vect.transform (X_test))
    return roc_auc_score (y_test, predictions)
answer_five ()
```

输出：

```
0.9416243654822335
```

问题 6：非垃圾邮件和垃圾邮件的平均长度各是多少？

```
def answer_six ():
    spam_data['length']=spam_data['text'].str.len ()
    nonSpam=spam_data[spam_data['target']==0]
    spam=spam_data[spam_data['target']==1]
    return ( nonSpam['length'].sum ( ) /len ( nonSpam ), spam
    ['length'].sum () /len (spam))
answer_six ()
```

输出：

```
(71.0240414507772, 138.8661311914324)
```

问题 7：加入长度特征。

忽略在文档中出现次数小于 5 次的特征，并加上长度特征，训练一个支持向量机的模型（参数 C=10 000）。报告在测试集上的 AUC 值。

```
def add_feature (X, feature_to_add):
    """
    Returns sparse feature matrix with added feature.
    feature_to_add can also be a list of features.
    """
    from scipy.sparse import csr_matrix, hstack
    return hstack ([X, csr_matrix (feature_to_add) .T], 'csr')
from sklearn.svm import SVC
def answer_seven ():
    vect=TfidfVectorizer (min_df=5) .fit (X_train)
    X_train_vectorized=vect.transform (X_train)
    X_train_vectorized=add_feature (X_train_vectorized,
    X_train.str.len ())
    X_test_vectorized=vect.transform (X_test)
    X_test_vectorized=add_feature (X_test_vectorized, X_test.
    str.len ())
    model=SVC (C=10000)
    model.fit (X_train_vectorized, y_train)
```

```
    predictions=model.predict (X_test_vectorized)
    return roc_auc_score (y_test, predictions)
answer_seven ()
```

输出：

```
0.9581366823421557
```

问题8：非垃圾邮件和垃圾邮件平均包含的数字是多少个？

```
def answer_eight ():
    import re
    spam=[re.findall ("[0-9]", i) for i in spam_data ['text']
    [spam_data.target==1]]
    non_spam=[re.findall ( "[0-9]" , i ) for i in spam_data
    ['text'][spam_data.target==0]]
    return ((np.mean (list (map (len, non_spam))), np.mean (list
     (map (len, spam)))))
answer_eight ()
```

输出：

```
(0.2992746113989637, 15.759036144578314)
```

问题9：忽略在文档中出现次数小于5次的特征，并加上n元文法（n=1，2，3）的特征（一元语言模型、二元语言模型和三元语言模型）。同时，加上长度特征和数字个数特征。

训练一个逻辑回归模型（正则化参数C=100）。报告在测试集上的AUC值。

```
from sklearn.linear_model import LogisticRegression
import re
def answer_nine ():
    vect=TfidfVectorizer (min_df=5, ngram_range= (1, 3)) .fit
     (X_train)
    X_train_vectorized=vect.transform (X_train)
    X_train_vectorized=add_feature(X_train_vectorized,X_train.
    str.len ())
    X_train_digits=X_train.str.findall (r' (\d) ')
    X_train_vectorized=add_feature ( X_train_vectorized , list
     (map (len, X_train_digits)))

    X_test_vectorized=vect.transform (X_test)
    X_test_vectorized=add_feature (X_test_vectorized, X_test.
    str.len ())
    X_test_digits=X_test.str.findall (r' (\d) ')
    X_test_vectorized=add_feature(X_test_vectorized, list(map
```

```
    (len, X_test_digits)))
    model=LogisticRegression (C=100)
    model.fit (X_train_vectorized, y_train)
    predictions=model.predict (X_test_vectorized)
    return roc_auc_score (y_test, predictions)
answer_nine ()
```

输出：

```
0.9653328353394565
```

问题 10：非垃圾邮件和垃圾邮件中非词字符（不是字母、数字或下划线）的数量各是多少？

```
def answer_ten ():
    spam=[re.findall ("\W", i) for i in spam_data['text'][spam_
    data.target==1]]
    non_spam=[re.findall ("\W", i) for i in spam_data['text']
    [spam_data.target==0]]
    return ((np.mean (list (map (len, non_spam))), np.mean (list
    (map (len, spam)))))
answer_ten ()
```

输出：

```
(17.291813471502589, 29.041499330655956)
```

问题 11：加入 n 元文法（n=2，3，4，5），并加入非词字符数特征。

忽略在文档中出现次数小于 5 次的特征，加上 n 元文法（n=2，3，4，5）的特征。同时，加上长度特征 length_of_doc、数字个数特征 digit_count 以及非词字符数特征 non_word_char_count。训练一个逻辑回归模型（正则化参数 C=100）。报告在测试集上的 AUC 值。报告模型中回归系数最大和最小的 10 个特征。

```
def answer_eleven ():
    vect=CountVectorizer ( min_df=5 , ngram_range= ( 2 , 5 ),
    analyzer='char_wb') .fit (X_train)
    X_train_vectorized=vect.transform (X_train)
    X_train_vectorized=add_feature (X_train_vectorized,
    X_train.str.len ())
    X_train_digits=X_train.str.findall (r' (\d) ')
    X_train_vectorized=add_feature ( X_train_vectorized , list
    (map (len, X_train_digits)))
    X_train_nonChar=X_train.str.findall (r' (\W) ')
    X_train_vectorized=add_feature ( X_train_vectorized , list
    (map (len, X_train_nonChar)))
    X_test_vectorized=vect.transform (X_test)
```

```
    X_test_vectorized=add_feature (X_test_vectorized, X_test.
    str.len ())
    X_test_digits=X_test.str.findall (r' (\d) ')
    X_test_vectorized=add_feature(X_test_vectorized, list(map
     (len, X_test_digits)))
    X_test_nonChar=X_test.str.findall (r' (\W) ')
    X_test_vectorized=add_feature(X_test_vectorized, list(map
     (len, X_test_nonChar)))
    model=LogisticRegression (C=100)
    model.fit (X_train_vectorized, y_train)
    predictions=model.predict (X_test_vectorized)
    feature_names=np.array (vect.get_feature_names ())
    feature_names=np.concatenate (( feature_names , np.array
     (['length_of_doc', 'digit_count', 'non_word_char_count'])))
    sorted_coef_index=model.coef_[0].argsort ()
    small_coefficient=list (feature_names[sorted_coef_index[:
    10]])
    large_coefficient=list (feature_names[sorted_coef_index[:
    -11: -1]])
    return roc_auc_score(y_test,predictions),small_coefficient,
    large_coefficient
answer_eleven ()
```

输出：

```
(0.9788593110707434,
['. ', '..', '? ', ' i', ' y', ' go', ':) ', ' h', 'go', ' m'],
['digit_count', 'ne', 'ia', 'co', 'xt', ' ch', 'mob', ' x', 'ww',
'ar'])
```

【思 考 题】

1. 有监督和无监督学习算法有什么区别？各自的优缺点是什么？
2. 有哪些常见的有监督学习算法？
3. 简述决策树的基本原理。
4. 简述神经网络的基本原理。
5. 简述支持向量机的基本原理。
6. 什么是深度学习？为什么称为深度网络？

7. 列举深度学习的几个典型应用场景。

8. 文本分类有哪些评价指标?

9. 构建一个基于深度学习网络的文本分类器。

10. 垃圾邮件检测中，有哪些是有用的特征?

第7章 文本聚类

文本聚类（text clustering）主要是依据著名的聚类假设：同类的文档相似度较大，而不同类的文档相似度较小。作为一种无监督的机器学习方法，聚类不需要训练过程，以及不需要预先对文档手工标注类别，因此具有一定的灵活性和较高的自动化处理能力，已经成为对文本信息进行有效的组织、摘取精要和导航的重要手段，被越来越多的研究人员所关注。

聚类是无监督学习过程，通过聚类，文本被分类成组。在分类问题中，我们拥有大量预先分类好的训练样本，系统的任务就是去学习类的描述，然后能够对一个新的未标注的对象进行分类。聚类问题是在没有先验信息的前提下将给定的未标注的群分成有意义的聚类。任何与对象有关的标注都是从数据库中获得的。

7.1 聚类的基本问题

一个聚类任务可能包括以下过程：①问题描述，包括特征抽取、选择，或者两者兼有；②合适领域的相似度量方法的定义；③实际对象的聚类；④数据抽象和评估（程显毅和朱倩，2010）。下面简要介绍问题描述和相似度量。

1）问题描述

本质上，所有聚类问题都是最优化问题，目的是在所有可能的组里，根据给定聚类质量函数选择最合适的组。质量函数把文本的可能组集合映射到实数集，按照这种方法，好的聚类将得到一个高的值。

一个好的聚类应该将相似的文本聚合，将不相似的进行分割。因此，聚类质量函数通常以文本间相似函数的形式来指定。事实上，确切的聚类质量函数定义从不需要聚类算法，因为任务计算难度无法完全解决全部问题。因此，对于算法来说，知道相似函数和基本要求——相似的聚合和不相似的分割，是必要的。

一个相似函数对一对文本产生一个实数值，来描述文本间的近似程度。特征抽取是产生特征重组对象的集合的过程，而特征选择是定义最有效抽取特征子集的过程。

最常见的向量空间模型假设对象是高维特征空间里的向量，词袋模型就是向量空间模型的一个例子。在向量空间模型中，相似函数通常是在某种度量下的向量的距离。

2）相似度量

最常用的度量是欧几里得距离：

$$D\left(X_i, X_j\right)=\sqrt{\sum_k\left(x_{ik}-x_{jk}\right)^2}$$

特别情况下 p=2 时为闵可夫斯基距离：

$$D_p\left(X_i, X_j\right)=\left(\sum_k\left(x_{ik}-x_{jk}\right)^p\right)^{1/p}$$

然而对文本聚类，余弦相似距离是最常见的：

$$\operatorname{sim}\left(X_i, X_j\right)=\left(x_i' \cdot x_j'\right)=\sum_k x_{ik}' \cdot x_{jk}'$$

式中，x' 是经过 $x/|x|$ 计算后的取值。

还有很多可行的相似距离适用于特殊的需求。

7.2 文本聚类的算法

7.2.1 K-means 聚类

由于具有出色的速度和良好的可扩展性，K-means 聚类算法算得上是著名的聚类方法。K-means 算法是一个重复移动类中心点的过程，把类的中心点，也称重心（centroid），移动到其包含成员的平均位置，然后重新划分其内部成员。

k 是算法计算出的超参数，表示类的数量；K-means 可以自动分配样本到不同的类，但是不能决定究竟要分几个类。k 必须是一个比训练集样本数小的正整数。有时，类的数量是由问题内容指定的。例如，一个鞋厂有三种新款式，它想知道每种新款式都有哪些潜在客户，于是它调研客户，然后从数据中找出三类。也有一些问题没有指定聚类的数量，最优的聚类数量是不确定的。

K-means 的参数是类的重心位置和其内部观测值的位置。与广义线性模型和决策树类似，K-means 参数的最优解也是以成本函数最小化为目标的。K-means 成本函数公式如下：

$$J=\sum_{i=1}^k \sum_k\left(x^{(j)}-\mu_i\right)^2$$

式中，μ_i 是第 k 个类的重心位置。成本函数是各个类畸变程度（distortions）之和。每个类的畸变程度等于该类重心与其内部成员位置距离的平方和。若类内部的成员彼此间越紧凑，则类的畸变程度越小，反之，若类内部的成员彼此间越分散，则类的畸变程度越大。

求解成本函数最小化的参数就是一个重复配置每个类包含的观测值，并不断移动类重心的过程。首先，类的重心是随机确定的位置。实际上，重心位置等于随机选择的观测值的位置。每次迭代的时候，K-means 会把观测值分配到离它们最近的类，然后把重心移动到该类全部成员位置的平均值处。

K-means 算法的基本步骤如下。

（1）从 n 个数据对象任意选择 k 个对象作为初始聚类中心。

（2）根据每个聚类对象的均值（中心对象），计算每个对象与这些中心对象的距离；并根据最小距离重新对相应对象进行划分。

（3）重新计算每个（有变化）聚类的均值（中心对象）。

（4）计算标准测度函数，当满足一定条件，如函数收敛时，则算法终止；如果条件不满足则回到步骤（2）。

K-means 算法是一种基于样本间相似性度量的间接聚类方法，属于非监督学习方法。此算法以 k 为参数，把 n 个对象分为 k 个簇，以使簇内具有较高的相似度，而且簇间的相似度较低。相似度根据一个簇中对象的平均值（被看作簇的重心）来计算。此算法首先随机选择 k 个对象，每个对象代表一个聚类的质心。对于其余的每一个对象，根据该对象与各聚类质心之间的距离，把它分配到与之最相似的聚类中。然后，计算每个聚类的新质心。重复上述过程，直到准则函数收敛。K-means 算法是一种较典型的逐点修改迭代的动态聚类算法，其要点是以误差平方和为准则函数。逐点修改类中心：一个象元样本按某一原则，归属于某一组类后，就要重新计算这个组类的均值，并且以新的均值作为凝聚中心点进行下一次象元素聚类；逐批修改类中心：在全部象元样本按某一组的类中心分类之后，再计算修改各类的均值，作为下一次分类的凝聚中心点。

由于 K-means 算法的简单性和高效性，该算法十分普遍。每次迭代复杂性是 $O(kn)$ 次相似比较，必要的迭代数量通常是非常小的。K-means 算法的一个主要问题是对初始化选择中心敏感。如果使用了一组不理想的中心，生成的聚类通常不是很理想。

7.2.2 EM 聚类

EM 算法，指的是最大期望算法（expectation maximization algorithm，又译为期望最大化算法），是一种迭代算法，用于含有隐变量（latent variable）的概率参数模型的最大似然估计或极大后验概率估计。

EM 算法是 Dempster 等于 1977 年提出的求参数极大似然估计的一种方法，它可以从非完整数据集中对参数进行极大似然估计，是一种非常简单实用的学习算法。这种算法可以广泛地应用于处理缺损数据、截尾数据、带有噪声等所谓的不完全数据。

可以用一些比较形象的比喻说法把这个算法讲清楚。例如，食堂的厨师炒了一份菜，要等分成两份给两个人吃，显然没有必要拿来天平精确地去称重，最简单的办法是先随意地把菜分到两个碗中，然后观察是否一样多，把比较多的那一份取出一点放到另一个碗中，这个过程一直迭代地执行下去，直到大家看不出两个碗所容纳的菜有什么分量上的不同为止。

另一个关于 EM 算法的例子：假设我们从一所高中里随机抽取了 500 个学生的鞋码数据，现在要在不知道任何信息的情况下对这 500 个数据进行分类，哪个是来自男生，哪个是来自女生；对于任何一堆数据我们都可以用高斯分布来拟合，基于这样一个假设，我们假定男生和女生的鞋码均满足不同参数下的高斯分布，并且给定一个初始的参数值（均值和方差），根据这个已知参数的高斯分布可以粗略地将每一个数据都划分到指定类（属于男生或女生）；另外由于男生的鞋码普遍比女生大，一般为 39 ~ 44，那么均值就是 42 左右，所以如果有一个数据是 41，那么我们就更大可能地将其分到男生类，基于此判别，就得到了 500 个数据的初始分类，然后根据极大似然的求解方法，利用这些属于男生分类的鞋码数据重新估计男生鞋码的高斯分布的参数，用同样的方法重新估计出女生鞋码的高斯分布的参数；接着在男生和女生的鞋码分布被重新估计之后，归属于这两个分布的概率也会随之发生变化，那么就继续更新，这样多次迭代，直到两类的分布参数变化甚小时停止迭代更新。

EM 算法就是这样，假设我们知道 A 和 B 两个参数，在开始状态下二者都是未知的，并且知道了 A 的信息就可以得到 B 的信息，反过来知道了 B 也就得到了 A。可以考虑首先赋予 A 某种初值，以此得到 B 的估计值，然后从 B 的当前值出发，重新估计 A 的取值，这个过程一直持续到收敛为止。

在统计学中，EM 算法是在概率（probabilistic）模型中寻找参数最大似然估计或者最大后验估计的算法，其中概率模型依赖于无法观测的隐藏变量。EM 经常用在机器学习和计算机视觉的数据聚类（data clustering）领域。

与 K-means 不同的是，EM 聚类并不计算距离，而是计算概率（并且明显要比 K-means 复杂得多），用一个给定的多元高斯概率分布模型来估计出一个数据点属于一个聚类的概率，即将每一个聚类看作一个高斯模型。

EM 算法通过两个步骤交替进行计算。

（1）E-step：对于每一个数据点，我们要计算其属于其中每个聚类的概率作为权重，如果一个点很可能属于一个聚类，就将对应的概率设置为接近 1 的值，对于那种可能会出现一个点属于 2 个或多个聚类的情况，就需要建立一个对聚类的概率分布，所以 EM 算法有一个特性，就是没有严格要求一个点必须要属于一个聚类，这一特性被称为“软聚类”（soft clustering）。

（2）M-step：这个步骤主要是利用上一步计算的权重来估计每个聚类的有关参数（均值、方差），每一个数据点以 E-step 中的概率作为权重，然后与 K-means 一样计算每一个聚类的均值和方差，进而求取聚类的总体概率或极大似然。

这样，通过 E-step 和 M-step 的不断交替来增加总的对数似然直到收敛，而且最大值也有可能陷入局部最优，所以需要多次迭代。

从模糊集合的观点看，K-means 算法对应经典集合，EM 算法对应模糊集合。实际上不难证明，K-means 算法是 EM 算法退化到经典集合论的特例，EM 算法是 K-means 算法向模糊集合的推广。

随机向两类数据概率分布参数赋初值后，K-means 算法可以得到一个近似的分类，同样，EM 算法也可以得到两类数据初始的模糊集。虽然这两个集合距正确结果还有一定的差距，但是，和 K-means 聚类算法一样，随着迭代的逐步进行，两个集合对应的隶属函数或者概率分布函数，距真正的模型越来越逼近。理想情况下可以证明，EM 算法最终能得到零偏差的逼近结果。

7.2.3 层次聚类

层次聚类是一种很直观的算法。顾名思义，就是要一层一层地进行聚类，可以从下而上地把小的类别合并聚集，也可以从上而下地将大的类别进行分割。似乎一般用得比较多的是从下而上地聚集，因此这里只介绍这一种。

从下而上地合并类别，具体而言，就是每次找到距离最短的两个类别，然后合并成一个大的类别，直到全部合并为一个类别。整个过程就是建立一个树结构，类似于图 7-1。

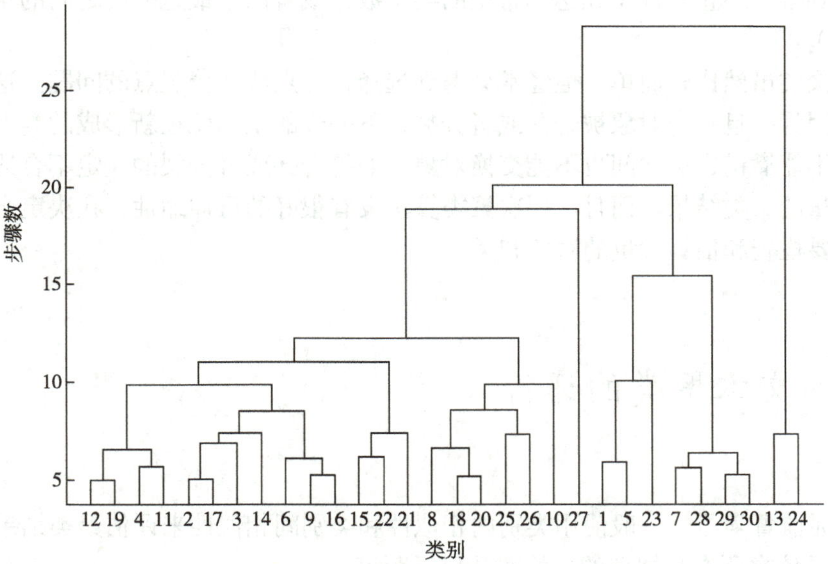

图 7-1 分层聚类示意图

那么，如何判断两个类别之间的距离呢？一开始每个数据点独自作为一个类，它们的距离就是这两个点之间的距离。而对于包含不止一个数据点的类别，就可以选择多种方法了。最常用的就是簇平均，即计算两个类别各自数据点的两两距离的平均值。类似的还有单链/全链，选择两个类别中距离最短/最长的一对数据点的距离作为类的距离。大部分情况下，全链基本没用，单链通过关注局域连接，可以得到一些形状奇特的类别，但是因为太过极端，所以效果也不是太好。

层次聚类最大的优点就是它一次性地得到了整个聚类的过程，只要得到了图 7-1 所示的聚类树，想要分多少个类别都可以直接根据树结构来得到结果，改变类别数目不需要再次计算数据点的归属。层次聚类的缺点是计算量比较大，因为每次都要计算多个类别内所有数据点的两两距离。另外，由于层次聚类使用的是贪心算法，得到的显然只是局域最优，不一定就是全局最优，可以通过加入随机效应解决，这就是另外的问题了。

根据分层分解采用的分解策略，层次聚类法又可以分为凝聚的（agglomerative）和分裂的（divisive）层次聚类。

1）凝聚的层次聚类

凝聚的层次聚类采用自底向上的策略，首先将每一个对象作为一个类，然后根据某种度量（如两个当前类中心点的距离）将这些类合并为较大的类，直到所有的对象都在一个类中或者是满足某个终止条件为止，绝大多数分层聚类算法属于这一类，它们只是在类间相似度的定义上有所不同。

2）分裂的层次聚类

分裂的层次聚类采用与凝聚的层次聚类相反的策略——自顶向下，它首先将所有的对象置于一个类中，然后根据某种度量逐渐细分为较小的类，直到每一个对象自成一个类或者达到某个终止条件（如达到希望的类个数，或者两个最近的类之间的距离超过了某个阈值）。

层次聚类虽然比较简单，但经常会遇到选择合并点或者分裂点的问题。这种选择非常关键，因为一旦一组对象被合并或者分裂，下一步的工作就在新形成的类上进行，已做的处理不能撤销，类之间也不能交换对象。如果合并或者分裂的决定不合适，就可能得出低质量的聚类结果。而且，层次聚类算法没有很好的可伸缩性，在决定合并或者分裂之前需要检查和估算大量的对象和类。

7.3 文本聚类的评价

对于无监督学习，一般使用类别内相似性和类别间相似性来评估聚类结果。类别内相似性 S_i' 是该类所有数据点的平均欧几里得距离：

$$S_i' = \frac{1}{2m_i} \sum_{i=1;j=1}^{m_i} \left| x_i - x_j \right|$$

式中，m_i 是数据的维度；x_i 是在每个维度上的取值。

类别间相似性 S'' 是所有类质心距离的和：

$$S'' = \sum_{i=1;j=1}^{n} \left| C_i - C_j \right|$$

式中，C_i 是类别 i 的质心；n 是所有类别的个数。一个好的聚类算法应该减少类间相似度（S''），增加类内相似度（S_i'）。

7.4 应用案例：研讨文本的主题聚类

7.4.1 背景

群体研讨支持系统（group argument support systems，GASS）是一个以综合集成方法论为指导的、以解决半结构化和非结构化问题为目的的群体支持系统。理论和实践证明这个“以计算机为媒介的群体交流”环境能够提高群体产出，使群体在较短时间内产生大量有价值的观点，但它也常常导致“信息过载”和“知识断层”。在 GASS 环境下，由于匿名（anonymity）、并行（parallel）贡献以及发言的自动化记录等特征，20 个成员的群体在 1h 内常常会产生几百条甚至上千条发言，并且观点各异，常常超出人们处理信息的能力。群体决策理论通常将方案产生阶段和方案选择阶段分开，在头脑风暴后需要将用户发言提炼为备选方案。手工处理这些发言信息不仅费时费力，而且由于效率低下往往成为群体决策过程中的一个瓶颈。因此对发言信息进行自动化聚类就可以减轻人类分类者的负担并显著提高分类速度。另外，由于信息过载和认知惯性，群体在研讨过程中往往难以认识当前的研讨态势，在某一局部问题上过于纠缠而忽略了其他更重要的问题，即陷入所谓的“局部最优”。在电子会议的过程中通过对研讨主题实时聚类，可以减轻用户的信息过载，使用户对当前的研讨态势有一个清晰的把握，同时也方便主持人对研讨实时引导。因此，发言信息的自动化聚类就成为有效支持“电子化会议”并提高群体效率的一个重要途径（李嘉等，2009）。

在 GASS 的研讨主题聚类中，由于其独特的中文输入环境和特殊的研讨信息组织模式，普通的文本聚类技术难以直接应用于 GASS 自动主题聚类。因此本节提出了一种适合 GASS 环境的研讨主题聚类方法，该方法通过信息清洗、文本分析和基于自组织映射（self-organization map，SOM）神经网络的聚类等方法自动产生一系列有意义的研讨主题，以可视化的方式帮助用户更快地了解群体的研讨内容，同时也可以帮助主持人在会后迅速将发言信息汇总为备选方案。

Chen 等（1994）、Furnas 等（1987）从不同角度识别出“计算机支持”的群体协作环境下文本处理需要面对的一些问题。

1）研讨领域独立

群体支持系统（group support systems，GSS）可以支持不同种类的群体协作，可以支持不同领域的研讨任务。GASS 中可以研讨的问题各种各样，从宏观经济决策到区域发展规划，从公司长期战略管理到新产品的设计。研讨发言领域的多样性使我们不能采用一些依赖于具体领域的自动化技术，如“有导师”（supervision）的神经网络技术中的后向传播算法等只能采用“无导师”的聚类技术，如 Hopfield、自组织映射神经网络。

2)“噪声”输入

由于时间压力以及研讨成员本身的中文输入水平的限制，GASS 的发言常常有大量的“噪声”输入，出现大量的错别字(词)、不完整的句子等，如“怕黄山”应为“爬黄山”，因此在聚类之前需要过滤掉这些“噪声”。正是这些噪声的存在使基于自然语言处理的文本分析和聚类技术难以应用，而基于信息检索技术的聚类方法则更为有效。

3)词汇问题

由于群体成员的不同背景、表达习惯等，一方面，不同的成员对同一词语可能有不同的定义；另一方面，群体成员常常会用不同的词语表达同一个概念。Furnas 等(1987)研究 5 个不同的领域中的词语选择时发现，两个不同的用户选择相同的词语表达同一个概念只有 20%的可能性。选择词汇的多样性带来的是索引的冗余，影响索引的一致性和准确性。同时，由于鼓励创新、发散，而不审查发言，一些研讨发言将会很粗糙。在大群体中，这一问题将更加严重。减轻这一问题的有效方法就是概念空间，即在表示相同或相似概念的词语之间建立关系。

4)口语化

GASS 采用的信息组织方式和研讨模式适合“群体辩论”，这一方面可以增加系统的易用性，有利于群体接受、使用、表达自己的观点和态度；另一方面也导致出现大量的“口语化”文本：无特殊主题含义、仅仅表达态度或感情的词语，如“我顶”“支持”“反对”“咋们”“不错”“俺支持”“我们去”等。在文本聚类时需要采用特殊的方法过滤掉这些无主题意义的词语。

7.4.2 自动化研讨主题聚类的解决方案

根据前面的讨论，我们采用的方案如图 7-2 所示，包括自动索引和聚类分析两个部分，下面分别介绍各部分具体的实现。

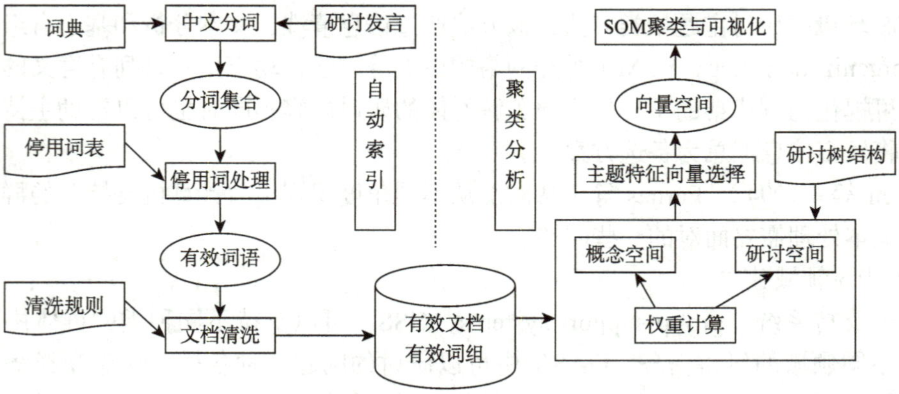

图 7-2 自动研讨主题聚类解决方案

1. 自动索引

1）中文分词

中文分词就是找出有意义的最长语义单元。中文分词有很多成熟的算法，这里使用前向最大匹配法。在本章中，我们采用了搜狗互联网词库（http://www.sogou.com/labs/resource/w.php）作为分词用的字典。

2）停用词表的建立及停用词处理

停用词表包括两个部分，一部分是常见的、没有特殊语义的词语，如“因为”“所以”“应用”等，一共收录 500 多个；另一部分是特别针对我们的系统的。由于研讨系统本身的研讨模式及信息组织方式，会出现大量的表明态度、立场、感情等意义的词，这些词语对主题识别没有作用，但出现频率高，需要剔除。我们首先通过 Nutch 从新浪网的新闻栏目（http://news.sina.com.cn）“爬回”5000 个新闻网页，并根据页面上的标签“【发表评论】”抓回与其相关的网友评论。BBS 中出现的高频词常常为 1 个字、2 个字或 3 个字，所以我们采用 1-Gram、2-Gram 和 3-Gram 方法对“爬回”的新闻网页和评论信息进行中文分词，剔除前一部分停用词表中的词语后，将评论中特有的高频词（即在评论信息中高频而在新闻中不高频的词语，如“顶”“沙发”“我顶”“支持”“反对”“8 错”等）作为停用词表的一部分，共收录 300 多个停用词。

3）文档清洗

由于 GASS 中的噪声输入、口语化、出现大量超短和表达感情色彩的发言，有大量发言对主题聚类是没有作用的，需要进行清洗。文档清洗根据以下两个原则进行。

（1）词语的清洗：单个中文字一般没有特殊的语义，所以分词结果中只保留长度大于 1 的词语；在文档集合中只出现 1 次的词语对聚类没有贡献，应该清除。

（2）无效文档：没有有效词语的文档应该清除；超短的文档（少于 5 个字）应该清除。

文档经过分词、停用词处理和清洗后，就可以作为聚类分析的输入了。

2. 聚类分析

我们采用“联合权重”（combined weight，CW）算法来确定词语的权重，并通过“同现”分析和“研讨树结构”（argument tree structure）分析来建立表示相同或相似概念词语之间的关系。

1）联合权重

根据 Chen 等（1994）的研究，词语 j 对于文档 i 的联合权重 d_{ij} 可以由下面的公式确定：

$$d_{ij} = \mathrm{tf}_{ij} \times \log_2 \mathrm{df}_j$$

式中，tf_{ij} 为词语频率，表示词语 j 在文档 i 中出现的次数；df_j 为文档频率（document frequency，DF），表示在 n 个文档的集合中出现词语 j 的文档数量［因为我们是为了识别群体研讨共同关注的主题，所以采用与 Chen 等（1994）相同的方法，采用文档频率，而不是信息检索领域中常用的反文档频率，即$\log_2 \frac{n}{\mathrm{df}_j}$]。

2）建立概念空间

通过“同现”分析，我们可以形成一个“概念空间”。在这个空间中，每一个词语代表一个节点；在任意两个节点间可能存在一条边把两个节点连接起来；而这条连接两个节点的边上被赋予了一个“聚类权重”$\mathrm{CCW}(T_j,T_k)$。词语T_j与词语T_k之间的基于概念的“聚类权重”$\mathrm{CCW}(T_j,T_k)$由下面的公式给出：

$$\mathrm{CCW}(T_j,T_k)=\frac{\sum_{i=1}^{n} d_{ijk}}{\sum_{i=1}^{n} d_{ij}}$$

词语T_k与词语T_j之间的基于概念的“聚类权重”$\mathrm{CCW}(T_k,T_j)$由下面的公式给出：

$$\mathrm{CCW}(T_k,T_j)=\frac{\sum_{i=1}^{n} d_{ijk}}{\sum_{i=1}^{n} d_{ik}}$$

式中，d_{ij}、d_{ik}分别表示词语T_j、T_k对文档i的联合权重；d_{ijk}表示词语T_j、T_k同时出现时对文档i的联合权重，计算公式如下面的公式所示：

$$d_{ijk}=\mathrm{tf}_{ijk}\times\log_2 \mathrm{df}_{jk}$$

式中，tf_{ijk}表示在文档i中词语T_j、T_k同时出现的次数；df_{jk}表示在n个文档的集合中词语T_j、T_k同时出现的文档数。

3）研讨结构分析

因为GASS采用树状信息组织结构，所以在研讨树的“同一分支”上常常讨论相似的概念，并且两个研讨发言越接近，则出现的词语关系越密切。故通过对研讨树结构的分析，可以建立词语及词语之间关系的网状结构，从而词语T_j、T_k之间的基于研讨树结构的“聚类权重”$\mathrm{TCW}(T_j,T_k)$如下面的公式所示：

$$\mathrm{TCW}(T_j,T_k)=\sum_{\mathrm{st}_i\in\mathrm{subTree}(T_j,T_k)}\frac{1}{\mathrm{dist}_i(T_j,T_k)}$$

式中，$\mathrm{subTree}(T_j,T_k)$表示词语$T_j$、$T_k$在研讨树同一分支同时出现的分支集合；$\mathrm{dist}_i(T_j,T_k)$表示词语$T_j$、$T_k$在分支$\mathrm{st}_i$上的距离，其计算规则为：词语$T_j$、$T_k$所在研讨发言为直接“父-子”关系，则为1，为“父-孙”关系，则为2，以此类推。

4）基于主题分析的特征向量选择

在建立概念空间并分析研讨树结构之后，我们得到了一个网状结构：这个网状结构以关键词为节点，以关键词之间的相似权重为关系。网状结构中“连通（表示有权重大于某一阈值的关系）”的关键词常常是表示相同或相似概念的不同词语，故我们可以把关键词网络划分为若干个连通子图，每个子图之间的语义关系相对独立，而同一个子图内部的词语属于同一个主题特征。仅包括单个关键词或单个文本中的多个关键词的连通图对聚类没有贡献，所以我们去掉这些主题特征，在其余的每个“连通图”中取一个关键词作为特征向量的一个节点，记作 baseVector 。下面以该向量为基础，建立文档的基于概念的向量空间，作为 SOM 的输入。

5）建立基于概念的文档向量空间

用基于概念的特征向量表示文档，得到基于概念的文档向量空间（concept-based vector space）。每个文档用该基准向量表示，包括两个部分：一是没有建立词语概念关联的基础向量，记作 VectorSpace(i)，在该向量中，基准词语在文档中出现过，则取值为 1，否则取值为 0；二是基于“同现”分析和“研讨树结构”分析的概念空间的词语关联，从而得到基于概念的向量空间，每个基准词语 T_b 通过 $\mathrm{CCW}(T_j,T_k)$、$\mathrm{TCW}(T_j,T_k)$ 与文档 i 建立基于概念的关联，从而得到文档 i 基于概念的向量空间 CVS(i)（如下面的公式所示）：

$$\mathrm{CVS}(i) = \mathrm{VectorSpace}(i) \otimes \mathrm{CCW}(T_j,T_k) \otimes \mathrm{TCW}(T_j,T_k) \oplus \mathrm{baseVector}$$

式中，baseVector 表示基准向量；$\otimes$ 表示“乘积”作用；$\oplus$ 表示“相加”作用。

6）SOM 聚类与可视化

研讨发言通过基于概念的向量空间转化为 SOM 的输入。一个发言就是一个 SOM 的输入向量，而向量的每个分量则对应一个特定的词语，对应的值为特定词语表示该研讨发言的能力。我们使用 15×10 的表格，共 150 个单元格，作为 SOM 的输出节点。训练的主要过程如下。

（1）初始化。首先将输入节点与各个输出节点之间的权重初始化为 0 ~ 1 的一个随机数，并初始化邻域大小为 8，即考虑最佳匹配单元（best match unit）周围的 8 个节点。

（2）寻找最佳匹配单元。对于每个输入，计算输入向量与每个输出节点之间的距离，计算公式如下面的公式所示：

$$\mathrm{distance}_j = \sum_{i=1}^{N} (x_i(t) - w_{ij}(t))^2$$

式中，$x_i(t)$ 是在 t 时刻的输入节点 i 的值；$w_{ij}(t)$ 表示 t 时刻输入节点 i 到输出节点 j 的权重；N 表示输入节点的数量，即向量空间的维度；距离最小的输出节点 j^* 为最佳匹配单元，并作为需要调整权重的邻域的中心。

（3）更新邻域。以最佳匹配单元 j^* 为中心，调整输入节点到其定义的邻域范围内所有输出节点之间的权重。新权重的计算基于简单的误差修正函数，如下面的公式所示：

$$w_{ij^*}(t+1) = w_{ij^*}(t) + \eta(t)(x_i(t) - w_{ij}(t))$$

式中，$\eta(t)$ 为调整系数，是一个 0 ~ 1 范围内的值，并随着训练时间推移，其值不断变小。另外，邻域的大小也是随着时间的推移不断缩小的。

（4）块融合并添加类标签。在迭代结束后，将 N 个输入节点中，到输出节点权重最大的输入节点所代表的基准词语作为输出节点的标签。然后将相邻且标签相同的地图块进行融合，最终的主题聚类如图 7-3 所示。

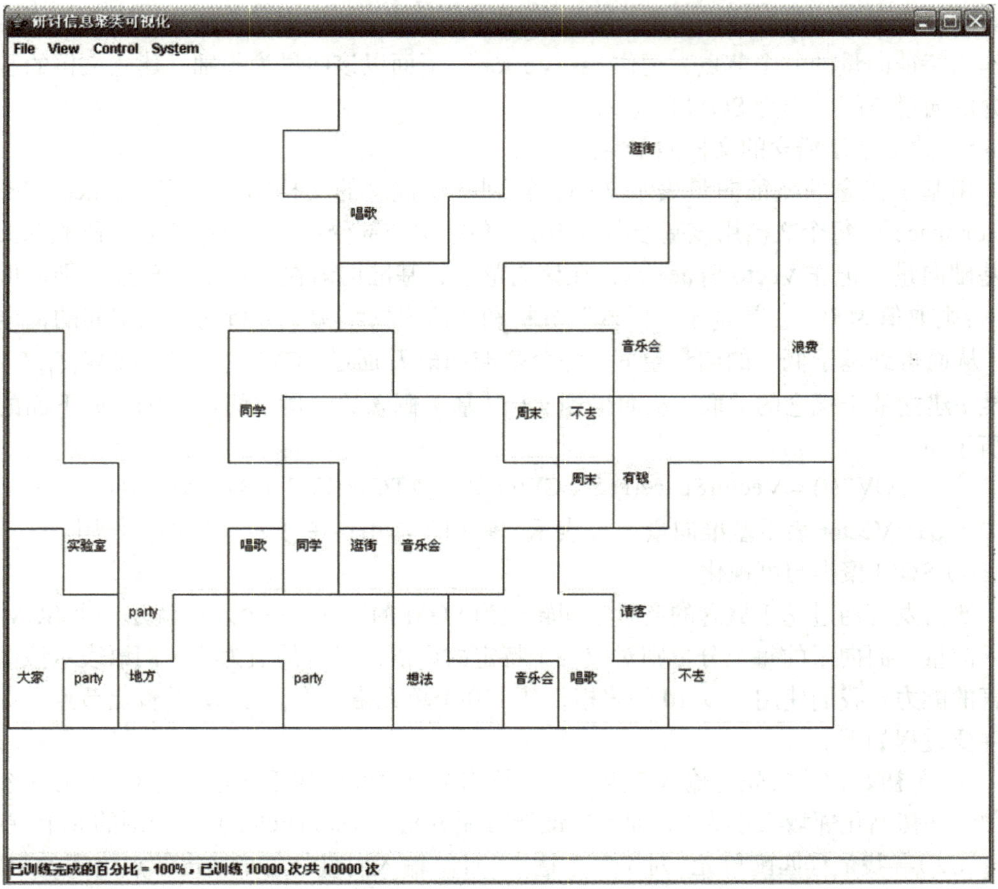

图 7-3　主题聚类结果示意图

7.4.3 系统评估

1. 实验设计

本实验的语料是一个班的学生围绕怎样过圣诞节的研讨语料。因为大量的研讨发言是以其父节点的内容作为背景的，许多研讨发言在离开了研讨树结构之后难以理解，所以我们首先从清洗之后得到的有效研讨文本中抽出研讨树结构中前三层的发言（共 103 条），并随机挑选出其中的 80 条发言作为实验数据（这样做主要是为了减少实验人员理解的负担并节约时间）。

首先，我们将这 80 条发言的标题和详细内容进行合并，用表格的形式打印出来作为人工分类的原始数据。然后邀请两位研究生（1 位博士研究生，1 位硕士研究生，研究方向均为群体支持系统和信息检索），要求他们将研讨主题人工聚成 8 ~ 10 个类。他们分别花费 42 min 和 57 min，最终都给出了 10 个主题，详细信息如表 7-1 所示。人工聚类结果中的“文档对”（在同一类目中出现的任意两个文档形成一个文档对）集合分别记作 MC1 和 MC2。在 MC1 和 MC2 中同时出现的“文档对”作为正确的匹配，在 MC1 和

MC2 任意一个集合中出现的“文档对”作为人工聚类中可能的匹配。人工聚类的结果作为自动聚类结果评估的基准。

表 7-1 人工聚类结果汇总

实验人员 1	文档数量	实验人员 2	文档数量
逛街	8	周末/逛街	9
唱歌	13	看电影/唱歌	12
师姐/party	14	师姐/party/氛围	17
宿舍/上网	5	上网	3
约会	8	GG/约会	10
大吃一顿	10	请客/吃饭	13
音乐会	5	Disney	2
度假村	6	聚会	7
教堂	3	数人	2
其他	8	其他	5

采用如下三个指标：聚类错误率（clustering error，CE）、聚类全面率（clustering recall，CR）和聚类准确率（clustering precision，CP）评价自动化聚类的结果，考察的基本对象为“文档对”。各个指标的计算公式如下：

$$\mathrm{CE}=\frac{E_i+E_m}{P_t}$$

式中，CE 指聚类错误率，表示错误关联与遗漏关联的和与文档集合中所有可能的文档对的数量的比值；E_i 指错误关联，指在 SOM 聚类结果中出现，而在人工分类中没有出现的文档对的数量；E_m 指遗漏关联，指在人工分类中出现，而在聚类结果中没有出现的文档对的数量；P_t 指文档集合中所有可能的文档对的数量，设文档总数为 N，则 $P_t=\mathrm{C}_N^2=\frac{N\times(N-1)}{2}$，本实验中，$N$=80，$P_t=3160$。

$$\mathrm{CR}=\frac{T_a-E_i}{T_m}$$

式中，CR 指聚类全面率，表示正确关联数与人工分类中文档对的数量的比值；T_a 指聚类结果中所有可能的文档对的数量；T_m 指人工分类中所有可能的文档对的数量。

$$\mathrm{CP}=\frac{T_a-E_i}{T_a}$$

式中，CP 指聚类准确率，表示正确关联数与聚类结果中所有可能的文档对的数量的比值。

2. 实验结果与讨论

SOM 聚类共花费了 72s（2.8GHz CPU，768MB RAM）。两个实验人员中出现的可能文档对的数量作为 T_m 的值，SOM 聚类中出现的可能文档对的数量为 T_a 的值。实验结果如表 7-2 所示，SOM 聚类可以达到 0.28 的聚类准确率，0.35 的聚类全面率，产生 0.83

的聚类错误率。

表 7-2 实验结果汇总

指标	P_t	T_m	T_a	E_i	E_m	CE	CR	CP
值	3160	727	564	527	2103	0.83	0.35	0.28

较高的聚类全面率可能是由于我们采用了树结构分析，更深刻地刻画了相同主题的各个词语之间的关系。例如，“请客”与“大吃一顿”是两个不同的词语，也没有在同一个研讨发言中出现，所以在普通的概念空间中无法建立它们之间的关系；但是它们出现在同一研讨树分支上，因此在我们的聚类算法中它们能够很好地聚类到一起，表示“请客/吃饭”这个主题。另外，我们建立的基于概念的文档向量空间模型也在一定程度上提高了聚类全面率。较高的聚类错误率和较差的聚类准确率则可能主要是中文文本分析以及研讨发言太短、口语化倾向严重以及每个发言文本中有效文本太少等原因造成的。

7.5 实验：使用 K-means 算法对文本进行聚类

本节使用 K-means 算法进行聚类。本实验所用的文本已经被转化成了数字特征，用文档-词条稀疏矩阵的方式（索引-索引值对）存储。

```
import matplotlib.pyplot as plt
from collections import defaultdict
from collections import Counter
from scipy.sparse import csr_matrix, find
import numpy as np
from sklearn.cluster import KMeans
import numpy as np
import random
from sklearn.metrics.cluster import normalized_mutual_info_score
from sklearn.utils import shuffle
from sklearn.metrics import calinski_harabaz_score
```

这里需要用到的一些包（如 matplotlib）可能没有安装，系统会报错。这时直接输入命令 pip install matplotlib，等一会儿即可完成 matplotlib 包的安装。

```
#打开训练集文件 train.dat.txt，用稀疏矩阵格式存储
file='train.dat.txt'
data=open(file, 'r')
#print data

#读入训练数据的每一行（对应一个文档）
```

```
docs=list()
for row in data:
    docs.append(row.rstrip().split(" "))
#print(docs)

#sperate indices and values
dataIndex=list()
value=list()
for d in docs:
    d_index=list()
    d_value=list()
    for i in range(0, len(d), 2):
        d_index.append(d[i])
    for j in range(1, len(d), 2):
        d_value.append(d[j])
    dataIndex.append(d_index)
    value.append(d_value)
#print len(value)
#print len(dataIndex)

nrows=len(docs)

idx={}
tid=0
nnz=0
ncol=0
_max=list()
for d in dataIndex:
    nnz+=len(d)
    _max.append(max(d))
    for w in d:
        if w not in idx:
#             print(w)
            idx[w]=tid
            tid+=1

#定义函数csr_build
def csr_build(dataIndex, value):
```

```
    ind=np.zeros (nnz, dtype=np.int)
    val=np.zeros (nnz, dtype=np.double)
    ptr=np.zeros (nrows+1, dtype=np.int)
    i=0
    n=0

    for (d, v) in zip (dataIndex, value):
        l=len (d)
        for j in range (l):
#               print j, k
            ind[int (j) +n]=d[j]
            val[int (j) +n]=v[j]

        ptr[i+1]=ptr[i]+l
        n+=l
        i+=1

    mat=csr_matrix ((val, ind, ptr), shape= (nrows, max (ind) +1),
    dtype=np.double)
    mat.sort_indices ()

    return mat

mat=csr_build (dataIndex, value)
#print (mat.shape)

#scale matrix and normalize its rows
def csr_idf (mat, copy=False, **kargs):
    r""" Scale a CSR matrix by idf.
    Returns scaling factors as dict. If copy is True,
    returns scaled matrix and scaling factors.
    """
    if copy is True:
        mat=mat.copy ()
    nrows=mat.shape[0]
    nnz=mat.nnz
    ind, val, ptr=mat.indices, mat.data, mat.indptr
    #document frequency
```

```
    df=defaultdict (int)
    for i in ind:
        df[i]+=1
    #inverse document frequency
    for k, v in df.items ():
        df[k]=np.log(nrows / float(v)) #df turns to idf - reusing
                                                #memory
    #scale by idf
    for i in range (0, nnz):
        val[i]*=df[ind[i]]

    return df if copy is False else mat

def csr_l2normalize (mat, copy=False, **kargs):
    r""" Normalize the rows of a CSR matrix by their L-2 norm.
    If copy is True, returns a copy of the normalized matrix.
    """
    if copy is True:
        mat=mat.copy ()
    nrows=mat.shape[0]
    nnz=mat.nnz
    ind, val, ptr=mat.indices, mat.data, mat.indptr
    #normalize
    for i in range (nrows):
        rsum=0.0
        for j in range (ptr[i], ptr[i+1]):
            rsum+=val[j]**2
        if rsum==0.0:
            continue  #do not normalize empty rows
        rsum=float (1.0/np.sqrt (rsum))
        for j in range (ptr[i], ptr[i+1]):
            val[j]*=rsum

    if copy is True:
        return mat

mat2=csr_idf (mat, copy=True)
mat3=csr_l2normalize (mat2, copy=True)
```

```
print (mat3.shape)
```

输出:

```
(8580, 126356)
```

输入:

```
def initCentorids (x, k):
    x_shuffle=shuffle (x, random_state=0)
    return x_shuffle[: k,: ]

def sim (x1, x2):
    sims=x1.dot (x2.T)
    return sims

def findCentroids (mat, centroids):
    idx=list ()
    simsMatrix=sim (mat, centroids)

    for i in range (simsMatrix.shape[0]):
        row=simsMatrix.getrow (i) .toarray () [0].ravel ()
        top_indices=row.argsort () [-1]
        top_values=row[row.argsort () [-1]]
#         print top_indices
        idx.append (top_indices + 1)
    return idx

def computeMeans (mat, idx, k):
    centroids=list ()
    for i in range (1, k+1):
        indi=[j for j, x in enumerate (idx) if x==i]
        members=mat[indi,: ]
        if (members.shape[0] > 1):
            centroids.append (members.toarray () .mean (0))
    #print centroids
    centroids_csr=csr_matrix (centroids)
    return centroids_csr

def kmeans (k, mat, n_iter):
    centroids=initCentorids (mat, k)
```

```
    for _ in range (n_iter):
        idx=findCentroids (mat, centroids)
        centroids=computeMeans (mat, idx, k)
    return idx

x_axis=list ()
y_axis=list ()
for k in range (3, 22, 2):
    idx=kmeans (k, mat3, 10)
    score=calinski_harabaz_score (mat3.toarray (), idx)
    print (k, score)
    x_axis.append (k)
    y_axis.append (score)
```

输出：

```
3 65.50315165781912
5 50.77521834022508
7 49.863471973003335
9 44.9782396013856
11 40.42136698289896
13 37.89672607454413
15 35.47622417604107
17 35.30687226099718
19 34.369102861511045
21 31.0024145059848
```

输入：

```
import matplotlib.pyplot as plt
%matplotlib inline
plt.plot (x_axis, y_axis)
```

输出：

```
[<matplotlib.lines.Line2D at 0xc6ff96ad68>]
```

输入：

```
print ("Score: ")
print (calinski_harabaz_score (mat3.toarray (), idx))
```

输出：

```
Score:
31.0024145059848
```

把得到的 idx 的结果写入 output.dat 文件中：

```
#print result to text file
```

```
text_file=open("output.dat.txt", "w")
for i in idx:
    text_file.write(str(i)+'\n')
text_file.close()
```

【思 考 题】

1. 聚类和分类有什么区别和联系?
2. 有哪些常见的聚类算法?
3. 简述 K-means 聚类的基本原理。
4. 简述 EM 聚类的基本原理。
5. 简述层次聚类的基本原理。
6. 简述 SOM 聚类的基本原理。
7. 文本聚类有哪些评价指标?
8. 列举几个文本聚类在商务中的应用。
9. 编写一个程序，用 K-means 算法对 1000 篇新闻报道进行聚类。

第8章

主题模型

8.1 主题模型概述

主题模型（topic model）在机器学习和自然语言处理等领域是用来在一系列文档中发现抽象主题的一种统计模型。

直观来讲，如果一篇文章有一个中心思想，那么一些特定词语会更频繁地出现。例如，如果一篇文章是在介绍狗的，那么“狗”和“骨头”等词出现的频率会高些。如果一篇文章是在介绍猫的，那么“猫”和“鱼”等词出现的频率会高些。而有些词如“这个”“和”在两篇文章中出现的频率会大致相等。但真实的情况是，一篇文章通常包含多种主题，而且每个主题所占比例各不相同。因此，如果一篇文章10%和猫有关，90%和狗有关，那么和狗相关的关键字出现的次数大概会是和猫相关的关键字出现次数的9倍。一个主题模型试图用数学框架来体现文档的这种特点。主题模型自动分析每个文档，统计文档内的词语，根据统计的信息来断定当前文档含有哪些主题，以及每个主题所占的比例各为多少。

主题是使用词的概率来进行描述的。例如，我们看到了一篇新闻报道，里面讲了昨天美国男子职业篮球联赛（national basketball association，NBA），于是我们知道它的主题是关于体育的。为什么呢？因为里面出现了“科比”“湖人”等关键词。那么我们可以定义主题是一种关键词集合，如果另外一篇文章出现这些关键词，我们可以直接判断它属于某种主题。但是，这样定义主题有什么弊端呢？按照这种定义，我们会很容易给出这样的条件：一旦文章出现了一个球星的名字，那么这篇文章的主题就是体育。但是，也有可能文章确实有球星的名字，但是里面全部在讲球星的绯闻，和篮球没有任何关系，此时主题应该是娱乐。所以一个词不能硬性地扣一个主题的帽子，如果说一篇文章出现了某个球星的名字，我们只能说有很大概率它属于体育的主题，但也有小概率属于娱乐的主题。于是就会有这种现象：同一个词，在不同的主题背景下，它出现的概率是不同的。另外，一个主题包含的词是非常丰富的，一个词不能代表一种主题。因此，必须把所有词都用来代表一种主题，表示的方法就是所有词在某个主题上的概率分布。

给你读一篇文章，你可能会这样概括文章的内容：80%在讲政治的话题，15%在讲娱乐，其余都是废话。这里大概可以提炼出三种主题：政治、娱乐、废话。也就是说，对于某一篇文章，很有可能里面不止在讲一种主题，而是几种主题混在一起的。文章和主题之间并不一定是一一对应的，文章可以有多个主题，一个主题可以在多篇文章之中。因此，我们可以用主题的分布来表达文章多个主题的比例。

8.2 文本建模

人们在日常生活中总是产生大量的文本，如果每一个文本存储为一篇文档，那么每篇文档从人的观察来说就是有序的词的序列 doc=（w_1，w_2，…，w_n），如图 8-1 所示。

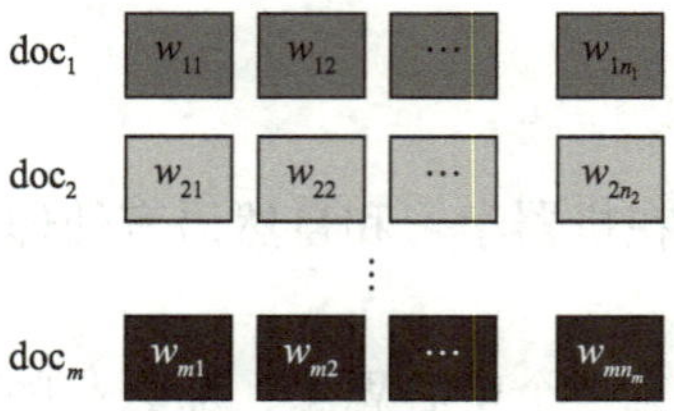

图 8-1 包含 m 篇文档的语料库

统计文本建模的目的就是追问这些观察到的词序列是如何生成的。人类产生的所有的语料文本都可以看成上帝在大堂中抛掷骰子生成的（图 8-2），我们观察到的只是上帝玩这个游戏的结果——词序列构成的语料，而上帝玩这个游戏的过程对我们来说是个黑盒子。所以在统计文本建模中，我们希望猜测出上帝是如何玩这个游戏的，具体一点，最核心的两个问题如下（靳志辉，2013）。

（1）上帝都有什么样的骰子。

（2）上帝是如何抛掷这些骰子的。

第一个问题表示模型中都有哪些参数，骰子的每一个面的概率都对应于模型中的参数；第二个问题就表示游戏规则是什么，上帝可能有各种不同类型的骰子，上帝可以按照一定的规则抛掷这些骰子从而产生词序列。

图 8-2 抛掷的骰子

8.3 Unigram 模型

假设我们的词典中一共有 V 个词 w_1，w_2，…，w_V，那么最简单的 Unigram 模型就是认为上帝是按照以下的游戏规则产生文本的。

（1）上帝只有一个骰子，这个骰子有 V 个面，每个面对应一个词，各个面的概率不一。

（2）每抛一次骰子，抛出的面就对应地产生一个词；如果一篇文档中有 n 个词，上帝就是独立地抛 n 次骰子产生这 n 个词。

上帝的这个唯一的骰子各个面的概率记为 $p=\left(p_1,p_2,\cdots,p_V\right)$，所以每次投掷骰子类似于一个抛硬币时候的伯努利实验，只是伯努利实验中我们抛的是一个两面的骰子，而此处抛的是一个 V 面的骰子，我们把抛这个 V 面骰子的实验为记 $w\sim \text{Mult}\left(w|p\right)$，如图 8-3 所示。

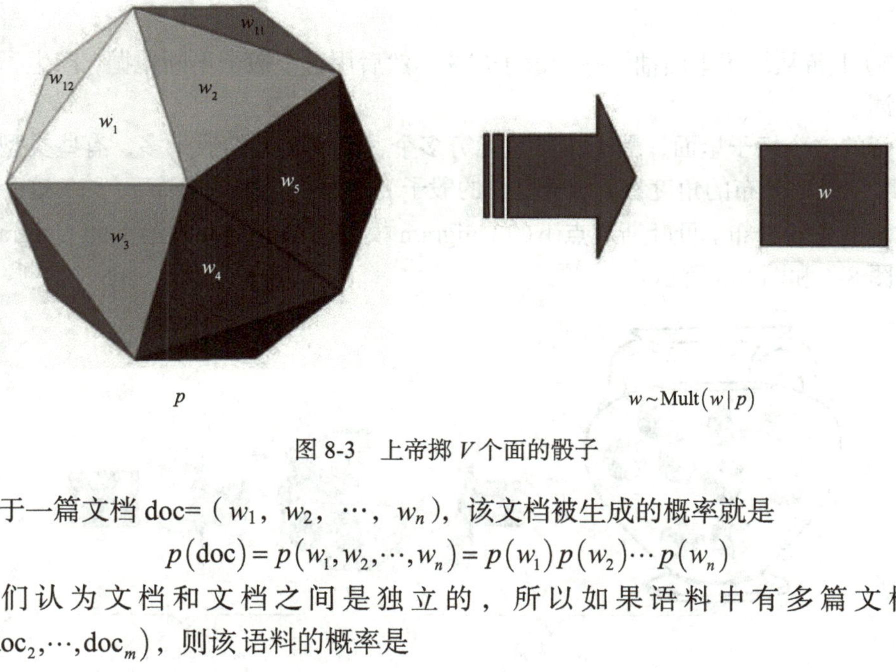

图 8-3　上帝掷 V 个面的骰子

对于一篇文档 doc=（w_1，w_2，…，w_n），该文档被生成的概率就是

$$p(\text{doc})=p(w_1,w_2,\cdots,w_n)=p(w_1)p(w_2)\cdots p(w_n)$$

我们认为文档和文档之间是独立的，所以如果语料中有多篇文档 $W=\left(\text{doc}_1,\text{doc}_2,\cdots,\text{doc}_m\right)$，则该语料的概率是

$$p(W)=p(\text{doc}_1)p(\text{doc}_2)\cdots p(\text{doc}_m)$$

式中，W 表示语料。

在 Unigram 模型中，我们假设文档之间是独立可交换的，而文档中的词也是独立可交换的，所以一篇文档相当于一个袋子，里面装了一些词，而词的顺序信息就无关紧要了，这样的模型也称为词袋模型。

假设语料中总的词频是 N，在所有的 N 个词中，如果关注每个词 w_i 的发生次数 n_i，那么 $n=\left(n_1,n_2,\cdots,n_V\right)$ 正好是一个多项分布：

$$p(n)=\mathrm{Mult}(n\mid p,N)=\binom{N}{n}\prod_{k=1}^{V}p_k^{n_k}$$

此时，语料的概率是

$$p(W)=p(\mathrm{doc}_1)p(\mathrm{doc}_2)\cdots p(\mathrm{doc}_m)=\prod_{k=1}^{V}p_k^{n_k}$$

当然，很重要的一个任务就是估计模型中的参数 p，也就是问上帝拥有的这个骰子的各个面的概率是多大。按照统计学家中频率派的观点，使用最大似然估计，参数 p 的估计值就是

$$\hat{p}_i=\frac{n_i}{N}$$

对于以上模型，贝叶斯统计学派的统计学家会有不同意见，他们会很挑剔地批评只假设上帝拥有唯一一个固定的骰子是不合理的。在贝叶斯学派看来，一切参数都是随机变量，以上模型中的骰子 p 不是唯一固定的，它也是一个随机变量。所以按照贝叶斯学派的观点，上帝是按照以下的过程在玩游戏的。

（1）上帝有一个装有无穷多个骰子的坛子，里面有各式各样的骰子，每个骰子有 U 个面。

（2）上帝从坛子里面抽了一个骰子出来，然后用这个骰子不断地抛，产生了语料中的所有词。

上帝的这个坛子里面，骰子可以是无穷多个，有些类型的骰子多，有些类型的骰子少，所以从概率分布的角度看，坛子里面的骰子 p 服从一个概率分布 $p(p)$，这个分布称为参数 p 的先验分布。贝叶斯观点下的 Unigram 模型和 Dirichlet 先验下的 Unigram 模型分别如图 8-4 和图 8-5 所示。

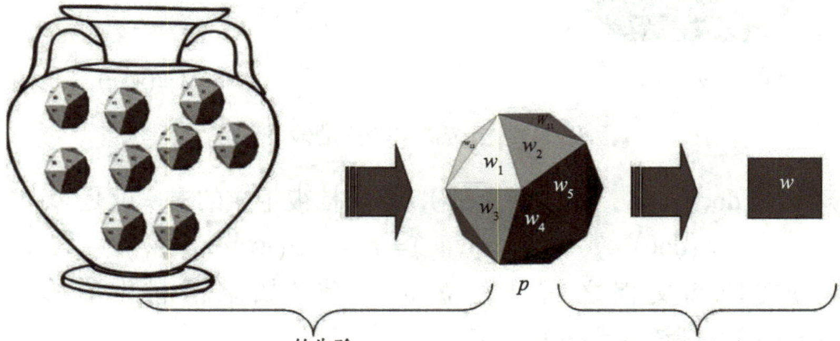

图 8-4　贝叶斯观点下的 Unigram 模型

在以上贝叶斯学派的游戏规则的假设之下，语料 W 产生的概率如何计算呢？因为我们并不知道上帝到底用了哪个骰子 p，所以每个骰子都是可能被使用的，只是使用的概率由先验分布 $p(p)$ 来决定。对每一个具体的骰子 p，由该骰子产生数据的概率是 $p(p)$，所以最终数据产生的概率就是对每一个骰子 p 上产生的数据概率进行积分累加求和：

$$p(W)=\int p(W|p)\,p(p)\,\mathrm{d}p$$

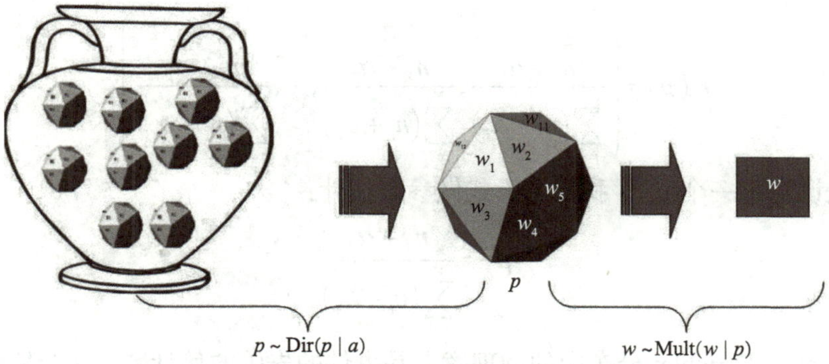

图 8-5　Dirichlet 先验下的 Unigram 模型

在贝叶斯分析的框架下，此处先验分布 $p(p)$ 就可以有很多种选择了，注意到

$$p(n) = \mathrm{Mult}(n \mid p, N)$$

实际上是在计算一个多项分布的概率，所以对先验分布的一个比较好的选择就是多项分布对应的共轭分布，即 Dirichlet 分布：

$$\mathrm{Dir}(p \mid \alpha) = \frac{1}{\Delta(\alpha)} \prod_{k=1}^{V} p_k^{\alpha_k - 1}$$

$$\alpha = (\alpha_1, \alpha_2, \cdots, \alpha_V)$$

此处，$\Delta(\alpha)$ 就是归一化因子 $\mathrm{Dir}(\alpha)$，即

$$\mathrm{Dir}(\alpha) = \int \prod_{k=1}^{V} p_k^{\alpha_k - 1} \mathrm{d}p$$

Dirichlet 分布的一个重要性质是

Dirichlet 先验+多项分布的数据 → 后验分布为 Dirichlet 分布

Unigram 模型的概率图模型如图 8-6 所示。于是，在给定了参数 p 的先验分布 $\mathrm{Dir}(p \mid \alpha)$ 的时候，各个词出现频次的数据 $n \sim \mathrm{Mult}(n \mid p, N)$ 为多项分布，所以无须计算，就可以推出后验分布是

$$p(p|W,\alpha) = \mathrm{Dir}(p \mid n + \alpha) = \frac{1}{\Delta(n+\alpha)} \prod_{k=1}^{V} p_k^{n_k + \alpha_k - 1} \mathrm{d}p$$

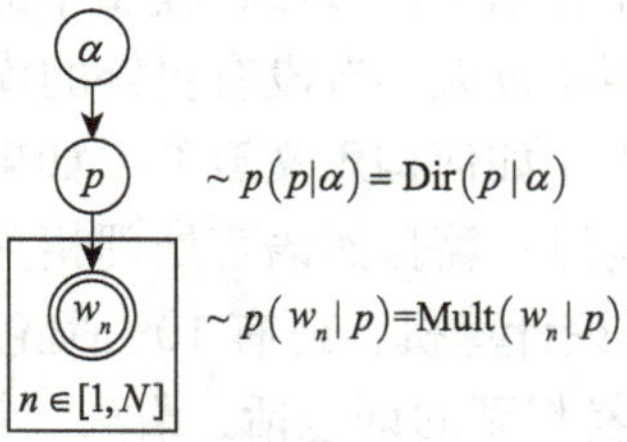

图 8-6　Unigram 模型的概率图模型

在贝叶斯的框架下，参数 p 如何估计呢？因为已经有了参数的后验分布，所以合理的方式是使用后验分布的极大值点，或者是参数在后验分布下的平均值。在该文档中，我们取平均值作为参数的估计值。由于 p 的后验分布为 $\mathrm{Dir}(p \mid n + \alpha)$，于是

$$E(p)=\left(\frac{n_1+\alpha_1}{\sum_{i=1}^{V}(n_i+\alpha_i)},\frac{n_2+\alpha_2}{\sum_{i=1}^{V}(n_i+\alpha_i)},\cdots,\frac{n_V+\alpha_V}{\sum_{i=1}^{V}(n_i+\alpha_i)}\right)$$

也就是说对每一个 p_j，我们用下式做参数估计：

$$\hat{p}_j=\frac{n_j+\alpha_j}{\sum_{i=1}^{V}(n_i+\alpha_i)}$$

考虑到 α_i 在 Dirichlet 分布中的物理意义是事件的先验的伪计数，这个估计式子的含义是很直观的：每个参数的估计值是其对应事件的先验的伪计数和数据中的计数的和在整体计数中的比例。

进一步，可以计算出文本语料的产生概率为

$$\begin{aligned}p(W\mid\alpha)&=\int p(W|p)\,p(p\mid\alpha)\,\mathrm{d}p\\&=\int\prod_{k=1}^{V}p_k^{n_k}\,\mathrm{Dir}(p\mid\alpha)\,\mathrm{d}p\\&=\int\prod_{k=1}^{V}p_k^{n_k}\,\frac{1}{\Delta(\alpha)}\prod_{k=1}^{V}p_k^{\alpha_k-1}\mathrm{d}p\\&=\frac{1}{\Delta(\alpha)}\int\prod_{k=1}^{V}p_k^{n_k+\alpha_k-1}\mathrm{d}p\\&=\frac{\Delta(n+\alpha)}{\Delta(\alpha)}\end{aligned}$$

8.4 主题模型和 PLSA

以上的 Unigram 模型是一个很简单的模型，模型中的假设看起来过于简单，和人类写文章产生每一个词的过程差距比较大，有没有更好的模型呢？

我们可以看看日常生活中人是如何构思文章的。如果我们要写一篇文章，往往是先确定要写哪几个主题。例如，构思一篇自然语言处理相关的文章，可能 40%会谈论语言学、30%谈论概率统计、20%谈论计算机，还有 10%谈论其他的主题。

（1）说到语言学，我们容易想到的词包括：语法、句子、乔姆斯基、句法分析、主语等。

（2）谈论概率统计，我们容易想到以下一些词：概率、模型、均值、方差、证明、独立、马尔可夫链等。

（3）谈论计算机，我们容易想到的词是：内存、硬盘、编程、二进制、对象、算法、复杂度等。

我们之所以能马上想到这些词，是因为这些词在对应的主题下出现的概率很高。我们可以很自然地看到，一篇文章通常是由多个主题构成的，而每一个主题大概可以用与该主题相关的频率最高的一些词来描述（靳志辉，2013）。

以上这种直观的想法在 Hofmann 于 1999 年给出的概率潜在语义分析（probabilistic latent semantic analysis，PLSA）模型中首先进行了明确的数学化。Hofmann 认为一篇文档可以由多个主题混合而成，而每个主题都是词汇上的概率分布，文章中的每个词都是由一个固定的主题生成的。图 8-7 是英语中几个主题的例子。

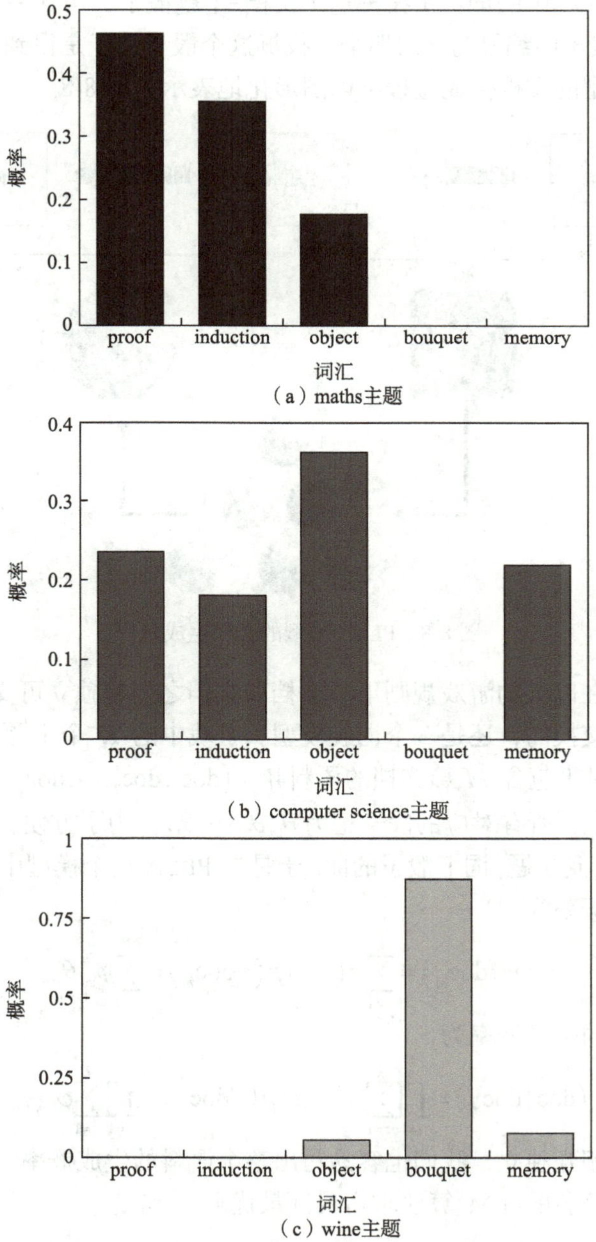

（a）maths主题
（b）computer science主题
（c）wine主题

图 8-7　主题就是在词汇上的概率分布

所有人类思考和写文章的行为都可以认为是上帝的行为，我们继续回到上帝的假设中，那么在 PLSA 模型中，Hofmann 认为上帝是按照如下的游戏规则来生成文本的。

（1）上帝有两种类型的骰子，一类是文档-主题骰子，每个文档-主题骰子有 K 个面，每个面是一个主题的编号；一类是主题-词汇骰子，每个主题-词汇骰子有 v 个面，每个面对应一个词。

（2）上帝一共有 K 个主题-词汇骰子，每个骰子有一个编号，编号为 1 ~ K。

（3）生成每篇文档之前，上帝先为这篇文章制造一个特定的文档-主题骰子，然后重复如下过程生成文档中的词：①投掷这个文档-主题骰子，得到一个主题编号 z；②选择 K 个主题-词汇骰子中编号为 z 的那个，投掷这个骰子，于是得到一个词。

以上 PLSA 模型的文档生成过程可以图形化地表示为图 8-8。

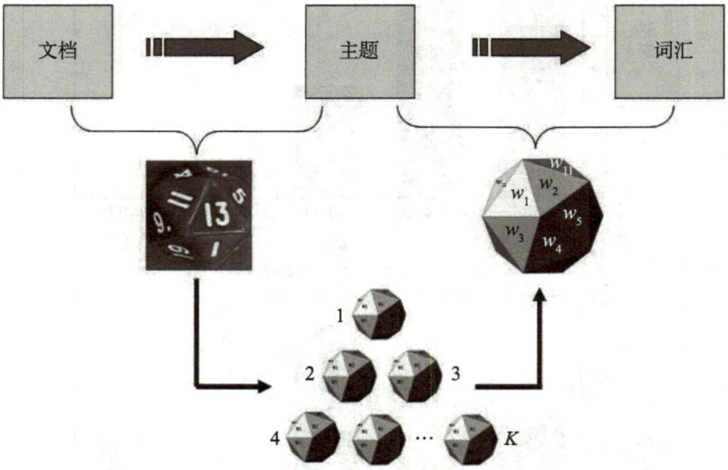

图 8-8 PLSA 模型的文档生成过程

我们可以发现在以上的游戏规则下，文档和文档之间是独立可交换的，同一个文档内的词也是独立可交换的，还是一个词袋模型。游戏中的 K 个主题-词汇骰子，我们可以记为 $\varphi_1,\cdots,\varphi_K$，对于包含 M 篇文档的语料 $W=(\text{doc}_1,\text{doc}_2,\cdots,\text{doc}_M)$，都会有一个特定的文档-主题骰子 θ_m，所有对应的骰子记为 $\theta_1,\theta_2,\cdots,\theta_M$。为了方便，我们假设每个词 w 都是一个编号，对应到主题-词汇骰子的面。于是在 PLSA 这个模型中，第 m 篇文档 doc_m 中的每个词的生成概率为

$$p(w\mid\text{doc}_m)=\sum_{z=1}^{K}p(w|z)p(z|\text{doc}_m)=\sum_{z=1}^{K}\varphi_{zw}\theta_{mz}$$

所以整篇文档的生成概率为

$$p(\text{doc}\mid\text{doc}_m)=\prod_{i=1}^{n}\sum_{z=1}^{K}p(w_i|z)p(z|\text{doc}_m)=\prod_{i=1}^{n}\sum_{z=1}^{K}\varphi_{zw_i}\theta_{\text{doc}z}$$

由于文档之间相互独立，我们也容易写出整个语料的生成概率。求解 PLSA 这个主题模型，可以使用著名的 EM 算法求得局部最优解。

8.5　LDA

1. 游戏规则

对于上述的 PLSA 模型，贝叶斯学派显然是有意见的，文档-主题骰子 θ_m 和主题-词汇骰子 φ_k 都是模型中的参数，参数都是随机变量，怎么能没有先验分布呢？于是，类似于对 Unigram 模型的贝叶斯改造，我们也可以在如下两个骰子参数前加上先验分布从而把 PLSA 对应的游戏过程改造为一个贝叶斯的游戏过程。

因为 φ_k 和 θ_m 都对应到多项分布，所以先验分布的一个好的选择就是 Dirichlet 分布，于是我们就得到了隐含狄利克雷分布（latent Dirichlet allocation，LDA）模型（靳志辉，2013）。

在 LDA 模型中，上帝是按照如下的规则玩文档生成的游戏的，如图 8-9 所示。

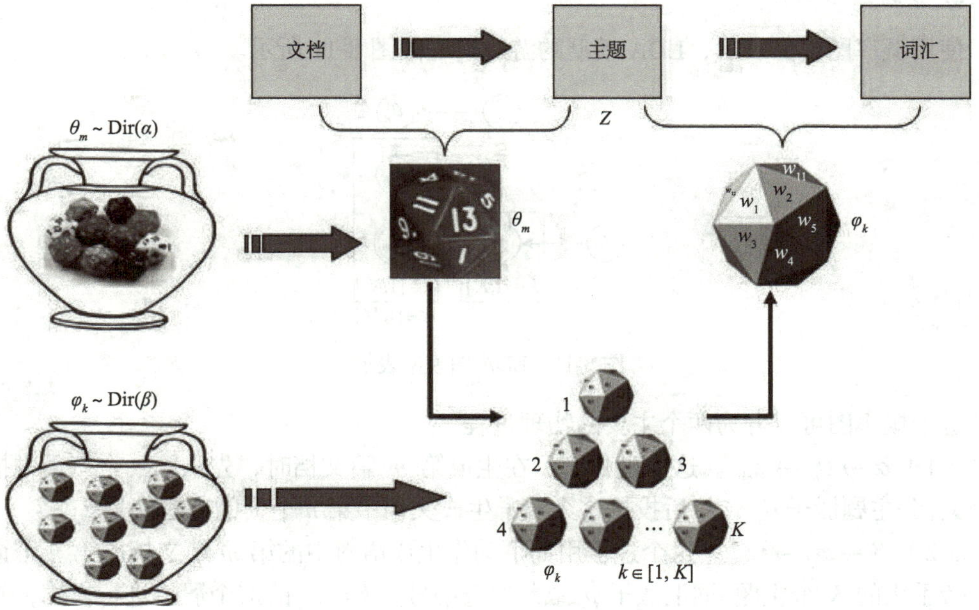

图 8-9　LDA 的文档生成过程

（1）上帝有两大坛骰子，第一个坛子装的是文档-主题骰子，第二个坛子装的是主题-词汇骰子。

（2）上帝随机地从第二坛骰子中独立地抽取了 K 个主题-词汇骰子，编号为 $1 \sim K$。

（3）每次生成一篇新的文档前，上帝先从第一个坛子里随机抽取一个文档-主题骰子。然后重复以下过程生成文档中的词：①投掷这个主题-词汇骰子，得到一个主题编号 z；②选择 K 个主题-词汇骰子中编号为 z 的那个，投掷这个骰子，于是得到一个词。

假设语料库中有 M 篇文档，所有的词汇和对应的主题如下：

$$w = (w_1, w_2, \cdots, w_M)$$

$$z = (z_1, z_2, \cdots, z_M)$$

式中，w_m 表示第 m 篇文档中的词；z_m 表示这些词对应的主题编号。LDA 语料生成过程中的词汇和主题，可以用图 8-10 来表示。

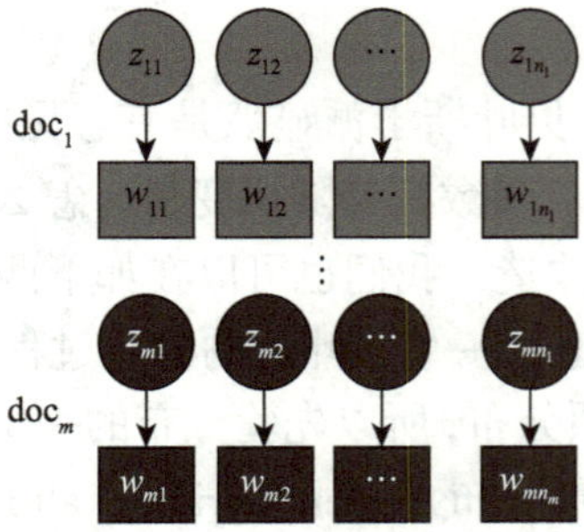

图 8-10　LDA 语料生成过程中的词汇和主题

2. 物理过程分解

使用概率图模型表示，LDA 模型的游戏过程如图 8-11 所示。

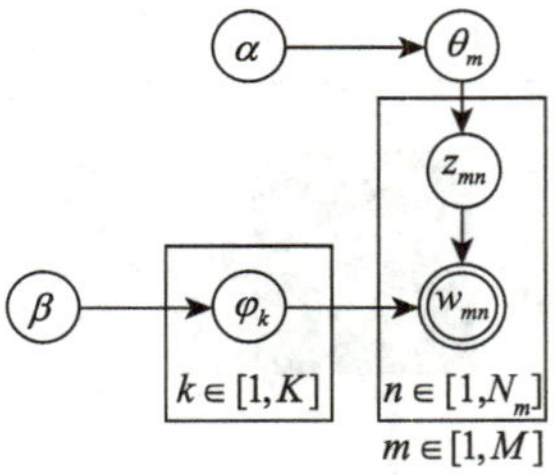

图 8-11　LDA 图模型表示

这个概率图可以分为两个主要的物理过程。

（1）$\alpha \to \theta_m \to z_{mn}$。这个过程表示在生成第 m 篇文档时，先从第一个坛子中抽取一个文档-主题骰子 θ_m，然后投掷这个骰子生成文档中第 n 个词的主题编号 z_{mn}。

（2）$\beta \to \varphi_k \to w_{mn}$。这个过程用如下动作生成语料中的第 m 篇文档的第 n 个词：在上帝手头的 K 个主题-词汇骰子 φ_k 中，挑选编号为 $k = z_{mn}$ 的那个骰子进行投掷，然后生成词汇 w_{mn}。

理解 LDA 最重要的就是理解这两个物理过程。LDA 模型在基于 K 个主题生成语料的 M 篇文章的过程中，由于是词袋模型，有一些物理过程是相互独立可交换的。因此，LDA 生成模型中，M 篇文档会对应 M 个独立的 Dirichlet-Multinomial 共轭结构，K 个主题会对应 K 个独立的 Dirichlet-Multinomial 共轭结构。所以理解 LDA 所需要的关键数学知识就是理解 Dirichlet-Multinomial 共轭结构，其他就都是理解物理过程。现在让我们进入细节，来看看 LDA 模型是如何被分解为 M+K 个 Dirichlet-Multinomial 共轭结构的。

由第一个物理过程，我们知道 $\alpha \to \theta_m \to z_m$ 是表示产生第 m 篇文档中的所有词对应的主题。显然，$\alpha \to \theta_m$ 对应于 Dirichlet 分布，$\theta_m \to z_m$ 对应于 Multinomial 分布，所以整体是一个 Dirichlet-Multinomial 共轭结构。

$$\underbrace{\alpha \longrightarrow \theta_m}_{\text{Dirichlet}}\underbrace{\longrightarrow z_m}_{\text{Multinomial}}$$

前面介绍贝叶斯 Unigram 模型时对 Dirichlet-Multinomial 共轭结构做了一些计算，我们在这里可以得到

$$p(z_m|\alpha)=\frac{\Delta(n_m+\alpha)}{\Delta(\alpha)}$$

式中，$n_m = n_m^{(1)},\cdots,n_m^{(K)}$，$n_m^{(k)}$ 表示第 m 篇文档中第 k 个主题产生的词的个数。进一步，利用 Dirichlet-Multinomial 共轭结构，我们得到参数 $\theta \to m$ 的后验分布恰好是

$$\mathrm{Dir}(\theta_m|n_m+\alpha)$$

因为语料中 M 篇文档的主题生成过程相互独立，所以我们得到 M 个相互独立的 Dirichlet-Multinomial 共轭结构，从而可以得到整个语料中主题的生成概率：

$$p(z|\alpha)=\prod_{m=1}^{M}p(z_m|\alpha)=\prod_{m=1}^{M}\frac{\Delta(n_m+\alpha)}{\Delta(\alpha)} \tag{8-1}$$

目前为止，我们由 M 篇文档得到了 M 个 Dirichlet-Multinomial 共轭结构，还有额外 K 个 Dirichlet-Multinomial 共轭结构在哪儿呢？在上帝按照之前的规则玩 LDA 游戏的时候，上帝是先完全处理完成一篇文档，再处理下一篇文档。文档中每个词的生成都要抛两次骰子，第一次抛一个文档–主题骰子得到主题，第二次抛一个主题–词汇骰子得到词汇，每次生成每篇文档中的一个词时这两次抛骰子的动作是紧邻轮换进行的。如果语料中一共有 N 个词，则上帝一共要抛 $2N$ 次骰子，包括文档–主题骰子和主题–词汇骰子。但实际上有一些抛骰子的顺序是可以交换的，我们可以等价地调整 $2N$ 次抛骰子的次序：前 N 次只抛文档–主题骰子得到语料中所有词的主题，然后基于得到的每个词的主题编号，后 N 次只抛主题–词汇骰子生成 N 个词汇。于是上帝在玩 LDA 游戏的时候，可以等价地按照如下过程进行（靳志辉，2013）。

（1）上帝有两大坛子骰子，第一个坛子装的是文档–主题骰子，第二个坛子装的是主题–词汇骰子。

（2）上帝随机地从第二个坛子中独立地抽取了 K 个主题–词汇骰子，编号为 $1 \sim K$。

（3）每次生成一篇新的文档前，上帝先从第一个坛子中随机抽取一个文档–主题骰子，然后重复投掷这个文档–主题骰子，为每个词生成一个主题编号 z；重复如上过程处理每篇文档，生成语料中每个词的主题编号，但是词尚未生成。

（4）从头到尾，对语料中的每篇文档中的每个主题编号，选择 K 个主题–词汇骰子中编号为 z 的那个，投掷这个骰子，于是生成对应的词汇。

以上游戏是先生成语料中所有词的主题，然后对每个词在给定主题的条件下生成词汇。在语料中所有词的主题已经生成的条件下，任何两个词汇的生成动作都是可交换的。

于是我们把语料中的词进行交换，把具有相同主题的词放在一起：

$$w' = \left(w_{(1)}, \cdots, w_{(K)}\right)$$

$$z' = \left(z_{(1)}, \cdots, z_{(K)}\right)$$

式中，$w_{(k)}$ 表示这些词都是由第 k 个主题生成的；$z_{(k)}$ 对应于这些词的主题编号，所以 $z_{(k)}$ 中的分量都是 k。

对应于概率图中的第二个物理过程 $\beta \to \varphi_k \to w_{mn} \mid k = z_{mn}$，在 $k = z_{mn}$ 的限制下，语料中任何两个由主题 k 生成的词都是可交换的，即便它们不在同一个文档中，所以我们此处不再考虑文档的概念，转而考虑由同一个主题生成的词。考虑如下过程 $\beta \to \varphi_k \to w_{(k)}$，容易看出，此时 $\beta \to \varphi_k$ 对应于 Dirichlet 分布，$\varphi_k \to w_{(k)}$ 对应于 Multinomial 分布，所以整体也还是一个 Dirichlet-Multinomial 共轭结构；

$$\beta \underbrace{\xrightarrow{\qquad\qquad}}_{\text{Dirichlet}} \varphi_k \underbrace{\xrightarrow{\qquad\qquad}}_{\text{Multinomial}} w_{(k)}$$

同样地，我们可以得到

$$p\left(w_k \middle| \beta\right) = \frac{\Delta\left(n_k + \beta\right)}{\Delta(\beta)}$$

式中，$n_k = n_k^{(1)}, \cdots, n_k^{(V)}$，$n_k^{(t)}$ 表示第 k 个主题产生的词中词汇 t 的个数。进一步，利用 Dirichlet-Multinomial 共轭结构，我们得到参数 φ_k 的后验分布恰好是

$$\text{Dir}\left(\varphi_k \middle| n_k + \beta\right)$$

而语料中 K 个主题生成词汇的过程相互独立，所以我们得到 K 个相互独立的 Dirichlet-Multinomial 共轭结构，从而可以得到整个语料中词生成的概率：

$$p\left(w \middle| z, \beta\right) = p\left(w \middle| z, \beta\right) = \prod_{k=1}^{K} p\left(w_{(k)} \mid z_{(k)}, \beta\right) = \prod_{k=1}^{K} \frac{\Delta\left(n_k + \beta\right)}{\Delta(\beta)} \tag{8-2}$$

结合式（8-1）和式（8-2）可以得到

$$p\left(w, z \middle| \alpha, \beta\right) = p\left(w \middle| z, \beta\right) p\left(z \middle| \alpha\right) = \prod_{k=1}^{K} \frac{\Delta\left(n_k + \beta\right)}{\Delta(\beta)} \prod_{m=1}^{M} \frac{\Delta\left(n_m + \alpha\right)}{\Delta(\alpha)} \tag{8-3}$$

此处的符号表示稍微不够严谨，向量 n_k、n_m 都用 n 表示，主要通过下标进行区分，k 下标为主题编号，m 下标为文档编号。

3. 吉布斯采样

有了联合分布 $p(w,z)$，万能的马尔可夫链蒙特卡罗（Markov chain Monte Carlo, MCMC）算法就可以发挥作用了，于是我们可以考虑使用吉布斯采样（Gibbs sampling）算法对这个分布进行采样。当然因为 w 是观测到的已知数据，只有 z 是隐含的变量，所以我们真正需要采样的是分布 $p(z \mid w)$。在 Heinrich 那篇很有名的 LDA 模型科普文章 *Parameter estimation for text analysis* 中，是基于式（8-3）推导吉布斯采样公式的。本节使用不同的方式，主要是基于 Dirichlet-Multinomial 共轭来推导吉布斯采样公式，这样对

于理解采样中的概率物理过程有帮助。

语料库 z 中的第 i 个词记为 z_i，其中 $i=(m, n)$是一个二维下标，对应于第 m 篇文档的第 n 个词，我们用$\neg i$ 表示去除下标为 i 的词。那么按照吉布斯采样算法的要求（具体推导过程略），最终得到了 LDA 模型的吉布斯采样公式：

$$p\left(z_i = k|z_{\neg i}, w\right) \propto \frac{n_{m,\neg i}^{(k)} + \alpha_k}{\prod_{k=1}^{K}\left(n_{m,\neg i}^{(k)} + \alpha_k\right)} \cdot \frac{n_{k,\neg i}^{(t)} + \beta_t}{\prod_{t=1}^{V}\left(n_{k,\neg i}^{(t)} + \beta_t\right)}$$

这个公式右边其实就是 $p\left(\text{主题}|\text{文档}\right) \cdot p\left(\text{词汇}|\text{主题}\right)$，这个概率其实是文档→主题→词汇的路径概率，如图 8-12 所示。因为主题有 K 个，所以吉布斯采样公式的物理意义其实就是在这 K 条路径中进行采样。

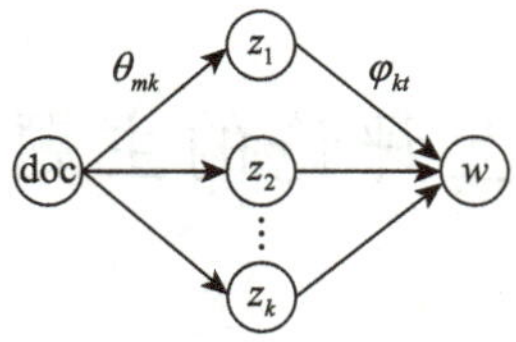

图 8-12 文档→主题→词汇路径概率

4. 训练和推理

有了 LDA 模型，我们的目标有两个：①估计模型中的参数 $\varphi_{(1)}, \cdots, \varphi_{(K)}$ 和 $\theta_{(1)}, \cdots, \theta_{(M)}$；②对于新来的一篇文档 doc_{new}，我们能够计算这篇文档的主题分布 θ_{new}。

有了吉布斯采样公式，我们就可以基于语料训练 LDA 模型，并应用训练得到的模型对新的文档进行主题语义分析。训练的过程就是获取语料中的(z, w)的样本，而模型中的所有参数都可以基于最终采样得到的样本进行估计。训练的流程如下（靳志辉，2013）。

（1）随机初始化：对语料中每篇文档中的每个词 w，随机地赋一个主题编号 z。

（2）重新扫描语料库，对每个词 w，按照吉布斯采样公式重新采样它的主题，在语料中进行更新。

（3）重复以上语料库的重新采样过程直到吉布斯采样收敛。

（4）统计语料库的主题–词汇共现频率矩阵，该矩阵就是 LDA 的模型。

对于吉布斯采样算法实现的细节，请参考 Heinrich 的 *Parameter estimation for text analysis* 中对算法的描述，以及 PLDA（http://code.google.com/p/plda）的代码实现，此处不再赘述。

由这个主题–词汇频率矩阵可以计算每一个 $p\left(\text{词汇}|\text{主题}\right)$ 概率，从而算出模型参数 $\varphi_1, \cdots, \varphi_K$，这就是上帝用的 K 个主题–词汇骰子。当然，语料中的文档对应的骰子参数 $\theta_1, \cdots, \theta_M$ 在以上训练过程中也是可以计算出来的，只要在吉布斯采样收敛之后，统计每篇文档中的主题的频率分布，就可以计算每一个 $p\left(\text{主题}|\text{文档}\right)$ 概率，就可以计算出每一个 θ_m。因为参数 θ_m 是和训练语料中的每篇文档相关的，对于我们理解新的文档并无用处，所以工程上最终存储 LDA 模型时一般没有必要保留。通常，在 LDA 模型训练的过程中，取吉布斯采样收敛之后的 n 个迭代的结果进行平均来做参数估计，这样模型质量

更好。

有了 LDA 模型，对于新来的文档 doc_{new}，我们如何做该文档的主题语义分布的计算呢？基本上推理的过程和训练的过程完全类似。对于新的文档，我们只要认为吉布斯采样公式中的 $\hat{\varphi}_{kt}$ 部分是稳定不变的，是由训练语料得到的模型提供的，所以采样过程中只要估计该文档的主题分布 θ_{new} 即可。

（1）随机初始化：对当前文档中的每个词 w，随机地赋一个主题编号 z。

（2）重新扫描当前文档，按照吉布斯采样公式，对每个词 w，重新采样它的主题。

（3）重复以上过程直到吉布斯采样收敛。

（4）统计文档中的主题分布，该分布就是 θ_{new}。

8.6 应用案例：医生评论的主题提取

8.6.1 背景

互联网时代最主要的一个挑战就是信息过载，在线医疗评论更是如此。医疗资源的分布不平衡，并且医患关系紧张，患者在进行治疗时往往会去互联网搜寻医疗信息辅助决策，并且在就医结束后会在互联网上发表自己对医生和医院的一些看法，这就导致了数以亿计的在线医疗评论的产生。由于人处理信息的能力是有限的，大量的在线医疗评论远远超出了人们处理信息的能力，人们往往倾向于采取一定的认知简化策略（如仅读最近的几条评论、随机读几条评论、读点赞数最多的几条评论）来辅助自己分析和处理信息。这些认知简化策略虽然能够极大地降低人们的认知负载，但是这将导致人们对信息的获取不充分，低估或者高估对医生的评价。解决信息过载的一种有效方法就是要为人们提供一种认知负载简化工具，帮助人们更好地分析信息。人们写评论一般都是分维度、分层次、分主题去书写的。如果我们能将在线医疗评论中的主题总结归纳出来，之后再将在线医疗评论主题化、结构化展示，这将极大地方便人们阅读评论。然而医疗咨询服务不像产品，没有明显的属性特征，归纳总结时内容比较离散，很难层次化、结构化、全面化。我们在万方、维普、知网等国内学术数据库检索有关在线医疗评论主题的文章时发现，国内很少有在线医疗评论主题的研究文献。国内的在线医疗网站很多，并且发展十分迅猛，人们很多都会选择在线医疗预约或咨询，医疗网站上产生了大量的医疗评论，然而我们并没有对在线医疗评论的内容进行充分的挖掘。相反，国外已有大量学者对在线医疗评论的主题进行了研究，从不同的角度对在线评论内容进行了归纳总结。为了更好地归纳总结医疗评论中的主题，我们总结归纳了一个在线医疗评论的主题体系构建流程框架（Li et al.，2018）（图 8-13）。这个流程框架主要包含三步：第一步，使用定性的内容分析方法归纳总结现有的在线医疗评论主题的文献，从中提炼出前人已有的主题体系；第二步，使用数据驱动的方法（概率主题模型）从大量的医疗评论中抽取潜在的主题；第三步，在人工标注医疗评论的过程中完善定性内容分析方法和定量的数据驱动方法总结抽出的主题体系。

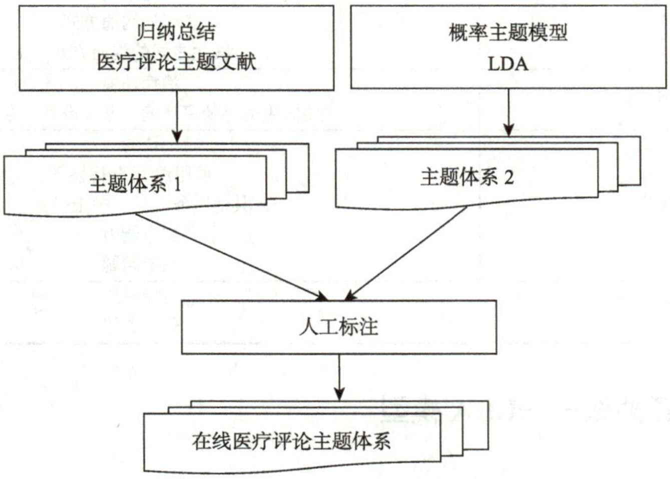

图 8-13　主题体系构建流程框架

8.6.2　医疗评论主题文献的归纳总结

医疗评论主题文献的归纳总结是构建医疗评论主题体系的第一步。对已有医疗评论主题体系的归纳总结不仅能让我们掌握已有的主题体系的研究进展，还可以对其进行归纳总结，方便之后的研究者使用。我们使用关键词（physician review topic、physician review、doctor review、topic taxonomy、topic dimension 等）对国外的主流数据库（Medline、EBSCO、Web of Science 等）2013 ~ 2016 年的研究文献进行了检索，总共返回 65 条检索结果。我们仔细阅读和分析了返回的每篇研究文献，根据文献相互之间的引用关系、文献内容的丰富程度、文献的引用次数、文献结果的准确性，筛选出了 7 篇最相关的文献。我们对 7 篇文献进行了详细的研读，从中识别出在线医疗评论的主题。从这 7 篇文献中提炼出来的医疗评论主题维度总结归纳如表 8-1 所示（相同含义的不同名字的主题维度会被归纳总结到一起）。从文献中提炼的在线医疗评论的主题可以被分成三大类：与医生相关的内容、与患者相关的内容、与系统相关的内容。

表 8-1　在线医疗评论文献的评论主题维度

主题	描述
医生的专业知识和能力	医生的专业知识 专业能力 患者对治疗结果的满意度
医德（关系管理）	友好和态度的亲和性 人际交往能力 守时性 与患者相处的时间
治疗建议	治疗建议 疼痛的控制

续表

主题	描述
沟通能力	沟通态度 与患者的沟通方式 医生之间的沟通方式
环境	治疗环境 主治医生的办公室环境、办公设备、办公条件
业务流程	预约 可用性/可获得性 其他医务人员（护士等） 响应能力 系统问题
费用	治疗费用 药物费用

8.6.3 潜在主题抽取——LDA 模型

为了对文献中提炼的评论主题进行补充和构建中国情景下的在线医疗评论主题体系，我们采用如图 8-14 所示的潜在主题抽取流程框架。该流程框架主要分为三步：第一步，爬取在线医疗网站的评论数据；第二步，对爬取的评论数据进行文本预处理；第三步，使用概率主题模型探索和抽取在线医疗评论中潜在的主题。

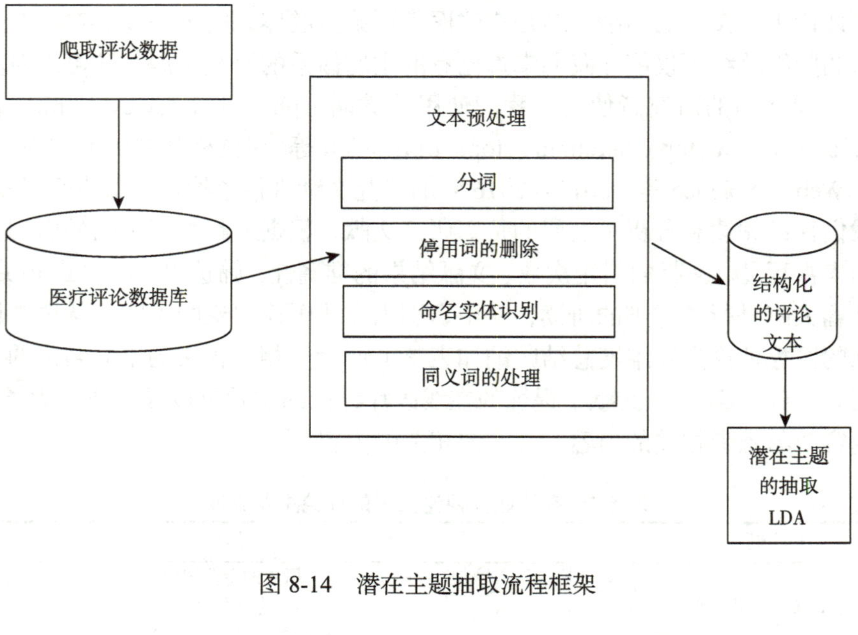

图 8-14　潜在主题抽取流程框架

8.6.4 研究样本

我们使用 Web 爬虫从好大夫在线爬取了 8501 名医生的 122 716 条在线医疗评论数据。我们所爬取的评论数据主要涵盖了 2007 ~ 2015 年 9 年间的整个年度的 9 种常见的疾病。该评论数据集含有的九种疾病主要包括胃癌、肝癌、糖尿病、高血压、甲亢（甲状腺功能亢进）、小儿腹泻、小儿肺炎、不孕不育、流行性感冒。

创立于2006年的好大夫在线是中国领先的互联网医疗平台，它在线上诊疗、电子处方、会诊转诊、家庭医生、图文咨询、电话咨询等多个领域取得同行业领先地位。截至2016年底，好大夫在线总共收录了7216家中国正规医院的48万名医生。其中，14.2万名医生在好大夫上实名注册，直接向患者提供医疗咨询、预约就诊、疾病管理、科普知识等服务。在这14.2万名活跃医生中，三甲医院的医生比例占到78%，能够给予患者足够权威的治疗建议。中国的医疗资源分布十分不均衡，并且医患关系紧张，医生和患者之间存在严重的信息不对称。患者在就医之前，会浏览大量的在线医疗评论，然后在网上进行就医预约或者就医咨询，并且在就医结束后会写下相关的评论。而好大夫在线是中国较大的线上诊疗咨询、线上预约的医疗平台之一，平台上拥有大量的在线医疗评论数据。因此，使用好大夫在线的评论数据能够识别绝大多数的评论主题维度，构建比较完整的主题体系。

为了更好、更全面地构建在线医疗评论的主题体系，我们选取了九种最具代表性的疾病进行研究。2017年2月，中国国家癌症中心分析汇总了全国347家癌症登记点的数据，结果表明全国每天约1万人确诊癌症；40岁之后发病率快速提升，80岁达到高峰；到85岁，一个人患癌风险为36%。因此，我们选取了胃癌、肝癌两种发病率较高的癌症作为研究样本进行在线评论的主题研究。随着社会的发展和人民生活水平的改善，慢性病的发病率逐年升高，慢性病一般很难全部治愈和根除，需要进行药物控制和疾病管理。而糖尿病和高血压又是慢性病中发病率较高的疾病，其中糖尿病又是慢性病中治疗费用较高的疾病，因此，我们选取糖尿病和高血压慢性病作为研究样本。甲亢是甲状腺自身免疫性疾病，直接原因是患者的淋巴细胞产生了刺激甲状腺分泌激素的免疫球蛋白。间接原因可能和发热、睡眠不足、精神压力大等因素有关。因此，我们选取发病率不高、病死率较低的自身免疫疾病作为研究样本之一。小儿腹泻和小儿肺炎是常见典型的小儿多发疾病，发病者和评论书写者一般是分离的，评论视角可能与其他疾病有所差异，因此，我们选取小儿腹泻和小儿肺炎作为研究样本。据国家卫生健康委员会的统计，中国2016年约有近4500万不孕不育症患者，而且每年以数十万的速度递增。全国有育龄夫妇约2.4亿人，不孕不育发病率为15%～20%。并且不孕不育是一种隐私性很高的疾病，随着互联网医疗的兴起，很多患者选择网上就医问诊，因此，我们选取隐私性高、网上就医比例高的不孕不育作为研究样本之一。流行性感冒是发病率高、致死率低的一种疾病，患者大部分选择自己去药店买药，严重或久治不愈时会选择在线就诊。因此，我们选择普遍发病的流行性感冒作为研究样本。我们对九种疾病的在线医疗评论的信息进行了描述性统计，总结归纳如表8-2所示。

表8-2 九种疾病的在线医疗评论数据描述性统计

疾病类型	评论数量	评论占比/%	医生数量	医生占比/%	每个医生的平均评论数量	评论的平均长度
不孕不育	71 556	58.31	3 573	33.19	20.0	444
小儿肺炎	21 839	17.80	2 148	19.96	10.2	435

续表

疾病类型	评论数量	评论占比/%	医生数量	医生占比/%	每个医生的平均评论数量	评论的平均长度
小儿腹泻	711	0.58	275	2.55	2.6	499
流行性感冒	1 796	1.46	643	5.97	2.8	408
甲亢	3 028	2.47	872	8.10	3.5	383
糖尿病	20 849	16.98	2 627	24.41	7.9	360
肝癌	1 679	1.37	288	2.68	5.8	569
胃癌	1 053	0.86	231	2.15	4.6	560
高血压	205	0.17	107	0.99	1.9	369
总计	122 716	100	10 764	100	11	416

注：一个医生可能同时治疗多种疾病。

8.6.5 文本预处理

文本预处理主要包括分词、词性标注、停用词处理、同义词替换、命名实体识别。我们使用了 HanLP（http://www.hanlp.com）作为文本处理工具对在线医疗评论进行分词处理，将文本转换为词语序列，并且输出每个词语的词性。我们仅保留了文本语义度最丰富的名词、形容词、动词、副词等，并且也使用哈工大中文停用词表去除了一些语义不丰富的词语。最终将文本转换成语义度丰富的词语序列。

文本预处理另一个重要的步骤是词语替换。进行词语替换主要有以下两个原因。

（1）多个词语之间可能有相同的语义，但是这些词语的形式符号是不一样的，这使得概率主题模型很难捕捉词语的语义关系。而同义词处理可以通过词语替换很好地解决这一问题。我们使用哈工大同义词词林（http://ir.hit.edu.cn/demo/ltp/Sharing_ Plan.htm）对前面生成的词语序列进行了同义词替换。

（2）在线医疗评论中含有大量的数字表达形式，而这些数字表达形式有着不同的含义，如年龄、体表温度、身高、体重、数量等。这些数字表达形式复杂多变，有的表示相同的意思，有的表示不同的意思，概率主题模型直接捕捉这些语义是十分困难的，或者说需要数以亿计的文本数据。命名实体识别是一种信息抽取方法，主要是将文本中具有特定意义的实体或者类型识别出来，常用的模型有 HMM、条件随机场等。一种基于规则的命名实体模型在识别 MUC-7 框架（日期、地点、金钱、组织、百分比、人名、时间）时取得了不错的效果。因此，我们使用类似的模型对词语序列进行命名实体识别，将数字表达形式转换成了年龄、体表温度、身高、体重、数量等实体。

8.6.6 潜在主题抽取（LDA 模型）

主题模型将被用于探索在医疗评论的文本数据中潜在的主题体系，其已被广泛应用于大规模文档的潜在主题结构的发现中。本节使用主题模型中最常见的 LDA 作为潜在主题结构的发现算法。LDA 是一种生成式模型，模型的基本思想是观测数据集合可以看作潜在随机变量生成的，而这一生成过程定义了观测数据集合和潜在随机变量的联合概率分布，通过这一联合概率分布可以计算在观测数据集合下潜在随机变量的条件分布（后验分布）。如果观测数据集合是词语，那么潜在随机变量就是隐藏的主题。一篇文档可能包含多个主题，并且每篇文档的主题分布是不一样的，每个词语都是从其主题所对应的词语概率分布中随机选择的。我们可以将一条评论的生成过程看作如下两步：第一步，生成一个主题分布，即确定评论中每个主题的含量；第二步，对评论中的每个词语而言，首先会从第一步生成的主题分布中随机选择一个主题，然后根据该主题对应的词语概率分布随机选择一个词语。LDA 已经被广泛应用于在线医疗评论文本的主题抽取挖掘的研究中。

对于 LDA（对绝大多数聚类算法）而言，一个重要的问题就是决定最佳的潜在主题数目。在这个研究中，困惑度（perplexity）被用于决定最佳的潜在主题数目。困惑度是评价自然语言模型预测能力最常用的指标之一，它用于衡量文档中词语的随机程度，即可以用多少比特表示文档中一个词语。对于包含 M 条评论的文档集合 D 来说，词语的困惑度可以定义为

$$\text{perplexity}(D)=\exp\left(-\frac{\sum_{i=1}^{M}\log_2\left(p\left(w_i\right)\right)}{\sum_{i=1}^{n}N_i}\right) \tag{8-4}$$

式中，N_i 表示第 i 个文档的词语的数量。

困惑度可以理解为文档某个特定位置词语可能有几种变化，它是一个单调递减的对数函数。因此，词语的困惑度越小，对数似然（log-likelihood）越高，语言模型的预测能力越强。图 8-15 展示了使用好大夫在线的在线医疗评论数据训练的 LDA 模型的主题数量与词语困惑度的函数关系。

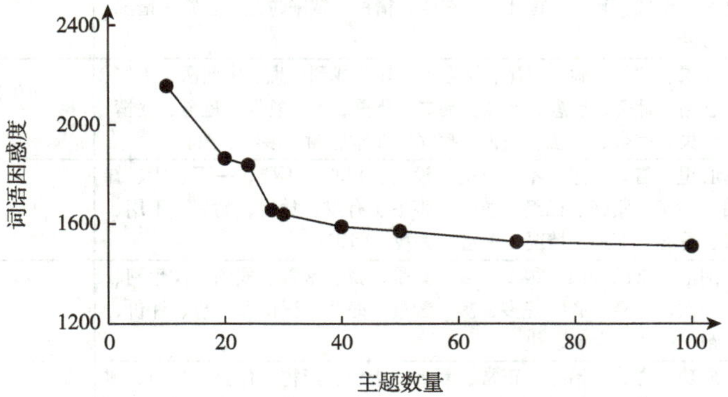

图 8-15 主题数量与词语困惑度的函数关系

正如图 8-15 所示，词语困惑度随着主题数量的增加而递减，最终收敛到一个固定的值。因此，为了达到理想的词语困惑度，我们需要选取更多的主题数目。然而，更多的主题数目可能意味着有些抽取的主题是难以解释的，并且 LDA 模型没有很好的调参方法

调整出可以解释的且数量适中的主题。过多的主题数量往往难以解释，管理意义和医疗实践意义不大。太少的主题数量又会导致词语的困惑度过大，模型的预测和解释能力就会降低。为了很好地权衡解释性和复杂性，根据图 8-15 中词语困惑度和主题数量的关系，我们选择主题数量为 30。可以看出当主题数量为 30 时，随着主题数量的继续增加，词语困惑度下降减缓，趋于不变。我们使用 LDA 模型只是为了探究在线医疗评论潜在主题结构，之后还会通过人工的整理归纳总结构建出合理的主题体系，因此，主题数量为 30 能够满足我们的要求。

当设定主题数量为 30 时，LDA 模型抽取的主题和每个主题下对应的词语分布如表 8-3 所示。每个主题下会对应一组关键词，我们选取每个主题下词语概率分布前 30 个词语作为关键词展示。我们根据每个主题的词语概率分布对主题进行了语义解释。

表 8-3　LDA 识别出的医疗评论主题

主题	关键词	语义解释
主题 1	心情、信心、希望、鼓励、安慰、紧张、遇到温暖、放松、感到、压力、很大、痛苦、亲切、微笑、过程、轻松、笑容、求医、生活、幸运、绝望、面对、情绪、充满、疾病、怀着、心态、自信、积极	医生的知识和能力（积极的治疗评价）
主题 2	病情、耐心、治疗、询问、仔细、详细、用药、认真、情况、讲解、诊断、解释、了解、方案、细心、分析、看病、过程、准确、细致、药物、清楚、病因、注意事项、讲、对症下药、判断、注意、问诊、病史	沟通能力（问、听）
主题 3	感谢、谢谢、已经、非常感谢、真的、健康、真心、帮助、圆梦、顺利、机会、再次、生下、帮、实现、聪明、全家、细心、愿望、认识、万分、高兴、梦想、医治、曾经、一对、多亏、心愿、多谢、幸运	医生的专业技术和能力（对积极的治疗结果表示感谢）
主题 4	手术、成功、试管、移植、切除、失败、没有、两次、最后、方案、准备、建议、次数、成功率、定、进行、过程、等待、亲自、打针、移、休息、辅助、条件	治疗计划
主题 5	感谢、工作、谢谢、一生、身体健康、好人、感激、幸福、全家、顺利、感谢您、祝您、患者、健康、永远、表达、家人、祝愿、祝福、衷心、愿、快乐、真心、表示、遇到、情、身体、代表、更多、万事如意	医生的专业技术和能力（对积极的治疗结果表示感谢）
主题 6	不好、没有、疼、次数、严重、天数、每天一次、腹泻、拉、不能、痛、血、已经、出现、起来、拉肚子、东西、精神、越来越差、正常、情况、好多、诊断	疾病的症状（小儿腹泻）
主题 7	治疗、效果、症状、病、明显、结合、好转、找到、患、中西医、治好、减轻、感谢、针灸、治愈、已经、基本、严重、治、复发、痊愈、病情、身体、消失、完全、方法、痛苦、疼痛、非常感谢、多年、改善	医生的专业技术和能力（治疗效果）
主题 8	当时、心里、告诉、想、不、真的、没有、担心、不要、一下、听、知道、怕、回家、紧张、已经、感觉、害怕、有点、觉得、高兴、不用、哭、事、看看、下来、情况、一定、去找、回来	沟通能力（问、听）
主题 9	没有、网上、真的、没、很多、多、真是、找、抱着、找到、没想到、最后、一次、已经、省、好多、次、看过、好几、试试看、想、评价、试试、跑、办法、专家、快	业务流程（挂号、预约）
主题 10	就诊、成功、方式、治疗、正常、复查、指标、药物、化验、吃药、建议、复诊、服药、服用、各项、治、确诊、已经、检查、停药、加号、继续、诊断、优、复发、化验单、用药、药量、过程、定期	治疗计划
主题 11	好、非常、态度、很好、特别、耐心、医术、非常感谢、和蔼、满意、疗效、技术、难得、服务态度、喜欢、负责任、相当、水平、细心、亲切、看病、温和、有问必答、放心、很高、和气、和蔼可亲、信任、赞、碰到	医德

续表

主题	关键词	语义解释
主题 12	病人、时间、专家、比较、需要、病友、经验、过程、感觉、应该、患者、很多、觉得、就医、认为、这种、信任、选择、经历、专业、多、理解、方面、个人、其实、医者、请、了解、交流、确实	业务流程（挂号、预约）
主题 13	中药、调理、中医、药、效果、开、西药、中成药、汤药、喝、西医、坚持、身体、明显、以前、药方、把脉、中草药、不好、继续、服、疗效、好多、见效、吃完、感觉、好转、号脉、草药、疗程	药物
主题 14	检查、做、B 超、报告、检查结果、问题、需要、复查、告诉、建议、化验、抽血、发现、不用、是否、一下、彩超、炎症、单子、直接、常规、正常、项目、验血、确定、血、阳性、活检、检测、显示	医疗检查
主题 15	怀孕、怀上、没有、结婚、治疗、介绍、不孕、已经、精子、非常感谢、不孕不育、流产、查出、不孕症、精液、不到、夫妻、促排卵、开心、就医、没能、小宝宝、七月、到处、坚持、备孕、不育、质量、畸形	疾病的症状（不孕不育）
主题 16	看病、每次、时间、病人、很多、辛苦、身体、每天、特别、总是、真是、每个、经常、太多、真的、注意、都会、一次、看完、一点、吃饭、觉得、休息、下班、累、病号、生病、上班、很长、理解	医德
主题 17	手术、住院、出院、恢复、期间、进行、治疗、病房、安排、切除、团队、入院、病情、亲自、医护人员、康复、非常、化疗、很快、查房、门诊、肿瘤、确诊、情况、发现、及时、手术后、生命、床位	业务流程（反应能力、病房管理）
主题 18	患者、耐心、问题、咨询、非常、解答、谢谢、回答、感动、门诊、回复、总是、网上、遇到、提出、细心、外地、电话、特别、非常感谢、细致、不厌其烦、每次、疑问、解决、及时、专业、得到、热心、指导	沟通能力（解释）
主题 19	做、手术、腹腔镜、输卵管、子宫、造影、宫腔镜、建议、做手术、内膜、发现、子宫肌瘤、粘连、检查、囊肿、宫外孕、肌瘤、手术后、不通、做完、恢复、息肉、双侧、堵塞、切除、左侧、不畅、情况、卵巢、卵巢囊肿	治疗计划和症状（不孕不育）
主题 20	找、看病、很好、病、态度、不错、感觉、看过、介绍、好、朋友、效果、看好、次、去找、好多、听、不好、比较、很多、治好、疗效、推荐、觉得、挺好、花钱、同事、听说、地方、放心	医生的专业技术和能力（治疗效果和别人的推荐）
主题 21	月经、怀孕、排、促、卵泡、排卵、正常、保胎、多囊、监测、流产、没有、卵巢、激素、怀上、促排卵、黄体酮、调理、月经不调、发育、内分泌、孕酮、不来、例假、综合征、备孕、打针、没来、情况、胎心	疾病的症状（不孕不育）
主题 22	希望、好、相信、真的、感觉、信心、很好、最好、很多、正在、早日、一定会、谢谢、能够、坚持、好好、见过、说话、遇到、帮、带来、病友、帮助、期待、很大、更多、加油、亲切、温柔、幸运	医生的专业技术和能力（治疗效果）
主题 23	咳嗽、肺炎、感冒、发烧、输液、哮喘、反复、喘、小儿、雾化、过敏性、烧、高烧、体温、支原体、支气管炎、感染、体质、过敏、急诊、生、痰、退、鼻炎、肺、支气管、肺部、验血、嗓子、喉咙	疾病的症状（小儿肺炎）
主题 24	药、开药、没、吃药、贵、效果、多、便宜、吃完、胶囊、化验、不贵、乱开、治、买、完、差不多、药费、配、费用、拿药、消炎药、化验单、药品、很贵、药房、价格、颗粒、开点、自费	医疗建议和药方、费用
主题 25	问、不、没、问题、不耐烦、想、一下、写、说话、直接、病历、看病、为什么、没有、听、一句、知道、不好、根本、清楚、进去、回答、单子、不说、多、走、不能、本来、打发	沟通能力（问、听）
主题 26	医术、医德、高尚、患者、好、精湛、高超、技术、值得、和蔼可亲、信赖、热情、为人、和蔼、服务、急、敬佩、平易近人、很高、亲人、难得、责任心、医疗、人品、真正、学习、待人、信任、一流、爱心	医术与医德
主题 27	病人、态度、认真、耐心、负责、很好、着想、和蔼、看病、细心、工作、好、仔细、和蔼可亲、亲切、热情、关心、考虑、最好、处处、负责任、见过、责任心、细致、亲人、温和、架子、难得、为人、有问必答	医德

续表

主题	关键词	语义解释
主题 28	不知道、没有、多、想、觉得、不好、原因、可能、一点、不能、有点、问题、不会、容易、不知、比较、不要、舒服、是不是、怎么办、怎么样、怎样、时间、告诉、影响、愿意、到底、最后、没什么	沟通能力（问、听）
主题 29	治疗、糖尿病、血糖、控制、药物、胰岛素、得到、饮食、稳定、正常、病情、调整、指导、感谢、注射、住院、很好、精心、运动、用药、非常感谢、效果、体重、多年、内分泌、理想、方案、血压、基本、并发症、高血压	疾病的症状（糖尿病）
主题 30	挂号、下午、排队、预约、门诊、加号、情况、时间、看病、挂到、已经、难、特需、不到、专家号、没、提前、普通、诊室、网上、看完、多、太难、次、专家、轮到、约、外地、下班	业务流程（预约挂号）

8.6.7 人工标注与主题体系优化

使用数据驱动的方法（LDA 概率主题模型）对爬取的在线医疗评论的文本数据进行潜在的主题分析和挖掘之后，人工标注将完成最终的医疗评论主题体系的构建。在线医疗评论文献的主题维度（表 8-1）和 LDA 概率主题模型抽取的潜在主题维度（表 8-3）提供了一个初步的主题体系雏形。我们雇用了 3 个文本标注者分别独自标注了 500 条评论，他们被要求尝试将每一条评论分类到表 8-1 或表 8-3 所提到的某一个或多个主题维度上。仅仅当遇到无法将某一条评论中的内容归类到上述的主题维度时，他们会添加一个新的主题维度到主题体系中。在 3 个标注者的标注工作完成后，他们汇聚到一起讨论新添加的主题维度。当三者的主题体系存在冲突时，他们会展开讨论直到解决主题体系中的冲突，在这一阶段，患者的人口统计信息和疾病的病因被引入主题体系中，一些名字不同但内容相似的主题（如表 8-3 中的主题 23 和主题 29）会被合并到一起。综上，我们综合在线医疗评论文献的主题维度（表 8-1）、LDA 概率主题模型抽取的潜在主题维度（表 8-3）和人工标注过程中新添加的主题维度，形成一个新的医疗评论的主题体系，如表 8-4 所示。在线医疗评论的主题体系是一种层次化的主题体系，主要有与医生相关的主题、与系统相关的主题、与患者相关的主题。每个主题给予详细的定义、关键词、示例。

表 8-4　在线医疗评论的主题体系（最终版）

医生相关的主题	
子主题：医德（medical ethics，ME）	
解释	在医生-患者交互过程中，患者对医生的人际交往礼仪和行为的感知，包括礼貌性用语，尊重患者，准时性，患者参与治疗的过程中是否被认真对待、关心体贴，工作时的认真程度
关键词	态度好、和蔼可亲、耐心、周到、高贵、小心、礼貌、尊重、冷漠、紧迫、压迫感、不友好
示例	（1）医生总是能按时到病房查房，并且对我十分友好，跟我交谈最近这些天身体的恢复状况； （2）我的亲人身体多个地方感觉不适，有明显的疼痛感，但是医生却认为这没关系，没有必要担心。最终，我们只能说服其他医生过来处理
子主题：医术（medical competence，MC）	
解释	该主题主要分为主观评价和客观描述两个方面，主观评价是指在医生-患者交互过程中，患者对医生的医术、经验和专业知识的感知，包括诊断和治疗过程是否准确、是否符合安全规范。客观描述是指治疗效果、疼痛的控制、症状的消失、病情的好转

续表

医生相关的主题	
子主题：医术（medical competence，MC）	
关键词	医术高超、疗效显著、病情好转、病情恶化、效果不明显、再世华佗、加重、恶化、治愈、不痛
示例	（1）医生的医术真是太厉害了，住院几天，病情就有所好转了，过几天就可以出院了，真高兴； （2）林医生知识渊博，给我讲了好多种治疗方案，以及它们各自的优缺点，跟我一起讨论，让我选择
子主题：治疗方法（medical advice and prescription，MAP）	
解释	医生所给的包括药方在内的治疗方案，这也包括药物和治疗的副作用
关键词	治疗、药、抗生素、手术、中草药、注射、口服、阿奇霉素、化疗、放疗、点滴、药物过敏
示例	（1）刘医生给我开了顺尔宁、欧龙马滴剂、盐酸西替利嗪、施保利通，并且给我详细介绍了使用方法和注意事项； （2）吃了王医生的药，身体并没有任何不良反应，感觉病情正在逐渐好转
子主题：沟通能力（communication skills，CS）	
解释	医生的沟通能力主要包括听的能力、问的能力、解释的能力，即能听明白患者所讲的事情，能够引导患者讲清楚自己的痛楚、当前的状态以及病因，能够向患者解释清楚疾病当前的状况、注意事项、后续的解决方案
关键词	耐心回答、说明白、清楚、不能理解、问题、询问、解释、清楚、一遍又一遍、分析、认真、嘱咐
示例	别的医生只会开药，不怎么分析给患者听，开了药不会跟患者说怎么用，虽然药盒上都贴了但是严主任还会和患者说清楚，还会嘱咐这个不能吃、那个不能吃的
系统相关的主题	
子主题：费用（financing，F）	
解释	该主题主要是指患者为了治病而产生的各种费用，不仅包括挂号费、医疗费、手术费用，还包括住院、护理、药物等的费用
关键词	费用、花钱、钱、贵、便宜、挂号费、浪费钱、一点也不贵、价格、药费、负担得起
示例	（1）轮到我们看的时候，只草草地听了一下，就给我们配了一堆药，一结账，600 多元； （2）住院期间费用比较高：倒不是医药费太高，主要是检查费用和材料费特高，病区的其他医生开的检查单特别多
子主题：业务流程（operation process，OP）	
解释	业务流程主要包括挂号流程、住院流程、出院办理流程、医院的反应能力、医院的环境和设备。医院是否有渠道让患者反映自己就医方面的体验和医疗纠纷。反应能力主要聚焦于当患者需要处理或突发紧急事故时，医生能否及时到达解决。医疗环境和设备主要是指患者对医疗环境舒适度的感知，对医疗设备的质量、完备性、先进程度的感知
关键词	困难、挂号、就医、流程、服务、病房、咨询、排队、嘈杂、出院、设备、安静、干净
示例	（1）等了三小时终于看上了，前后听听就开始写单子，因为小宝咳嗽严重，之前有支原体感染，所以想让医生开张单子化验，结果严医生很不耐烦地说：我这很忙，没空开； （2）想看病的外地朋友，最好早早地出发，能在开始挂号前到达医院就最好了。诊室里面有一堆人，而且还把门锁了
患者相关的主题	
子主题：人口统计信息（patient profile，PP）	
解释	该主题涵盖的是患者的人口统计信息，主要包括年龄、性别、住址、工作、爱好等
关键词	性别、身高、年龄、出生日期、体重等
示例	女儿出生 7 个月，患上了哮喘这个病，我一家十分焦急

续表

患者相关的主题	
子主题：症状（symptom，S）	
解释	该主题主要是指疾病过程中患者机体内的一系列代谢、机能和形态结构异常变化所引起的患者主观上的异常感受或某些客观上的病态改变，主要包含症状（患者的主观不适、异常感觉、功能变化或明显的病态改变）和体征（异常变化引起的现象，如能用客观检查的方法检出）两个方面。这个主题还包括一些疾病的并发症
关键词	发热、疼痛、体重改变、浮肿、呼吸困难、咳嗽、咳痰、咯血、食欲减退、消化不良、吞咽困难、恶心呕吐、呕血、便血、黄疸、排尿异常、贫血、休克
示例	（1）小孩持续咳嗽，反复低热四个月，左主支气管及左侧各叶段支气管，可见粟粒样小结节，尤以左上叶为主； （2）前几天，儿子突发高烧，每天都 40℃左右，连续 5 天
子主题：病因（diagnosis and pathogenesis，DP）	
解释	该主题涵盖疾病的准确描述和发病机制。疾病的准确名称主要是指同一种疾病下可能有多种类型，如糖尿病有 1 型（胰岛素依赖型）、2 型（非胰岛素依赖型）、其他型和妊娠糖尿病。发病机制主要是指人体疾病发生的机制和原理，什么原因导致疾病的发生
关键词	发病机制、影响因素、肺炎、糖尿病、高血压、原因、不孕、先天性、胃癌、遗传异常
示例	3 岁女儿刚刚得过肺炎，静脉头孢后很快好了。不承想，一周后带孩子游泳，大概是因为着凉或者呛水，当天夜里开始发热

在整个层次化的主题体系构建完成后，为了检验这一主题体系是否完整有效、是否能够涵盖在线医疗评论文本库、是否符合用户的认知，我们又雇用了 3 名标注者。他们在研读了层次化主题体系后，又各自分别标注了 147 条相同的随机从评论文本库中抽取的在线医疗评论。我们计算三者之间的两两 Kappa 值，三者的平均 Kappa 值为 0.7（0.6 ~ 0.81），通过了一致性检验。

我们总结了一个层次化的主题体系，主要包括与医生相关的主题、与患者相关的主题、与系统相关的主题。其中，与医生相关的主题包括医术、医德、沟通能力和治疗方法。其中，医德聚集于在医生-患者交互过程中，患者对医生的人际交往礼仪和行为的感知。医术聚焦于医生-患者交互过程中，患者对医生的医术、经验和专业知识的感知。沟通能力聚焦于听的能力、问的能力、解释的能力。治疗方法聚焦于医生所给的包括药方在内的治疗方案。与系统相关的主题包括费用和业务流程。费用聚焦于患者在治疗过程中支付的各种费用。业务流程聚焦于挂号流程、住院流程、出院办理流程、医院的反应能力、医院的环境和设备。与患者相关的主题包括人口统计信息、症状和病因。人口统计信息聚焦于年龄、性别、住址、工作、爱好等。症状聚焦于疾病过程中患者机体内的一系列代谢、机能和形态结构异常变化所引起的患者主观上的异常感受或某些客观上的病态改变。病因聚焦于疾病的准确描述和发病机制。

8.7 实验：使用 LDA 发现新闻中的主题

下面的例子，使用 LDA 发现新闻中的主题（Coursera，2018）。

```
import pickle
import gensim
from sklearn.feature_extraction.text import CountVectorizer

# Load the list of documents
with open('newsgroups', 'rb') as f:
    newsgroup_data=pickle.load(f)

# Use CountVectorizor to find three letter tokens, remove
stop_words,
# remove tokens that don't appear in at least 20 documents,
# remove tokens that appear in more than 20% of the documents
vect=CountVectorizer(min_df=20, max_df=0.2, stop_words='english',
token_pattern='(?u)\\b\\w\\w\\w+\\b')
# Fit and transform
X=vect.fit_transform(newsgroup_data)

# Convert sparse matrix to gensim corpus.
corpus=gensim.matutils.Sparse2Corpus(X, documents_columns=False)

# Mapping from word IDs to words (To be used in LdaModel's id2word
# parameter)
id_map=dict((v, k) for k, v in vect.vocabulary_.items())

# Use the gensim.models.ldamodel.LdaModel constructor to #
estimate
# LDA model parameters on the corpus, and save to the variable
# 'ldamodel'

# Your code here:
ldamodel=gensim.models.ldamodel.LdaModel(corpus, id2word=
id_map, num_topics=10, passes=25, random_state=34)
```

使用 ldamodel，发现 10 个主题以及每个主题对应的 10 个最重要的词。这会出现 10 个元组，每个元组是下面的形式：

```
(9, '0.068*"space" + 0.036*"nasa" + 0.021*"science" + 0.020*"edu"
+ 0.019*"data" + 0.017*"shuttle" + 0.015*"launch" + 0.015*"available"
+ 0.014*"center" + 0.014*"sci"')
```

下面的这个函数会返回一个元组的列表：

```
def lda_topics ():
    topics_words=ldamodel.print_topics (num_topics=10, num_words=
10)
    return topics_words
```

对于新的文档 new_doc，发现主题分布。下面的例子在新的文档上使用 vect.transform 和 Sparse2Corpus 将稀疏矩阵转化为 gensim 语料。下面的这个函数会返回一个元组列表，每个元组是（#topic，probability）的格式。

```
new_doc=["\n\nIt's my understanding that the freezing will start
to occur because \of the\ngrowing distance of Pluto and Charon from
the Sun, due to it's\nelliptical orbit. \It is not due to shadowing
effects. \n\n\nPluto can shadow Charon, and vice-versa.\n\nGeorge
\Krumins\n-- "]
def topic_distribution ():
    new_doc_transformed=vect.transform (new_doc)
    corpus=gensim.matutils.Sparse2Corpus (new_doc_transformed,
documents_columns=False)
    doc_topics=ldamodel.get_document_topics (corpus)
    topic_dist=[]
    for val in list (doc_topics):
        for v in val:
            topic_dist.append (v)
    return topic_dist
topic_distribution ()
```

输出：

```
[ (0, 0.020001832),
 (1, 0.020002048),
 (2, 0.020000001),
 (3, 0.4963107),
 (4, 0.020002764),
 (5, 0.020002857),
 (6, 0.020001696),
 (7, 0.020001369),
 (8, 0.020001847),
 (9, 0.34367487) ]
```

下面我们给每个主题命名，有 12 个候选的主题：Health、Science、Automobiles、Politics、Government、Travel、Computers & IT、Sports、Business、Society & Lifestyle、Religion、Education。

```
    def topic_names ():
        return ["Education" , "Automobiles" , "Computers & IT" ,
"Religion", "Automobiles", "Sports", "Health", "Religion", "Computers
& IT", "Science"]
```

【思 考 题】

1. 什么是主题模型？
2. 主题模型在哪些商务领域有应用价值？
3. 贝叶斯学派和频率学派的区别在哪里？
4. LDA 的基本思想方法是什么？
5. 简述 PLSA 和 LDA 的区别。
6. 什么是多项式分布和 Dirichlet 分布？
7. 什么是先验分布和后验分布？
8. 什么是共轭分布？
9. MCMC 算法的基本思想方法是什么？
10. 简述吉布斯采样算法的基本原理。
11. 查阅 Metropolis-Hasting 算法，并简述它和吉布斯采样算法的关系。
12. 编写一个程序，用 LDA 算法对 1000 篇新闻报道构建主题模型。

第9章

情感分析

文本情感分析，又称意见挖掘、倾向性分析等。简单而言，是对带有情感色彩的主观性文本进行分析、处理、归纳和推理的过程。互联网（如博客和论坛以及社会服务网络如大众点评网）上产生了大量的用户参与的，对于如人物、事件、产品等有价值的评论信息。这些评论信息表达了人们的各种情感色彩和情感倾向性，如喜、怒、哀、乐和批评、赞扬等。基于此，潜在的用户就可以通过浏览这些主观色彩的评论来了解大众舆论对于某一事件或产品的看法。

情感分析或意见挖掘是人们的观点、情绪、评估对产品、服务、组织等实体的态度。该领域的发展和快速起步得益于网络上的社交媒体，如产品评论，论坛讨论，微博、微信的快速发展，因为这是人类历史上第一次有如此巨大数字量的形式记录。自2000年初以来，情绪分析已经成长为自然语言处理中最活跃的研究领域之一，也在数据挖掘、Web挖掘、文本挖掘和信息检索方面有广泛的研究。事实上，它已经从计算机科学蔓延到管理科学和社会科学，如市场营销、金融、政治学、通信、医疗科学，甚至是历史。这种扩散是由于意见是事实的中心，几乎所有的人类活动，在相当程度上，都很在意别人怎么看。出于这个原因，无论何时我们需要做出决定，都会经常寻求别人的意见。这不仅是对企业而言，对个人也是如此。

如今，如果一个人想购买消费产品，其不再局限于问朋友和家人的意见，因为网络上的公共论坛有很多用户评论和对产品的讨论，我们可以在评论中找出想知道的问题，可能还会有令人意想不到的收获。对于一个组织，它可能不再需要进行民意调查以收集公众的意见，因为有海量的用户产生的意见内容。

近年来，我们目睹了一些帖子通过社交媒体重塑企业形象、讨论明星生活、左右公众的情绪和情感，其中有部分帖子可能会影响我们的社会和政治制度，当我们在感叹人言可畏的同时，我们也不得不承认社交网络的快速发展带来的巨大的道德问题。由此，情感分析应运而生，我们可以通过情感分析或者舆情系统来帮助政府监控群众的情感变化或者舆论趋势，来避免发生恶性事件或者虚假事件。

9.1 情感分析的粒度

按照处理文本的粒度不同，情感分析大致可分为篇章级、句子级、词语级三个研究层次（刘兵，2017）。

1）篇章级

篇章级别的情感分类是指定一个整体的情绪方向/极性，即确定该文章（例如，完整的在线评论）是否传达总体正面或负面的意见。在这种背景下，这是一个二元分类任务。它也可以是回归任务，例如，用 1 到 5 星对篇章进行总体情感评分。也可以认为这是一次 5 级分类任务。

我们可以将自然语言处理技术与模糊逻辑技术相结合，基于手动创建的模糊情感词典，对新闻故事和电影评论进行情感分析。定义情感种类，在模糊情感词典中标注情感类别及其强度。每个词语可以属于多个情感类别。在实验中，可以对比采用词频、与长度相关的特征、语义倾向、情感 PMI-IR（pointwise mutual information and information retrieval）、强调词和特殊符号等不同特征时的结果。最后对文章的主动性/被动性和积极性/消极性进行了判断。

2）句子级

由于句子的情感分析离不开构成句子的词语的情感，其方法划分为三大类：①基于知识库的分析方法；②基于网络的分析方法；③基于语料库的分析方法。

我们在对文本信息中句子的情感进行识别时，通常创建的情感数据库会包含一些情感符号、缩写、情感词、修饰词等。我们在具体的实验中会定义几种情感（生气、憎恨、害怕、内疚、感兴趣、高兴、悲伤等），对句子标注其中一种情感类别及其强度值来实现对句子的情感分类。

3）词语级

词语的情感是句子级或篇章级情感分析的基础。早期的文本情感分析主要集中在对文本正负极性的判断方面。词语的情感分析方法主要可归纳为三类：①基于词典的分析方法；②基于网络的分析方法；③基于语料库的分析方法。

（1）基于词典的分析方法利用词典中的近义、反义关系以及词典的结构层次，计算词语与正、负极性种子词汇之间的语义相似度，根据语义的远近对词语的情感进行分类。

（2）基于网络的分析方法利用万维网的搜索引擎获取查询的统计信息，计算词语与正、负极性种子词汇之间的语义关联度，从而对词语的情感进行分类。

（3）基于语料库的分析方法运用机器学习的相关技术对词语的情感进行分类。机器学习的方法通常需要先让分类模型学习训练数据中的规律，然后用训练好的模型对测试数据进行预测。

9.2 情感分析面临的问题

如果想要更好地理解并解决问题，就需要将问题进行结构化、概念化；也需要在同一个框架下，统一各种现有研究方向，使研究人员设计出更强大和精确的解决方案。

不同于一般的消息信息，情感或者说评论有很大的主观性，所以需要搜集大量的相关评价才可能具有实际的应用性。

关于产品和公共服务的相关舆论一般相对容易分析，社会政策上的讨论由于复杂的话题、情感的表述、讽刺和反语表述等，相对更难分析。

情感分析主要研究那些表达或暗示褒义或贬义情感的观点信息。这里，观点是一个广义的概念，包括情感、评估、评价、态度以及其他相关信息，还包括观点持有者和观点评价对象。

观点、情感与目标：一个观点有两个重要组成部分，一个是观点评价的对象或目标 g；另一个是针对该目标所表达的情感 s。(g，s) 中的 g 可以是一个实体，也可以是所评价实体的某个属性或一个侧面；s 是一个正面（褒义）、负面（贬义）或中立的情感倾向或打分。正面（褒义）、负面（贬义）、中立则称为情感或观点倾向（极性）。

1）观点的定义

简单来说，一条评论可以分为四个部分（g, s, h, t）。g（target）为对象，s（sentiment）为情感，h（holder）为评论者，t（time）为评论时间。

在更深层次分析时，实体（对象）在组成或属性上又可分为不同的部分。可以使用简明化的树形图表示，根节点为实体，叶子节点为实体的不同方面。这样评论又进一步分为五个部分（e，a，s，h，t），e（entity）为实体，a（aspect）为方面。

由于定义的简明化，这种五部分的分解方式可能会导致信息的丢失。我们可以通过嵌套关系来尽量使信息保持完整，但复杂的概念也会使问题的解决变得困难。

2）情感分析的子任务

（1）将实体提取分类。需解决的问题是对于同一个实体可能会有几个不同的表述方式。

（2）将方面提取分类。需解决的问题是在方面表述上有显式方面和隐式方面两种表述方式。不易提取的是隐式方面的表达。

（3）将情感、评论者、时间提取分类。

根据上面五部分的模型（e，a，s，h，t）的表述，我们可以定义一个实体模型和观点文档模型。

（1）实体模型（model of entity）：一个实体 e_i 可以用一个全面且有限的方面 A_i 集来表述。$A_i=\{a_{i1}, a_{i2}, \cdots, a_{in}\}$。进一步，一个实体又可以由若干部件组成（例如，汽车可以由发动机、底盘、变速箱等部件组成）。一个实体 e_i 中的每一个方面 $a_{ij} \in A_i$ 可以由组成该实体的每个部件的各个方面的有限集合$\{ae_{ij1}, ae_{ij2}, \cdots, ae_{ijm}\}$来表示。

（2）观点文档模型（model of opinion document）：一个观点文档 d 包含了实体集合$\{e_1, e_2, \cdots, e_r\}$和来自观点持有者集合$\{h_1, h_2, \cdots, h_p\}$对实体各个方面的关联关系。

最后作为总结，给定一个观点文档集，情感分析时，需要以下六个步骤。

（1）提取整体并分类。

（2）提取方面并分类。

（3）提取观点持有者并分类。

（4）提取时间并规范化。

（5）提取情感并分类。

（6）观点的五部分（e, a, s, h, t）综合。

3）不同类型的观点分类

（1）一般性观点和比较性观点。一般性观点又分为直接性表述观点和间接性表述观点。

（2）明确性观点和暗示性观点。

4）主观性和情绪

主观性语句：主观性语句表现了一些个人感觉、观点或信念。相对地，客观性语句则是陈述了一些事实信息。

注意：

（1）一条主观性语句可能并不会表达任何情感。

（2）客观性语句也可以暗示某些观点或情感。

情绪（emotion）定义：情绪是人们主观性的感觉或者想法。情绪和情感的意思很接近。情感或观点的强烈程度一般和情绪的强烈程度有关。

在情感分析中观点的相关研究大部分是评价，评价一般可分为客观性评价和情绪性评价。在实际应用中，我们可分为 5 个情感等级：情绪性负面评价、客观性负面评价、中性评价、客观性正面评价、情绪性正面评价。

5）作者与读者的观点立场

对一件事物的分析，在不同层次的人看来，可能会产生不同甚至相反的观点。

9.3 文档级情感分类

文档级情感分类的目标是将一篇文档（如产品评论）根据所持观点为正面或负面进行分类。文档级情感分类的形式化定义是给定针对一个实体的观点文档 doc，判断观点持有者对实体的整体的观点倾向性 s。文档级情感分类是最简单的情感分析任务，它把情感分类当作传统的文本分类问题，知识类别变成了情感的倾向或极性。

大多数现有的技术都是基于监督学习的，也有一些无监督学习的方法。现有大多数技术都是特征工程加机器学习算法在实际中的直接应用。

9.3.1 基于监督的情感分类

因为情感分类是一个文本分类问题，所以任何监督学习算法都可以直接使用，如朴素贝叶斯分类或支持向量机。这种方法曾被用于影评的情感分类，使用词袋（unigram）作为特征，无论使用朴素贝叶斯分类还是支持向量机作为分类器，效果都非常好。

除了词袋，还有一些其他特征也常常被用于文档级的情感分类。

（1）词和词频。这些特征是带有词频信息的单独的词袋及其相关的 *n* 元文法。这一特征在传统的基于主题的文本分类中也经常使用。TF-IDF 也可以看作词和词频特征的一个变种。

（2）词性。形容词是观点和情绪的主要承载词。因此，一些研究者把形容词当作专门的特征进行特别处理，或者把词性标签和 *n* 元文法作为特征混合起来使用。

（3）情感词和情感短语。情感词是那些在语言中表达了正面或负面情感的词语。例如，good、wonderful 和 amazing 是褒义词，而 bad、poor 和 terrible 是贬义词。大多数情感词都是形容词或副词，但名词（如 rubbish、junk 或 crap）或动词（如 hate 和 love）也可以表达情感信息。除了单个词，也有一些情感短语或习语可以作为特征，如 cost someone an arm and a leg。

（4）观点和规则。除了情感词和情感短语，还有很多文本结构或语言成分可以表示或隐含情感和观点，这称为情感组合规则。

（5）情感词转置。有的表达可以将文本中的情感倾向反转，例如，把正向的情感倾向改为负面。否定词是最重要的情感转置词。例如，I don’t like this camera 中的 like 是一个正面词，加了 don’t 以后就变成了负面情感。但是，并不是加了否定词就一定会发生转置，例如，not only … but also 中的 not 就并没有改变情感倾向。

（6）句法依存关系。句法分析或句法依存树的输出结果，也可以作为判断情感极性的特征。例如，句法分析树中每个成分基于上下文无关短语结构模式表示的成分结构（如 NP Verb NP 表示一个由名词短语、动词、另外一个名词短语依次组成的声明句）、带语义关系的词性信息（如 Verb-Subject-Norm 表示一个动词谓语链接名词主语）、谓语的及物属性以及时态信息等，都是有用的特征。

除了使用标准的机器学习外，还有一些研究提出了专门用于评论的情感分析技术。Dave 等（2003）提出的打分函数就是其中有代表性的一种方法。它基于正面和负面评论词，首先为训练集中的每个词（unigram 或 n-gram）进行打分，范围为−1 ~ 1。一个词的得分就是这个词对某个倾向类别（如正向或负向）相关度的度量。然后，将一个文档中所有词的情感倾向性得分加起来，根据总分求得这篇文档的分类。在 Dave 等（2003）的研究中，使用 bigram（两个连续词）和 trigram（三个连续词）特征能够达到最高的准确率（84.6% ~ 88.3%）。

9.3.2 基于无监督的情感分类

基于无监督的情感分类主要有两种方式，一种是基于 Turney（2002）的做法，用那些可能表示观点的固定句法模板来分类；另一种是基于包含了褒义词和贬义词的情感词典的方法。

1）使用语法模板和网页检索的情感分类

Turney（2002）将每个句法模板看作一个带约束的词性标签序列。

首先，按照表 9-1 中所给的基于词性标记的模板在评论文本中抽取符合模板的两个连续的词。例如，模式 2 表示要抽取的两个连续的词中第一个是副词，第二个是形容词，且后面跟着的词（不抽取）不能是名词，模式 1 表示要抽取的两个连续词中第一个词是形容词，第二个词是名词，第三个词（不提取）任意词性。例如，this piano produces beautiful sounds，beautiful sounds 就是要抽取的词，因此不满足模式 2 而满足模式 1。

表 9-1 用于提取两个连续词的词性标注模式

模式	第一个词	第二个词	第三个词（不抽取）
1	形容词	名词	任意词性
2	副词	形容词	非名词
3	形容词	形容词	非名词
4	名词	形容词	非名词
5	副词	动词	任意词性

其次，用互信息（pointwise mutual information，PMI）来估计所抽取短语的情感倾向性（sentiment orientation，SO）。PMI 衡量的是两个词之间统计上的依存程度。

最后，给定一个评论，计算所有短语的 SO 值。如果评论 SO 值为正，则该评论为褒义，反之为贬义情感。

这一方法在不同领域的语料中有不同的准确率。最高值出现在汽车评论领域，准确率为 84%；最低值出现在电影评论领域，准确率为 66%。

2）使用情感词典的情感分类

另一种无监督的方法是基于词典的情感分类方法。其主要特点是基于一个包含已标注的情感词和短语的词典来进行分类。这个词典称为情感词典或观点词典，包含了情感词和情感短语的情感倾向性与情感强度。每篇文档的情感得分还需要结合情感加强词和否定词来进行计算。

这种方法的基本形式是将文档中所有情感表达的 SO 值求和。若和的值为正，则该文档就被判定为包含正面的情感；若和的值为负，则该文档就被判定为包含负面的情感；若和的值为 0，则该文档就被判定为包含中性的情感。该方法有很多变种，主要的不同在于每个情感词的表达被赋予什么样的值、否定词如何处理、是否考虑新增信息等。

如果一个领域有大量标注数据，那么监督学习通常会有更好的分类准确性，因为它自动学到了特定领域的情感表达。基于词典的情感分类方法识别特定领域表达就没那么容易，除非有一个可以自动发现这些表达并自动确定其倾向性的算法。但是，监督学习也有自身的弱点。最主要的就是用一个领域数据训练得到的分类器不能用于另一个领域。因此，每个应用领域都需要训练数据才能获得精准的分类。

9.4 句子级情感分类

文档级别的情感分类对实际应用来说还是太粗糙。句子级别的目标是识别每个观点文档中的句子中所包含的情感倾向，判断每个句子包含正面、负面还是中性的情感。这离实际应用的情感分类系统的需求更进一步，即提取针对每个评论对象的观点信息。因为句子太短从而包含的信息也少得多，所以，句子级别的情感分类比较困难。句子级别的情感分类有个潜在的假设是：一个句子只表达了一个观点，即只包含一种情感。大多数文档级别的情感分类论文都忽略中性类，主要是做准确的三类分类太难了。但是，对于句子级别的情感分类，中性类就不可以忽略了。

对于主观句的情感分类，Yu 和 Hatzivassiloglou（2003）使用了与 Turney（2002）相似的方法。但 Turney（2002）只用了正面和负面各一个种子词，而他们用了一个较大的形容词种子集合。同时他们用了一个修正的对数似然率（log-likelihood ratio）取代了互信息，以确定每个形容词、副词、名词和动词的正负倾向性。他们用词的平均对数似然得分，并使用训练数据、训练量两个阈值，以此确定每个句子是否有正面、负面或中立的情感倾向。

Hu 和 Liu（2004）用了一个基于词典的算法进行面向属性的情感分类，但这个方法也可以用于确定句子的情感类别。他们用一个自举（bootstrapping）策略，通过给定的正负情感种子词以及 WordNet 中的同义词、反义词关系，得到一个情感词典。一个句子的情感倾向可以通过对句中所有情感词的情感得分求和得到。他们将一个正面词的情感得分定为+1，负面词则为−1，同时也考虑了否定词和转折词（如 but 和 however）的现象。Kim 和 Hovy（2004）使用了一个类似的方法，构造情感词典的方法也差不多。但他们判定句子倾向是通过将所有句子中情感词的得分相乘实现的。

Gamon 等（2005）使用了一个半监督学习算法从一个有标注的小数据集和一个无标注的大据集中学习分类器。该算法基于 EM 算法，并用朴素贝叶斯作为基分类器。他们的目标是进行三分类，包括正面、负面和“其他”（无观点或有混合观点）。

McDonald 等（2007）使用了一个类似条件随机场的层次序列标注模型来联合学习并同时判别句子和文档中所蕴含的情感。训练数据集中的每个句子都有情感标注，每条评论也有一个情感标注。他们的结论显示同时在两个级别进行学习，能够同时提升两个级别的情感分类准确性。Tackstrom 和 McDonald（2011）更进一步提出一个仅仅依据文档级情感标签构建句子级和文档级情感分类器的学习方法。

Hassan 等（2010）提出了一个算法来标识每个在线讨论的参与者的态度。因为作者只关注讨论的接收者，该算法只用了有第二人称代词的句子片段作为处理目标。算法第一步使用监督学习找出带有态度的句子，所用特征由马尔可夫模型生成。第二步用了基于词典的方法判断句子的情感倾向，该方法与 Ding 等（2008）的方法相似。不同之处在于，对于包含了相矛盾的情感词的句子，他们使用了依存树上的最短路径来判断其情感倾向，而 Ding 等（2008）则使用词的距离信息。

Socher 等（2013）使用了一个深度学习方法进行句子级和短语级的情感分类，他们称其为递归神经张量网络（recursive neural tensor network）。这个网络主要是对句法树中的短语生成了一个语义组合函数。训练时用到了给定的情感类别标签以及一个 Softmax 分类器，其输出作为神经网络组合函数产生的向量。他们还用 Pang 和 Lee（2005）的评论语料生成了一个句子和短语级别的影评数据集。结果显示，他们提出的方法是十分有效的，这要归因于其语义组合准确率比其他监督学习方法都要好得多。例如，这一方法可以处理观点的否定现象，而对于传统基于词袋模型的方法，就很难处理。

9.5 一些复杂句式的处理

1）条件句

条件句通常会描述隐含的意思、假设情形及其对应结果。通常情况下，一个条件句会包含相互依赖的两个从句：条件从句和结果从句。它们的关系对于判别句子所表达的情感是正面的还是负面的有很大的影响。仅仅有情感词（如 great、beautiful、bad）是不能区分句子中是否含有观点信息的，如“If someone makes a reliable car，I will buy it”和“If your Nokia phone is not good，buy this Samsung phone”。第一个句子中的 reliable 是一个褒义词，但这个句子并未对任何汽车表达出任何情感。第二个句子对三星手机表达了正面情感，但没有对诺基亚手机表达任何观点（尽管诺基亚手机的拥有者对它的观点可能是负面的）。因此，已有对非条件句适用的情感分类方法在条件句上就失效了。Narayanan 等（2009）使用了监督学习来处理这个问题，他们选择了一些语言学特征，如情感词或短语及其位置信息、情感词词性、时态模式、条件连词等。

另一种难以处理的句子是疑问句。例如，“Can anyone tell me where I can find a good Nokia phone？”就显然没有针对特定手机表达任何观点。但是“Can anyone tell me how to fix this lousy Nokia phone？”就对诺基亚手机持有负面观点。许多修辞疑问句也是含观点的，如“Aren’t HP Minis pretty？”和“Who on earth wants to live in this building？”。这个领域的研究还非常少。

2）讽刺句

讽刺是一种复杂的语言行为，说话人或作者会说出或写出与他们表达意义相反的内容。讽刺在心理学和认知科学里都有研究。在情感分析领域，讽刺是指当一个人表达正面观点时，他实际持有的是负面的观点，反之亦然。讽刺句在情感分析中很难处理，因为需要用常识和相关的背景才能识别。近年来有一些对讽刺句的初步研究，但从研究成果看，研究仍然很初步，处理起来仍旧十分困难。讽刺句在产品和服务的评论中并不常见，但在政治相关的在线讨论中经常出现。

Tsur 等（2010）使用了一种基于半监督学习的方法识别文本中的讽刺现象。这篇文章还给出了讽刺性评论的标题例子。

（1）“[I] Love The Cover”（书）

（2）“Where am I？”（GPS 设备）

（3）“Be sure to save your purchase receipt”（智能手机）

（4）“Are these iPods designed to die after two years？”（音乐播放器）

（5）“Great for insomniacs”（书）

（6）“All the features you want. Too bad they don’t work！”（智能手机）

（7）“Great idea，now try again with a real product development team”（电子阅读器）

例句（1）没有评价书的内容而是评价封面，因而是讽刺。用这句话作为标题显然作者对书的观点是负面的。例句（2）需要理解上下文［这是一条对全球定位系统（global positioning system，GPS）设备的评论］。例句（3）看起来像是介于讽刺和好的建议之间，但是和第一句一样，把它当作标题毫无疑问说明它是一句讽刺句。它在暗示手机质量不好，也许需要退货。例句（4）中的讽刺来源于看似简单的疑问，它在质疑商品使用时间不长。例句（5）中理解讽刺需要常识（失眠意味着乏味）。例句（6）、（7）中则用明确的矛盾表达方式进行讽刺，并且例句（7）表达了一个明确的正面情感（很棒的想法），而例句（6）中的正面情感并不明显。从这些例子我们可以看出，处理讽刺句非常困难。

Tsur 等（2010）提出的讽刺检测算法用到了少量有标注的种子句子，但没有用未标注数据。它通过网页搜索自动地扩展种子集。作者假设讽刺句会在文本中和其他讽刺句频繁共现，于是把种子集中的每个句子当作查询词进行网页搜索，保存每次搜索引擎返回的前 50 条网页摘要，并加入训练集中。这个扩展之后的训练集用来学习和分类。学习时使用的特征包括两类：基于模板的特征和基于标点的特征。一个模板是一个高频词的有序序列，类似于数据挖掘中的序列模板。他们共设计了两个准则来移除那些太宽泛和太特殊的模板。基于标点的特征包括叹号、问号和引号等标点符号的数量，以及句中首字母大写和全大写的单词数量。然后，他们使用了一个基于 k 近邻的方法进行分类。但是，这一研究并没有涉及情感分类，它只是用来识别讽刺句和非讽刺句的。

9.6 应用案例：在线口碑预测市场成功

随着 Web 2.0 技术的启用，在线社交媒体形式的论坛、留言板和博客已经普遍成为消费者和企业的沟通渠道。在线社交媒体允许消费者以前所未有的速度和规模分享他们的产品观点和经验。这种用户生成的内容或在线口碑（word of mouth，WOM）有可能影响产品销售和企业战略。因此，随着网络挖掘和舆论挖掘工具与技术的不断扩散，关键是要检查和衡量如何使用 WOM 信息来改进管理决策。

在本节中，我们探讨使用线上口碑预测新产品市场成功的有效性。从公司的角度来看，如果能够在新产品开发过程中就预测其销售情况，是非常重要的。做出的有效预测越早，企业就可以越早地调整相应的营销策略，从而扩大收益、减少损失。因此，本节案例区分了新产品生命周期不同阶段出现的在线口碑，如在生产之前的口碑、在投入市场之前的口碑以及投入市场之后的口碑。新产品开发是一个高风险的过程，对其预测有助于检查其成功的不同方面。除了直接检查产品销售，我们还研究了第三方专业人士的产品评估，以及产品如何接受来自公司的营销支持，这两者都可能影响销售。

本节选择的行业是好莱坞电影业。我们从雅虎电影的留言板收集了2005～2006年上映的257部电影的在线口碑信息，并使用SentiWordNet和OpinionFinder两个计算语言学词汇包来构建WOM数据的情感度量。本节将首先检查在线WOM随时间的演变模式，然后对各种情绪度量如何与新产品成功的度量相关联进行相关性分析。

9.6.1 新产品的生命周期和成功指标

与许多新产品的开发—引入—销售过程一致，电影生命周期可以广泛分为以下时期：①制作前期；②从制作到电影发行；③上映第一周的销售；④从第一周到第四周的销售；⑤第四周后的销售。

在这些独特的时期中，上映后的第一周对电影至关重要，因为它占据了票房总销售额的很大一部分，并且影响后续几周的销售情况。我们还使用上映后的第四周作为关键时间，因为电影放映合同通常需要最少的周数，而四周是最小值。我们收集并测量每个时期的在线口碑，这是因为在产品生命周期的不同时期，消费者可获得的产品信息不同。因此不同时期的在线口碑，可以携带不同的信息值和预测能力。我们用五个指标来衡量新电影的成功：两个最终销售指标（首映周票房和总票房）以及可影响销售的三个中间指标（专业评估、分销强度和分销寿命）。

在许多市场中，第三方专业人员提供有关新产品质量的有价值且可信的信息。他们的评论和评价可能影响消费者的观点，从而影响产品销售。对于电影样本，我们从Metacritic.com收集了每部电影的第三方专业评价（即评论），为每个评论指定0～100的数值分数。

公司的营销策略也可以显著地影响最终产品的销售。我们研究了两个重要的电影营销策略——电影在首映周的放映强度以及电影在电影院中放映的总周数（寿命）。

9.6.2 在线口碑的文本和情感度量

我们测量了在线口碑的五个文本和情感度量：评论条数、情感倾向、主观程度、句子数和带感情色彩的词数。情感倾向表示评论积极（正向）或消极（负向）的程度，零分表示中性，积极的词性用正数表示，消极的词性用负数表示。主观程度是消息主观或客观的程度，下限0表示高度客观的意见，上限1表示高度主观的意见。

9.6.3 WOM 信息在产品生命周期的演变

图 9-1 展示了在电影生命周期五个阶段中的三种口碑度量（评论条数、情感倾向和主观程度）的演变。这些模式显示了口碑信息从制作早期开始，在电影发行之前变得高度活跃，并且随着电影在电影院中放映周数的增加而逐渐减少。情感倾向随着时间的推移有一个明显的下降趋势，特别是从前期到上映一周，表明口碑在电影发布后变得更负面。主观程度、评论条数和每个评论中包含感情色彩的词数随时间保持得相当稳定。

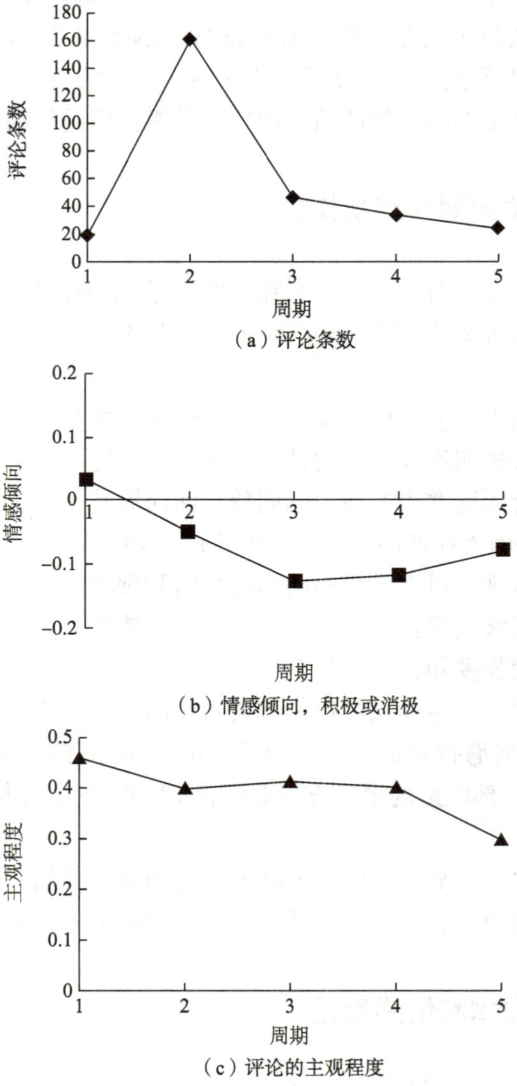

（a）评论条数

（b）情感倾向，积极或消极

（c）评论的主观程度

图 9-1　WOM 在产品生命周期上的演变

时间 1 为制作前期；时间 2 为从电影制作到发行；时间 3 为发行到上映前；时间 4 为发行第一周到第四周；时间 5 为发行第四周以后。

我们进一步使用了统计软件，计算了变量之间的关系。第一，情感倾向和主观程度之间存在负相关，特别是在电影发布后的时间段（$p<0.05$）。这表明更多的负面口碑往往在更主观的陈述中传达。第二，具有更多句子的评论往往更主观（$p<0.01$）。第三，情感倾向与带感情色彩的词数之间存在负相关（$p<0.01$），表明消费者倾向于使用更多的感情色彩来表达负面意见。

在不同的时间段，制作前期、从制作到发行以及在首映周中的评论条数是彼此显著相关的（$p<0.01$）。因为评论条数是预测新产品销售的有效指标，所以销售预测可以早在生产前期就进行。制作期间与发布前的情感倾向成正相关。然而，制作期间的倾向与首映周的情感倾向和之后阶段的词性并不相关。主观程度随时间演变的模式与情感倾向类似。

9.6.4 WOM 与新产品性能指标之间的相关性

表 9-2 展示了口碑度的五个测量指标与新产品成功指标之间的相关性。在专家评估方面，从时间 2（从电影制作到发行）开始，评论条数和每条评论包含的句子数始终是最有用的预测指标。评论更活跃的电影往往会收到更高的评价，这表明评论数量可以作为产品质量的有效信号。有趣的是，如果一部电影能够吸引更详细的评论（评论中包含更多的句子），它也往往能从专业评论中获得更高的评价。一个可能的解释是，电影可能有更复杂的故事线和更高的艺术价值，这是专业评论家关注作品质量的两个关键属性。

表 9-2 在线口碑和新产品成功之间相关关系

周期	新产品销量					
	情感测量	专家评估	开幕式长度	放映周数	上映周销量	总销量
1. 制作前期	评论数	0.199	0.112	0.373**	0.530***	0.499*
	情感倾向	0.139	−0.279*	−0.173	−0.090	−0.085
	主观程度	0.378**	0.030	0.171	0.164	0.195
	句子数	0.106	0.029	0.293*	0.027	0.127
	情感词数	0.274	0.064	0.262	0.071	0.166
2. 从电影制作到发行	评论数	0.249***	0.231***	0.200**	0.676***	0.562*
	情感倾向	0.024	−0.047	0.054	−0.046	−0.031
	主观程度	0.004	−0.080	−0.042	−0.001	−0.008
	句子数	0.225***	−0.170**	0.049	0.005	0.049
	情感词数	0.121	−0.131	0.021	−0.028	0.011
3. 发行到上映前	评论数	0.184**	—	0.147*	0.450***	0.391*
	情感倾向	0.055	—	0.123	0.079	0.065
	主观程度	−0.012	—	−0.146*	−0.134*	−0.107
	句子数	0.138*	—	0.012	−0.008	−0.003
	情感词数	0.047	—	−0.045	−0.051	−0.040

续表

周期	新产品销量					
	情感测量	专家评估	开幕式长度	放映周数	上映周销量	总销量
4. 发行第一周到第四周	评论数	0.191^{**}	—	0.119	—	0.224^{*}
	情感倾向	−0.100	—	0.053	—	−0.018
	主观程度	0.126	—	0.001	—	0.109
	句子数	0.223^{***}	—	−0.037	—	0.038
	情感词数	0.248^{***}	—	−0.062	—	0.024
5. 发行第四周以后	评论数	0.146^{**}	—	0.131^{**}	—	0.477^{*}
	情感倾向	−0.039	—	0.091	—	−0.079
	主观程度	0.094	—	0.152^{**}	—	0.225
	句子数	0.228^{***}	—	0.081	—	0.098
	情感词数	0.163^{***}	—	0.112	—	0.112

$*p < 0.10$，$**p < 0.05$，$***p < 0.01$。

电影发布之前的评论条数（而不是在电影制作之前的评论条数）是电影放映强度的一个有效预测指标。电影的寿命与电影发行之前和电影制作之前的评论条数显著相关。

为了预测电影票房销售，对于上映周销量和总销量，评论条数始终是最重要的变量。在制作期间的评论条数与两个销量的测量指标高度相关（p<0.01）。

评论的情感倾向似乎不与任何新作品的绩效指标相关。这是令人意外的，并且表明由评论数量捕获的公众注意的程度对于新作品的表现比情感倾向指标有更强的预测能力。这个发现也与之前关于在线口碑对电影销售影响的研究一致。

总结一下，评论条数是五个新产品指标中最有效的预测指标。为了预测票房销售，可以使用早在电影制作之前的评论条数。此外，为了预测专业评论家将如何评论电影，除了评论条数之外，评论中的句子的平均数量是另一个好的预测指标。

9.7 实验：评论的情感分析

9.7.1 数据集介绍和预处理

本实验使用的数据是 Amazon.com 上关于数码相机的评论数据（Coursera，2018）。这个数据集可以在下面的链接下载：https://www.kaggle.com/nehasontakke/amazon-unlocked-mobilecsv。

我们先使用下面的命令装入和查看数据：

```
import pandas as pd
import numpy as np
#Read in the data
df=pd.read_csv('Amazon_Unlocked_Mobile.csv')
#Sample the data to speed up computation
#Comment out this line to match with lecture
df=df.sample(frac=0.1, random_state=10)
df.head()
```

df.head 命令会打印出前几条数据，从中可以看到这个数据集的基本结构。我们感兴趣的是 Reviews 字段，里面包含了针对一款数码相机的详细评价内容，如图 9-2 所示。

	Product Name	Brand Name	Price	Rating	Reviews	Review Votes
394349	Sony XPERIA Z2 D6503 FACTORY UNLOCKED Internat...	NaN	244.95	5	Very good one! Better than Samsung S and iphon...	0.0
34377	Apple iPhone 5c 8GB (Pink) - Verizon Wireless	Apple	194.99	1	The phone needed a SIM card, would have been n...	1.0
248521	Motorola Droid RAZR MAXX XT912 M Verizon Smart...	Motorola	174.99	5	I was 3 months away from my upgrade and my Str...	3.0
167661	CNPGD [U.S. Office Extended Warranty] Smartwat...	CNPGD	49.99	1	an experience i want to forget	0.0
73287	Apple iPhone 7 Unlocked Phone 256 GB - US Vers...	Apple	922.00	5	GREAT PHONE WORK ACCORDING MY EXPECTATIONS.	1.0

图 9-2 数据集的基本结构

下面的内容需要用到 scikit-learn 库。如果没有安装，使用下面的命令安装：

```
$ pip install -U scikit-learn
```

注意，Python package manager（pip）命名只能在 IPython 或 Jupyter Notebook 之外运行。

接下来过滤数据：首先删除有缺失值的数据，然后将中性（即 Rating 等于 3）的评论删除。最后，将所有 Rating 大于 3 的，归为正向评论；将所有 Rating 小于 3 的，归为负向评论。

```
#Drop missing values
df.dropna(inplace=True)
#Remove any 'neutral' ratings equal to 3
df=df[df['Rating']!=3]
#Encode 4s and 5s as 1 (rated positively)
#Encode 1s and 2s as 0 (rated poorly)
df['Positively Rated']=np.where(df['Rating'] > 3, 1, 0)
df.head(10)
```

过滤后的数据如图 9-3 所示。

	Product Name	Brand Name	Price	Rating	Reviews	Review Votes	Positively Rated
34377	Apple iPhone 5c 8GB (Pink) - Verizon Wireless	Apple	194.99	1	The phone needed a SIM card, would have been n...	1.0	0
248521	Motorola Droid RAZR MAXX XT912 M Verizon Smart...	Motorola	174.99	5	I was 3 months away from my upgrade and my Str...	3.0	1
167661	CNPGD [U.S. Office Extended Warranty] Smartwat...	CNPGD	49.99	1	an experience i want to forget	0.0	0
73287	Apple iPhone 7 Unlocked Phone 256 GB - US Vers...	Apple	922.00	5	GREAT PHONE WORK ACCORDING MY EXPECTATIONS.	1.0	1
277158	Nokia N8 Unlocked GSM Touch Screen Phone Featu...	Nokia	95.00	5	I fell in love with this phone because it did ...	0.0	1
100311	Blackberry Torch 2 9810 Unlocked Phone with 1....	BlackBerry	77.49	5	I am pleased with this Blackberry phone! The p...	0.0	1
251669	Motorola Moto E (1st Generation) - Black - 4 G...	Motorola	89.99	5	Great product, best value for money smartphone...	0.0	1
279878	OtterBox 77-29864 Defender Series Hybrid Case ...	OtterBox	9.99	5	I've bought 3 no problems. Fast delivery.	0.0	1
406017	Verizon HTC Rezound 4G Android Smarphone - 8MP...	HTC	74.99	4	Great phone for the price...	0.0	1
302567	RCA M1 Unlocked Cell Phone, Dual Sim, 5Mp Came...	RCA	159.99	5	My mom is not good with new technoloy but this...	4.0	1

图 9-3　过滤后的数据

查看一下评价的均值，可以看到大部分的评论都是正面评价。

```
#Most ratings are positive
df['Positively Rated'].mean ()
```

将数据分为训练集和测试集：

```
from sklearn.model_selection import train_test_split
#Split data into training and test sets
X_train, X_test, y_train, y_test=train_test_split(df['Reviews'],
df['Positively Rated'], random_state=0)
print ('X_train first entry: \n\n', X_train.iloc[0])
print ('\n\nX_train shape: ', X_train.shape)
```

接着，使用 CountVectorizer 来适配训练数据。CountVectorizer 适合处理词汇在文本中出现的频率。

```
from sklearn.feature_extraction.text import CountVectorizer
#Fit the CountVectorizer to the training data
vect=CountVectorizer () .fit (X_train)
vect.get_feature_names () [:: 2000]
```

输出：

```
['00',
 'arroja',
 'comapañias',
 'dvds',
 'golden',
 'lands',
 'oil',
 'razonable',
```

```
 'smallsliver',
 'tweak']
```

查看特征向量的长度（个数）:

```
len (vect.get_feature_names ())
```

输出：

```
19601
```

将训练数据中的文档转换成一个文档-词的矩阵。

```
#transform the documents in the training data to a document-term
#matrix
X_train_vectorized=vect.transform (X_train)
X_train_vectorized
```

输出：

```
<23052x19601 sparse matrix of type '<class 'numpy.int64'>'
    with 613289 stored elements in Compressed Sparse Row format>
```

这个输出表示转换后得到的是一个 23 052 × 19 601 的稀疏矩阵，其中包含 613 289 个元素，采用压缩矩阵的方法存储。

9.7.2 词频特征

下面引入逻辑回归，训练模型：

```
from sklearn.linear_model import LogisticRegression
#Train the model
model=LogisticRegression ()
model.fit (X_train_vectorized, y_train)
```

输出：

```
LogisticRegression ( C=1.0 , class_weight=None , dual=False ,
fit_intercept=True, intercept_scaling=1, max_iter=100, multi_class=
'ovr',n_jobs=1,penalty='l2',random_state=None,solver='liblinear',
tol=0.0001, verbose=0, warm_start=False)
```

上面的输出说明了逻辑回归的参数，然后在测试集上预测效果：

```
from sklearn.metrics import roc_auc_score
#Predict the transformed test documents
predictions=model.predict (vect.transform (X_test))
print ('AUC: ', roc_auc_score (y_test, predictions))
```

输出：

```
AUC: 0.8974332776669326
```

这个输出说明 AUC 的值约为 0.897。AUC 被定义为 ROC 曲线下的面积，取值范围一般为 0.5 ~ 1。AUC 值是一个概率值，即当随机挑选一个正样本以及一个负样本时，当前的分类算法根据计算得到的 Score 值将这个正样本排在负样本前面的概率。当然，AUC 值越大，当前的分类算法越有可能将正样本排在负样本前面，即能够更好地分类。作为一个数值，对应 AUC 更大的分类器效果更好。

打印最大和最小的 10 个系数：

```
#get the feature names as numpy array
feature_names=np.array(vect.get_feature_names())
#Sort the coefficients from the model
sorted_coef_index=model.coef_[0].argsort()
#Find the 10 smallest and 10 largest coefficients
#The 10 largest coefficients are being indexed using[: -11: -1]
#so the list returned is in order of largest to smallest
print('Smallest Coefs: \n{}\n'.format(feature_names[sorted_
coef_index[: 10]]))
print('Largest Coefs: \n{}'.format(feature_names[sorted_
coef_index[: -11: -1]]))
```

输出：

```
Smallest Coefs:
['worst' 'terrible' 'slow' 'junk' 'poor' 'sucks' 'horrible'
'useless' 'waste' 'disappointed']

Largest Coefs:
['excelent''excelente''excellent''perfectly''love''perfect'
'exactly' 'great' 'best' 'awesome']
```

9.7.3 TF-IDF 特征

TF-IDF 是一种用于信息检索与数据挖掘的常用加权技术。TF 的意思是词频，IDF 的意思是逆文本频率。

TF-IDF 是一种统计方法，用于评估一个字词对于一个文件集或一个语料库中的其中一份文件的重要程度。字词的重要性随着它在文件中出现的次数成正比增加，但同时会随着它在语料库中出现的频率成反比下降。TF-IDF 加权的各种形式常被搜索引擎应用，作为文件与用户查询之间相关程度的度量或评级。除了 TF-IDF 以外，因特网上的搜索引擎还会使用基于链接分析的评级方法，以确定文件在搜寻结果中出现的顺序。

TF-IDF 的主要思想是：如果某个词或短语在一篇文章中出现的频率高，并且在其他文章中很少出现，则认为此词或者短语具有很好的类别区分能力，适合用来分类。TF-IDF 实际上是 TF × IDF，TF 表示词条在文档中出现的频率。IDF 的主要思想是：如果包含词条 t 的文档越少，也就是 n 越小，IDF 越大，则说明词条 t 具有很好的类别区分能力。

有很多不同的数学公式可以用来计算 TF-IDF，下面的例子以上述的数学公式来计算。TF 是一个词语出现的次数除以该文件的总词语数。假如一篇文件的总词语数是 100 个，而词语“母牛”出现了 3 次，那么“母牛”一词在该文件中的 TF 就是 3/100=0.03。一个计算 IDF 的方法是文件集里包含的文件总数与测定有多少份文件出现过“母牛”一词的比值的对数。所以，如果“母牛”一词在 1 000 份文件中出现过，而文件总数是 10 000 000 份，其 IDF 就是 lg（10 000 000 / 1 000）=4。最后的 TF-IDF 的分数为 0.03 × 4=0.12。

下面我们使用 TF-IDF 作为特征进行情感分类。首先，使用 TfidfVectorizer 将训练数据向量化，然后打印整个向量的长度：

```
from sklearn.feature_extraction.text import TfidfVectorizer
#Fit the TfidfVectorizer to the training data specifying a
#minimum document frequency of 5
vect=TfidfVectorizer (min_df=5) .fit (X_train)
len (vect.get_feature_names ())
```

输出：

```
5442
```

仍然使用逻辑回归训练模型，在测试集上进行预测，并打印 AUC 值：

```
X_train_vectorized=vect.transform (X_train)
model=LogisticRegression ()
model.fit (X_train_vectorized, y_train)
predictions=model.predict (vect.transform (X_test))
print ('AUC: ', roc_auc_score (y_test, predictions))
```

输出：

```
AUC:  0.889951006492175
```

从上面的输出可以看到，使用 TF-IDF 作为特征得到的 AUC 与使用词频作为特征大致相当。下面，输出权重最小和最大的 10 个 TF-IDF 特征：

```
feature_names=np.array (vect.get_feature_names ())
sorted_tfidf_index=X_train_vectorized.max ( 0 ) .toarray ( )
[0].argsort ()
print ('Smallest tfidf: \n{}\n'.format (feature_names[sorted_
tfidf_index[: 10]]))
print ( 'Largest tfidf : \n{}'.format ( feature_names[sorted_
tfidf_index[: -11: -1]]))
```

输出：

```
Smallest tfidf:
['61' 'printer' 'approach' 'adjustment' 'consequences' 'length'
'emailing' 'degrees' 'handsfree' 'chipset']

Largest tfidf : ['unlocked' 'handy' 'useless' 'cheat' 'up'
```

```
'original' 'exelent' 'exelente'
 'exellent' 'satisfied']
```

下面打印最小和最大的 10 个系数：

```
sorted_coef_index=model.coef_[0].argsort ()
print ('Smallest Coefs: \n{}\n'.format (feature_names[sorted_coef_index[: 10]]))
print('Largest Coefs: \n{}'.format(feature_names[sorted_coef_index[: -11: -1]]))
```

输出：

```
Smallest Coefs:
['not' 'slow' 'disappointed' 'worst' 'terrible' 'never'
'return' 'doesn' 'horrible' 'waste']

Largest Coefs : ['great' 'love' 'excellent' 'good' 'best'
'perfect' 'price' 'awesome' 'far' 'perfectly']
```

下面预测一些评论的情感类型：

```
# These reviews are treated the same by our current model
print (model.predict (vect.transform (['not an issue, phone is working', 'an issue, phone is not working'])))
```

输出：

```
[0 0]
```

9.7.4 *n* 元语法特征

n 元语法是连续的 *n* 个词。*n* 元语法是基于一个假设：第 *n* 个词出现与前 *n*-1 个词相关，而与其他任何词不相关。因此，*n* 元语法常常被用作特征。

首先，使用 CountVectorizer 来转换训练数据。选择一元语法和二元语法，同时词频小于 5 的词都会被过滤掉。

```
#Fit the CountVectorizer to the training data specifying a
#minimum
#document frequency of 5 and extracting 1-grams and 2-grams
vect=CountVectorizer(min_df=5,ngram_range=(1,2)).fit(X_train)
X_train_vectorized=vect.transform (X_train)
len (vect.get_feature_names ())
```

输出：

```
29072
```

接下来，使用逻辑回归训练模型，在测试集上进行预测，并计算 AUC：

```
model=LogisticRegression ()
```

```
model.fit (X_train_vectorized, y_train)
predictions=model.predict (vect.transform (X_test))
print ('AUC: ', roc_auc_score (y_test, predictions))
```

输出：

```
AUC:  0.9110661794597458
```

输出系数最小和最大的10个特征：

```
feature_names=np.array (vect.get_feature_names ())
sorted_coef_index=model.coef_[0].argsort ()
print ('Smallest Coefs: \n{}\n'.format (feature_names[sorted_
coef_index[: 10]]))
print ( 'Largest Coefs : \n{}'.format ( feature_names[sorted_
coef_index[: -11: -1]]))
```

输出：

```
Smallest Coefs:
['no good' 'junk' 'poor' 'slow' 'worst' 'broken' 'not good'
'terrible' 'defective' 'horrible']
Largest Coefs:
['excellent' 'excelente' 'excelent' 'perfect' 'great' 'love'
'awesome' 'no problems' 'good' 'best']
```

预测新的评论的情感属性：

```
#These reviews are now correctly identified
print (model.predict (vect.transform (['not an issue, phone is
working', 'an issue, phone is not working'])))
```

输出：

```
[1 0]
```

【思 考 题】

1. 什么是情感分析?
2. 完整的情感分析包含哪些子任务?
3. 文档级情感分析和句子级情感分析，在实现方法上有什么不同?
4. 情感分析有哪些常用的算法?
5. 什么是n元语法?
6. 什么是TF-IDF?
7. 情感分析有哪些商业用途?

第 10 章

知识图谱

10.1 知识图谱的基本概念

知识图谱本质上是语义网络，是一种基于图的数据结构，由节点和边组成。在知识图谱里，每个节点表示现实世界中存在的“实体”，每条边为实体与实体之间的“关系”。知识图谱是关系的最有效的表示方式。通俗地讲，知识图谱就是把所有不同种类的信息连接在一起而得到的一个关系网络。知识图谱提供了从“关系”的角度分析问题的能力。

构建知识图谱的主要目的是获取大量的、让计算机可读的知识。但是构建知识图谱的重点在于语义理解、知识表示、问答、智能对话和用户建模。从抽象层面看，本体最抽象，其次是知识库，最后才是知识图谱。知识库就是一个知识数据库，包含了知识的本体和知识。例如，Freebase 是一个知识库（结构化），维基百科也可以看成一个知识库（半结构化），等等。也就是说，本体强调概念关系，知识图谱强调实体关系和实体属性值，知识库则是所有知识的集合。但是知识库不局限于分类和图谱，知识库可以包括规则，包括过程性知识等。而本体也可以定义得很抽象，任何概念的内涵和外延都可以定义本体。

知识图谱是结构化的语义知识库，用于以符号形式描述物理世界中的概念及其相互关系，其基本组成单位是“实体–关系–实体”三元组，以及实体及其相关属性–值对，实体之间通过关系相互连接，构成网状的知识结构。

知识图谱中包含以下几类元素。

（1）实体：指的是具有可区别性且独立存在的某种事物，如某一个人、某一个城市、某一种植物、某一种商品等。世界万物由具体事物组成，此即实体。如图 10-1 的“中国”“美国”“日本”等。实体是知识图谱中的最基本元素，不同的实体间存在不同的关系。

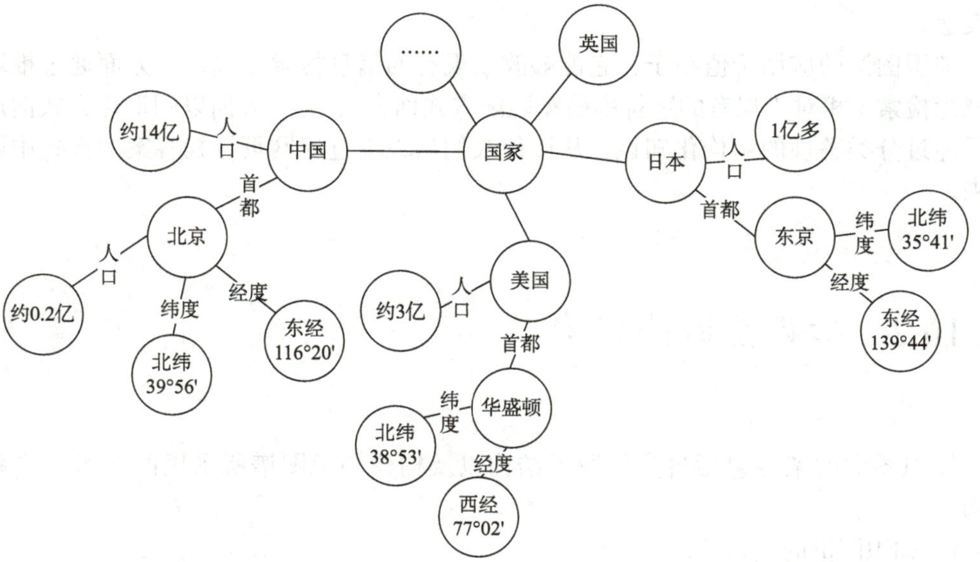

图 10-1　一个知识图谱的例子

（2）语义类（概念）：具有同种特性的实体构成的集合，如国家、民族、书籍、计算机等。概念主要指集合、类别、对象类型、事物的种类，如人物、地理等。

（3）内容：通常作为实体和语义类的名字、描述、解释等，可以由文本、图像、音视频等来表达。

（4）属性（值）：从一个实体指向它的属性值。不同的属性类型对应于不同类型属性的边。属性值主要指对象指定属性的值。如图 10-1 所示的“人口”“首都”是几种不同的属性。属性值主要指对象指定属性的值，如北京的人口值约 0.2 亿。

（5）关系：形式化为一个函数，它把 k 个点映射到一个布尔值。在知识图谱上，关系则是一个把 k 个图节点（实体、语义类、属性值）映射到布尔值的函数。

三元组是知识图谱的一种通用表示方式。三元组的基本形式主要包括（实体 1–关系–实体 2）和（实体–属性–属性值）等。每个实体（概念的外延）可用一个全局唯一确定的 ID 来标识，每个属性–属性值对（attribute-value pair，AVP）可用来刻画实体的内在特性，而关系可用来连接两个实体，刻画它们之间的关联。如图 10-1 的知识图谱所示，中国是一个实体，北京是一个实体，中国–首都–北京是一个（实体–关系–实体）的三元组样例，北京是一个实体，人口是一种属性，约 0.2 亿是属性值。北京–人口–约 0.2 亿构成一个（实体–属性–属性值）的三元组样例。

通过知识图谱，可以实现 Web 从网页链接向概念链接转变，支持用户按主题而不是字符串检索，从而实现真正的语义检索，基于知识图谱的搜索引擎，能够以图形方式向用户反馈结构化的知识，用户不必浏览大量网页，就可以准确定位和深度获取知识。

知识图谱本身是一个具有属性的实体通过关系连接而成的网状知识库，从图的角度来看，知识图谱本质上是一种概念网络，其中的节点表示物理世界中的实体（或概念），而实体之间的各种语义关系则构成网络中的边。由此，知识图谱是对物理世界的一种符号表达。

知识图谱的应用价值在于，它能够改变现有的信息检索方式，一方面通过推理实现概念检索（相对于现有的字符串模糊匹配方式而言）；另一方面以图形化方式向用户展示经过分类整理的结构化知识，从而使人们从人工过滤网页寻找答案的模式中解脱出来。

10.2 知识图谱的架构

知识图谱的架构包括自身的逻辑结构以及构建知识图谱所采用的技术（体系）架构。

1）知识图谱的逻辑结构

知识图谱在逻辑上可分为模式层与数据层两个层次，数据层主要由一系列的事实组成，而知识将以事实为单位进行存储。如果用（实体 1，关系，实体 2）、（实体，属性，属性值）这样的三元组来表达事实，可选择图数据库作为存储介质，如开源的 Neo4j、Twitter 的 FlockDB、德国 Sones 公司的 GraphDB 等。模式层构建在数据层之上，是知识图谱的核心，通常采用本体库来管理知识图谱的模式层。本体是结构化知识库的概念模板，通过本体库而形成的知识库不仅层次结构较强，并且冗余程度较小。

2）知识图谱的体系架构

知识图谱的体系架构是指其构建模式结构，如图 10-2 所示。其中虚线框内的部分为知识图谱的构建过程，也包含知识图谱的更新过程。知识图谱构建从最原始的数据（包括结构化、半结构化、非结构化数据）出发，采用一系列自动或者半自动的技术手段，从原始数据库和第三方数据库中提取知识事实，并将其存入知识库的数据层和模式层，这一过程包含信息抽取、知识表示、知识融合、知识推理四个过程，每一次更新迭代均包含这四个阶段。知识图谱主要有自顶向下（top-down）与自底向上（bottom-up）两种构建方式。自顶向下指的是先为知识图谱定义好本体与数据模式，再将实体加入知识库。该构建方式需要利用一些现有的结构化知识库作为其基础知识库，例如，Freebase 项目就是采用这种方式，它的绝大部分数据是从维基百科中得到的。自底向上指的是从一些开放链接数据中提取出实体，选择其中置信度较高的加入知识库，再构建顶层的本体模式。目前，大多数知识图谱都采用自底向上的方式进行构建，其中最典型的就是 Google 的 Knowledge Vault 和微软的 Satori 知识库。现在也符合互联网数据内容知识产生的特点。

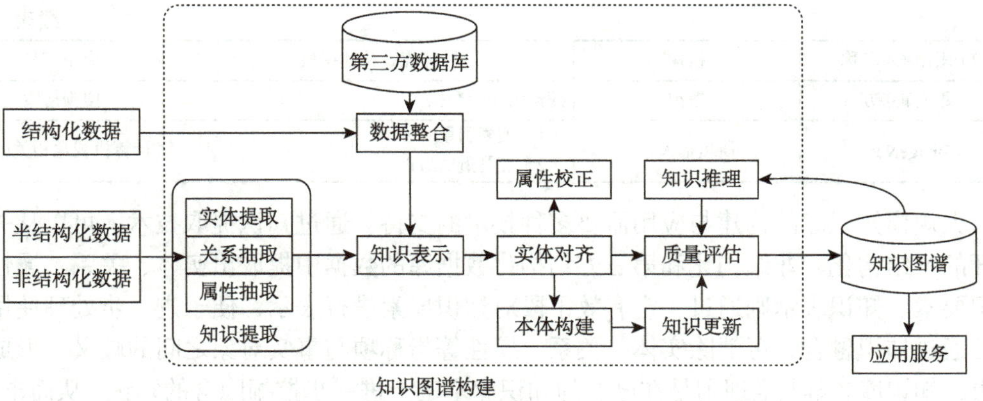

图 10-2　知识图谱的体系架构

10.3　代表性的知识图谱

根据覆盖范围而言，知识图谱也可分为开放域通用知识图谱和垂直行业知识图谱。开放域通用知识图谱注重广度，强调融合更多的实体，较垂直行业知识图谱而言，其准确度不够高，并且受概念范围的影响，很难借助本体库对公理、规则以及约束条件的支持能力规范其实体、属性、实体间的关系等。通用知识图谱主要应用于智能搜索等领域。行业知识图谱通常需要依靠特定行业的数据来构建，具有特定的行业意义。垂直行业知识图谱中，实体的属性与数据模式往往比较丰富，需要考虑到不同的业务场景与使用人员。表 10-1 展示了现在知名度较高的大规模知识库。

表 10-1　代表性知识图谱库概览

知识图谱库名称	机构	特点、构建手段	应用产品
Freebase	MetaWeb（2010 年被 Google 收购）	（1）实体、语义类、属性、关系 （2）自动+人工：部分数据从维基百科等数据源抽取得到；另一部分数据来自人工协同编辑	Google Search Engine，Google Now
Knowledge Vault（谷歌知识地图）	Google	（1）实体、语义类、属性、关系 （2）超大规模数据库；源自维基百科、Freebase、《世界各国纪实年鉴》	Google Search Engine，Google Now
DBpedia	莱比锡大学、柏林自由大学、OpenLink Software	（1）实体、语义类、属性、关系 （2）从维基百科抽取	DBpedia
WolframAlpha	维基媒体基金会（Wikimedia Foundation）	（1）实体、语义类、属性、关系、知识计算 （2）部分知识来自 Mathematica；其他知识来自于各个垂直网站	Apple Siri
Bing Satori	Microsoft	（1）实体、语义类、属性、关系、知识计算 （2）自动+人工	Bing Search Engine，Microsoft Cortana
YAGO	马克斯·普朗克研究所	自动：从维基百科、WordNet 和 GeoNames 提取信息	YAGO
Facebook Social Graph	Facebook	Facebook 社交网络数据	Social Graph Search
百度知识图谱	百度	搜索结构化数据	百度搜索

续表

知识图谱库名称	机构	特点、构建手段	应用产品
搜狗知立方	搜狗	搜索结构化数据	搜狗搜索
ImageNet	斯坦福大学	（1）搜索引擎 （2）亚马逊 AMT	计算机视觉相关应用

大规模知识库的构建与应用需要多种技术的支持。通过知识提取技术，可以从一些公开的半结构化、非结构化和第三方结构化数据库的数据中提取出实体、关系、属性等知识要素。知识表示则通过一定有效手段对知识要素进行表示，便于进一步处理使用。然后通过知识融合，可消除实体、关系、属性等指称项与事实对象之间的歧义，形成高质量的知识库。知识推理则是在已有的知识库基础上进一步挖掘隐含的知识，从而丰富、扩展知识库。分布式的知识表示形成的综合向量对知识库的构建、推理、融合以及应用均具有重要的意义。接下来，本章将以知识抽取、知识表示、知识融合以及知识推理技术为重点，选取代表性的方法，说明其中的相关研究进展和实用技术手段（徐健等，2008）。

10.4 知识抽取的关键技术

知识抽取主要是面向开放的链接数据，通常典型的输入是自然语言文本或者多媒体内容文档（图像或者视频）等。然后通过自动化或者半自动化的技术抽取出可用的知识单元，知识单元主要包括实体（概念的外延）、关系以及属性三个知识要素，并以此为基础，形成一系列高质量的事实表达，为上层模式层的构建奠定基础（徐健等，2008）。

10.4.1 实体抽取

实体抽取也称为命名实体学习（named entity learning）或命名实体识别（named entity recognition），指的是从原始数据语料中自动识别出命名实体。由于实体是知识图谱中的最基本元素，其抽取的完整性、准确率、召回率等将直接影响到知识图谱构建的质量，因此，实体抽取是知识抽取中最为基础与关键的一步。我们可以将实体抽取的方法分为四种：基于百科站点或垂直站点抽取、基于规则与词典的实体抽取方法、基于统计机器学习的实体抽取方法以及面向开放域的实体抽取方法。基于百科站点或垂直站点抽取是一种很常规、基本的抽取方法；基于规则与词典的实体抽取方法通常需要为目标实体编写模板，然后在原始语料中进行匹配；基于统计机器学习的实体抽取方法主要是通过机器学习的方法对原始语料进行训练，然后利用训练好的模型识别实体；面向开放域的实体抽取方法将面向海量的 Web 语料进行抽取。

1）基于百科站点或垂直站点抽取

基于百科站点或垂直站点抽取这种方法是从百科类站点（如维基百科、百度百科、互动百科等）的标题和链接中抽取实体名。这种方法的优点是可以得到开放互联网中最常见的实体名，其缺点是对于中低频的覆盖率低。与一般性通用的网站相比，垂直类站点的实体抽取可以获取特定领域的实体。例如，从豆瓣各频道（音乐、读书、电影等）获取各种实体列表。这种方法主要是基于爬取技术来实现和获取。基于百科站点或垂直站点是一种最常规和基本的方法。

2）基于规则与词典的实体抽取方法

早期的实体抽取是在限定文本领域、限定语义单元类型的条件下进行的，主要采用的是基于规则与词典的方法，例如，使用已定义的规则，抽取出文本中的人名、地名、组织机构名、特定时间等实体。然而，基于规则模板的方法不仅需要依靠大量的专家来编写规则或模板，覆盖的领域范围有限，而且很难适应数据变化的新需求。

3）基于统计机器学习的实体抽取方法

鉴于基于规则与词典实体的局限性，为更具有可扩展性，相关研究人员将机器学习中的监督学习算法用于命名实体的抽取问题上。例如，利用 KNN 算法与条件随机场模型，实现对 Twitter 文本数据中实体的识别。单纯的监督学习算法在性能上不仅受到训练集合的限制，并且算法的准确率与召回率都不够理想。相关研究者认识到监督学习算法的制约性后，尝试将监督学习算法与规则相互结合，取得了一定的成果。有研究基于字典，使用最大熵算法在 MEDLINE 论文摘要的 GENIA 数据集（一个生物文本数据集）上进行了实体抽取实验，实验的准确率与召回率都在 70%以上。近年来随着深度学习的兴起应用，基于深度学习的命名实体识别得到广泛应用。图 10-3 就是一种基于双向长短期记忆编码器和条件随机场架构的命名实体抽取方法，在目前的命名实体抽取方法中处于标杆地位。

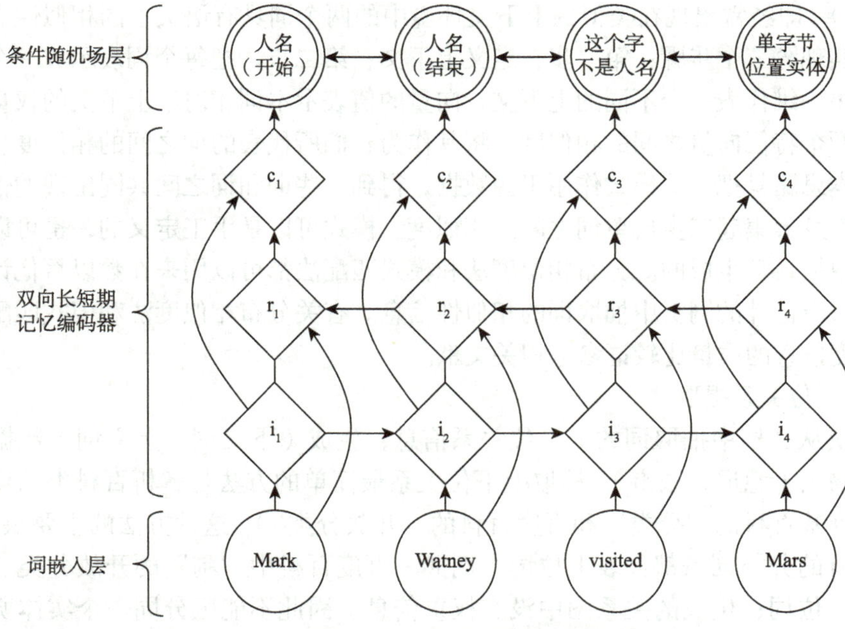

图 10-3 基于双向长短期记忆编码器和条件随机场的架构

i 表示前向层，r 表示后向层，c 表示输出层。

4）面向开放域的实体抽取方法

针对如何从少量实体实例中自动发现具有区分能力的模式，进而扩展到海量文本对实体做分类与聚类的问题，有学者提出了一种通过迭代方式扩展实体语料库的解决方案，其基本思想是通过少量的实体实例建立特征模型，再通过该模型应用于新的数据集得到新的命名实体。还有学者提出了基于无监督学习的开放域聚类算法，其基本思想是基于已知实体的语义特征去搜索日志中识别出命名的实体，然后进行聚类。

10.4.2 语义类抽取

语义类抽取是指从文本中自动抽取信息来构造语义类并建立实体和语义类的关联，作为实体层面上的规整和抽象。下面介绍一种行之有效的语义类抽取方法，包含三个模块：并列相似度计算、上下位关系提取以及语义类生成。

1）并列相似度计算

并列相似度计算的结果是词和词之间的相似性信息，如三元组（苹果，梨，s_1）表示苹果和梨的相似度是 s_1。两个词有较高的并列相似度的条件是它们具有并列关系（即同属于一个语义类），并且有较大的关联度。按照这样的标准，北京和上海具有较高的并列相似度，而北京和汽车的并列相似度很低（因为它们不属于同一个语义类）。对于海淀、朝阳、闵行三个市辖区来说，海淀和朝阳的并列相似度大于海淀和闵行的并列相似度（因为前两者的关联度更高）。

当前主流的并列相似度计算方法有分布相似度法（distributional similarity）和模式匹配法（pattern matching）。分布相似度法基于哈里斯（Harris）的分布假设（distributional hypothesis），即经常出现在类似的上下文环境中的两个词具有语义上的相似性。分布相似度法的实现分三个步骤：第一步，定义上下文；第二步，把每个词表示成一个特征向量，向量每一维代表一个不同的上下文，向量的值表示本词相对于上下文的权重；第三步，计算两个特征向量之间的相似度，将其作为它们所代表的词之间的相似度。模式匹配法的基本思路是把一些模式作用于源数据，得到一些词和词之间共同出现的信息，然后把这些信息聚集起来生成单词之间的相似度。模式可以是手工定义的，也可以是根据一些种子数据自动生成的。分布相似度法和模式匹配法都可以用来在数以百亿计的句子中或者数以十亿计的网页中抽取词的相似性信息。有关分布相似度法和模式匹配法所生成的相似度信息的质量比较请参考相关文献。

2）上下位关系提取

该模块从文档中抽取词的上下位关系信息，生成（下义词，上义词）数据对，如（狗，动物）、（悉尼，城市）。提取上下位关系最简单的方法是解析百科类站点的分类信息（如维基百科的“分类”和百度百科的“开放分类”）。这种方法的主要缺点包括：并不是所有的分类词条都代表上位词，例如，百度百科中“狗”的开放分类“养殖”就不是其上位词；生成的关系图中没有权重信息，因此不能区分同一个实体所对应的不同上位词的重要性；覆盖率偏低，即很多上下位关系并没有包含在百科站点的分类信息中。

在英文数据中用 Hearst 模式和 IsA（is a kind of）模式进行模式匹配被认为是比较有效的上下位关系抽取方法。下面是这些模式的中文版本（其中 NPC 表示上位词，NP 表示下位词，以通配符“*”来取代上下位关系模式中最频繁的词，{ }表示要匹配的字段必须存在，[ ]表示匹配的字段可以不存在）：

NPC { 包括| 包含| 有} {NP、}* [等| 等等]

NPC { 如| 比如| 像| 象} {NP、}*

{NP、}* [{ 以及|和| 与} NP] 等 NPC

{NP、}* { 以及|和| 与} { 其它| 其他} NPC

NP 是 {一个| 一种| 一类} NPC

此外，一些网页表格中包含上下位关系信息，如在带有表头的表格中，表头行的文本是其他行的上位词。

3）语义类生成

该模块包括聚类和语义类标定两个子模块。聚类的结果决定了要生成哪些语义类以及每个语义类包含哪些实体，而语义类标定的任务是给一个语义类附加一个或者多个上位词作为其成员的公共上位词。此模块依赖于并列相似性和上下位关系信息来进行聚类和标定。有些研究工作只根据上下位关系图来生成语义类，但经验表明并列相似度信息对于提高最终生成的语义类的精度和覆盖率都至关重要。

10.4.3 属性和属性值抽取

属性抽取的任务是为每个本体语义类构造属性列表（如城市的属性包括面积、人口、所在国家、地理位置等），而属性值抽取则是为一个语义类的实体附加属性值。属性和属性值的抽取能够形成完整的实体概念的知识图谱维度。常见的属性和属性值抽取方法包括从百科类站点中抽取、从垂直网站中进行包装器归纳、从网页表格中抽取，以及利用手工定义或自动生成的模式从句子和查询日志中抽取。

语义类/实体的常见属性/属性值可以通过解析百科类站点中的半结构化信息（如维基百科的信息盒和百度百科的属性表格）而获得。尽管通过这种简单手段能够得到高质量的属性，但同时需要采用其他方法来增加覆盖率（即为语义类增加更多属性以及为更多的实体添加属性值）。

由于垂直网站（如电子产品网站、图书网站、电影网站、音乐网站）包含大量实体的属性信息。例如，图 10-4 的网页中包含了图书的作者、出版社、出版时间、评分等信息。基于一定规则模板，便可以从垂直站点中生成包装器（或称为模板），并根据包装器来抽取属性信息。从包装器生成的自动化程度来看，这些方法可以分为手工法（即手工编写包装器）、监督方法、半监督法以及无监督法。考虑到需要从大量不同的网站中抽取信息，并且网站模板可能会更新等因素，无监督包装器归纳方法显得更加重要和现实。无监督包装器归纳的基本思路是利用对同一个网站下面多个网页的超文本标签树的对比来生成模板。简单来看，不同网页的公共部分往往对应于模板或者属性名，不同的部分则可能是属性值，而同一个网页中重复的标签块则预示着重复的记录。

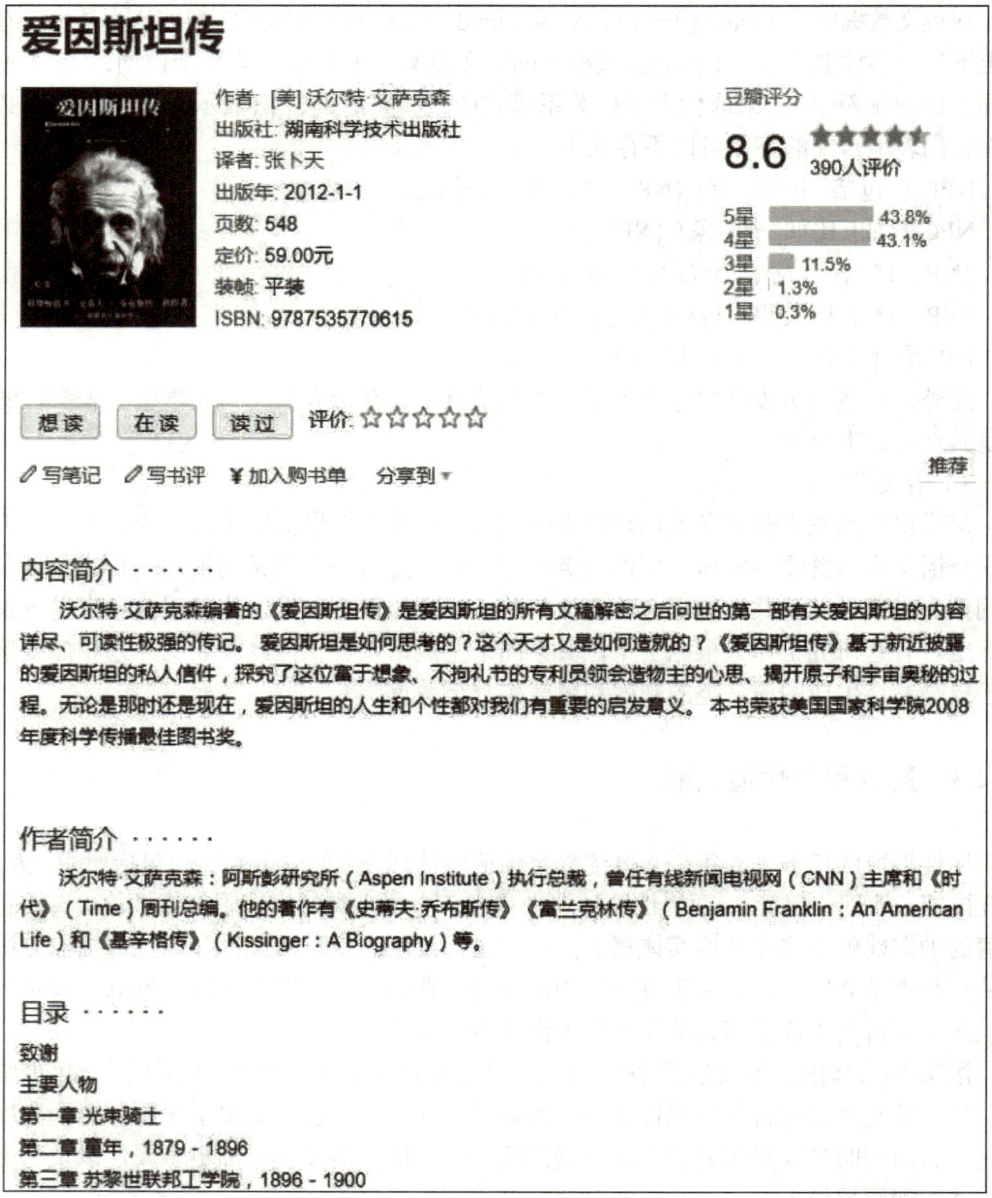

图 10-4 《爱因斯坦传》信息页

属性抽取的另一个信息源是网页表格。表格的内容对于人来说一目了然，而对于机器而言，情况则要复杂得多。由于表格类型千差万别，很多表格制作得不规则，加上机器缺乏人所具有的背景知识等原因，从网页表格中抽取高质量的属性信息成为挑战。

上述三种方法的共同点是通过挖掘原始数据中的半结构化信息来获取属性和属性值。与通过“阅读”句子来进行信息抽取的方法相比，这些方法绕开了自然语言理解这样一个“硬骨头”而试图达到以柔克刚的效果。在现阶段，计算机知识库中的大多数属性值确实是通过上述方法获得的。但现实情况是只有一部分人类知识是以半结构化形式体现的，而更多的知识则隐藏在自然语言句子中，因此直接从句子中抽取信息成为进一步提高知识库覆盖率的关键。当前从句子和查询日志中抽取属性和属性值的基本手段是模式匹配和对自然语言的浅层处理。图 10-5 描绘了为语义类抽取属性名的主框架（同样的过程也适用于为实体抽取属性值）。图中虚线左边的部分是输入，它包括一些手工定义的模式和一个作为种子的（词，属性）列表。模式的例子参见表 10-2，（词，属性）的例子如（北京，面积）。在只有语义类无关的模式作为输入的情况下，整个方法是一个在句子中进行模式匹配而生成（语义类，属性）关系图的无监督的知识抽取过程。此过程分为两个步骤，第一步通过将输入的模式作用到句子上而生成一些（词，属性）元组，这些数据元组在第二步中根据语义类进行合并而生成（语义类，属性）关系图。在输入中包含种子列表或者语义类相关模式的情况下，整个方法是一个半监督的自举过程，分三个步骤。

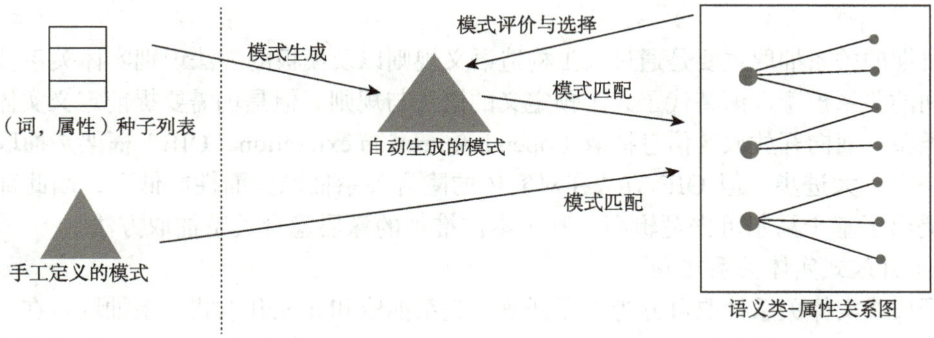

图 10-5 利用模式从无结构化文本中提取属性信息

表 10-2 用于属性抽取的模式示例

模式	语言	示例
A {of|in} is A	英文	The longest river in Africa is the Nile River
V is E's A	英文	Beijing is China's capital city
E A V	中文/英文	北京市面积 16 808 平方公里 美国总统拜登
E 的 A[是|为|有|包括]V	中文	珠穆朗玛峰的高度为 8844.43 米
V 是 E 的 A	中文	《透明的红萝卜》是莫言的成名作

注：E、A、V 分别表示实体、属性、属性值

（1）模式生成：在句子中匹配种子列表中的词和属性从而生成模式。模式通常由词和属性的环境信息而生成。

（2）模式匹配。

（3）模式评价与选择：通过生成的（语义类，属性）关系图对自动生成的模式的质量进行自动评价并选择高分值的模式作为下一轮匹配的输入。

10.4.4 关系抽取

关系抽取的目标是解决实体语义链接的问题。关系的基本信息包括参数类型、满足此关系的元组模式等。例如，关系 BeCapitalOf（表示一个国家的首都）的基本信息如下。

参数类型：（Capital，Country）

模式：

$$\begin{cases}\{0\}\text{be the capital of}\{1\}\\ \{0\}\text{be the capital in}\{1\}\\ \qquad\cdots\end{cases}$$

元组：（北京，中国）；（华盛顿，美国）；Capital 和 Country 表示首都和国家两个语义类。

早期的关系抽取主要是通过人工构造语义规则以及模板的方法识别实体关系。随后，实体间的关系模型逐渐替代了人工预定义的语法与规则。但是仍需要提前定义实体间的关系类型。面向开放域的信息抽取（open information extraction，OIE）框架是抽取模式上的一个巨大进步。但 OIE 方法在对实体的隐含关系抽取方面性能低下，因此部分研究者提出了基于马尔可夫逻辑网、基于本体推理的深层隐含关系抽取方法。

1）开放式实体关系抽取

开放式实体关系抽取可分为二元开放式关系抽取和 *n* 元开放式关系抽取。在二元开放式关系抽取中，早期的研究有 KnowItAll 与 TextRunner 系统，在准确率与召回率上表现一般。后期有学者提出了一种基于 Wikipedia 的 OIE 方法 WOE（Wikipedia-based open extraction），经自监督学习得到抽取器，准确率较 TextRunner 有明显的提高。针对 WOE 的缺点，又有学者提出了第二代 OIE ReVerb 系统，以动词关系抽取为主。第三代 OIE 系统 OLLIE（open language learning for information extraction）尝试弥补并扩展 OIE 的模型及相应的系统，抽取结果的准确度得到了增强。

然而，基于语义角色标注的 OIE 分析显示：英文语句中 40%的实体关系是 *n* 元的，如果处理不当，可能会影响整体抽取的完整性。因此，有学者提出了一种可抽取任意英文语句中 *n* 元实体关系的方法 KPAKEN（*N*-ary OIE fact extraction system for facts of arbitrary arity），弥补了 ReVerb 的不足。但是算法对语句深层语法特征的抽取导致其效率显著下降，并不适用于大规模开放域语料的情况。

2）基于联合推理的实体关系抽取

联合推理的关系抽取中的典型方法是马尔可夫逻辑网（Markov logic network，MLN），它是一种将马尔可夫网络与一阶逻辑相结合的统计关系学习框架，同时也是在 OIE 中融入推理的一种重要实体关系抽取模型。基于该模型，有学者提出了一种无监督学习模型 StatSnowball，不同于传统的 OIE，该方法可自动产生或选择模板生成抽取器。在 StatSnowball 的基础上，又有学者提出了一种实体识别与关系抽取相结合的模型 EntSum，主要由扩展的条件随机场命名实体识别模块与基于 StatSnowball 的关系抽取模块组成，在保证准确率的同时也提高了召回率。

10.5 知识表示的关键技术

传统的知识表示方法主要是以资源描述框架（resource description framework）的三元组 SPO（subject，property，object）来符号性描述实体之间的关系。这种表示方法通用简单，受到广泛认可，但是其在计算效率、数据稀疏性等方面面临诸多问题。近年来，以深度学习为代表的表示学习技术取得了重要的进展，可以将实体的语义信息表示为稠密低维实值向量，进而在低维空间中高效计算实体、关系及其之间的复杂语义关联，对知识库的构建、推理、融合以及应用均具有重要的意义。

知识表示学习的代表模型有距离模型、单层神经网络模型、双线性模型、神经张量模型、矩阵分解模型、翻译模型等。

1）距离模型

距离模型的基本思想是：首先将实体用向量进行表示，然后通过关系矩阵将实体投影到与实体向量同一维度的向量空间中，最后通过计算投影向量之间的距离来判断实体间已存在的关系的置信度。由于距离模型中的关系矩阵是两个不同的矩阵，协同性较差。

2）单层神经网络模型

针对上述提到的距离模型中的缺陷，人们提出了采用单层神经网络的非线性模型（single layer model，SLM），模型为知识库中每个三元组(h,r,t)定义了以下形式的评价函数：

$$f_r(h,t)=\mu_t^{\mathrm{T}} g\left(M_{r,1} l_h + M_{r,2} l_h\right)$$

式中，$\mu_t^{\mathrm{T}} \in \mathbb{R}^k$ 为关系 r 的向量化表示；$g(\ )$为 tanh 函数；l_h 为头实体向量化表示；$M_{r,1}$，$M_{r,2} \in \mathbb{R}^{d\times k}$ 是通过关系 r 定义的两个矩阵。单层神经网络模型的非线性操作虽然能够进一步刻画实体在关系下的语义相关性，但在计算开销上却大大增加。

3）双线性模型

双线性模型又称隐变量模型（latent factor model，LFM），它为知识库中每个三元组定义的评价函数具有如下形式：

$$f_r(h,t)=l_t^{\mathrm{T}} M_r l_t$$

式中，$M_r \in \mathbb{R}^{d\times d}$ 是通过关系 r 定义的双线性变换矩阵；$l_t \in \mathbb{R}^d$ 是三元组中尾实体的向量化表示。双线性模型主要是通过基于实体间关系的双线性变换来刻画实体在关系下的语义相关性。模型不仅形式简单、易于计算，而且能够有效刻画实体间的协同性。

4）神经张量模型

神经张量模型的基本思想是：在不同的维度下，将实体联系起来，表示实体间复杂的语义联系。模型为知识库中的每个三元组(h,r,t)定义了以下形式的评价函数：

$$f_r(h,t)=\mu_t^{\mathrm{T}} g\left(l_h M_r l_t + M_{r,1} l_h + M_{r,2} l_t + b_r\right)$$

式中，$\mu_t^{\mathrm{T}} \in \mathbb{R}^k$ 为关系 r 的向量化表示；$g(\ )$ 为 tanh 函数；$M_r \in \mathbb{R}^{d\times k\times k}$ 是一个三阶张量；b_r 是所有关系 r 共享的参数；$M_{r,1}, M_{r,2} \in \mathbb{R}^{d\times k}$ 是通过关系 r 定义的两个投影矩阵。

神经张量模型在构建实体的向量表示时，是将该实体中的所有单词的向量取平均值，这样一方面可以重复使用单词向量构建实体，另一方面将有利于增强低维向量的稠密程度以及实体与关系的语义计算。

5）矩阵分解模型

通过矩阵分解的方式可得到低维的向量表示，所以不少研究者提出可采用该方式进行知识表示学习，其中的典型代表是 RESCAL（a three-way model for collective learning on multi-relational data）模型。在 RESCAL 模型中，知识库中的三元组集合被表示为一个三阶张量，如果该三元组存在，张量中对应位置的元素被置 1，否则置为 0。通过张量分解算法，可将张量中每个三元组(h,r,t)对应的张量值解为双线性模型中的知识表示形式 $l_h^{\mathrm{T}} M_r l_t$，并使$|X_{hrt}-l_h^{\mathrm{T}} M_r l_t|_{L_2}$（$X_{hrt}$ 表示个体 h、关系 r、个体 t 共同出现的可能性）尽量小。

6）翻译模型

受到平移不变现象的启发，有学者提出了 TransE 模型，即将知识库中实体之间的关系看成实体间的某种平移，并用向量表示。关系 l_r 可以看作从头实体向量到尾实体向量 l_t 的翻译。对于知识库中的每个三元组(h,r,t)，TransE 都希望满足以下关系：$l_h + l_r \approx l_t$，其损失函数为 $f_r(h,t)=|l_h + l_r - l_t|_{L_1/L_2}$，即向量 $l_h + l_r$ 和 l_t 的 L_1 或 L_2 距离。该模型的参数较少，计算的复杂度显著降低。与此同时，TransE 模型在大规模稀疏知识库上也同样具有较好的性能和可扩展性。

10.6 应用案例：知识图谱在部分领域的重要应用

知识图谱在健康医疗、农业、电信、媒体发布、金融、政府等很多领域都有重要应用。

1）知识图谱在健康医疗中的应用

基于知识图谱，可以构建医生诊疗决策支持系统、自助诊断系统和导诊系统。例如，IBM 的 Watson 就是一种以知识图谱为核心的智能系统。它可以读取全世界的医疗论文和就诊病历，以肿瘤为重心，在慢性病管理、精准医疗、体外检测等九大医疗领域中实现突破，逐步实现人工智能作为一种新型工具的价值。

北京康夫子科技有限公司正通过构建医疗知识图谱，打造精准的人机对话模型，并推出病历结构化、临床决策支持系统（clinical decision support system，CDSS）和全科机器人医生三项针对医疗资讯和问诊的服务。利用自然语言处理技术，深度挖掘和分析医疗文本的信息，将非结构化文本形式的病历数据变成可用于统计、查询和分析的结构化数据，以便机器可以准确完整地“读懂”病历。让计算机在阅读海量的医疗文献和电子病历数据后，自动学习诊断逻辑，并进行推理计算。如果能多维度收集足够丰富、可靠的数据，就能在辅助决策层面发挥应用的价值。

通过分析病历构建知识图谱而打造的临床决策支持系统，能够实现智能辅助临床决策，能够缓解基层医生资源不足的问题。临床对辅助诊断的要求相对比较高，因此对于结论的可推测性要求非常严格。通过对海量病历进行深度挖掘和学习，将经验丰富的专家经验提炼成 AI 模型算法。

例如，当医生填写完病历分析患者的病情后，系统会弹出提醒，给出推荐的治疗方案和建议，以降低医疗风险，避免基层全科医生由于经验缺乏而可能造成的误诊、漏诊的情况。全科机器人医生则主要承担分诊导诊服务。患者在医院大厅挂号时，只需在系统中填入姓名、年龄等信息，并输入相应症状，“医生”就能通过模拟医生询问患者病情，获取患者病情信息，并基于医疗知识图谱，给出疑似疾病、推荐就诊科室。

基于知识图谱的机器人可以为患者提供比较精准的回复和决策，如咳嗽三天和咳嗽三个月，患者没有办法去判断具体病情的差异。全科机器人医生不仅能解决患者不知道挂哪个科室、盲目就医的问题，减轻导诊台人工服务的压力，提高服务效率，还有效地利用了“候诊”的时间，节省医生写病历的时间，提高诊疗效率。

2）知识图谱在农业中的应用

农业中存在各种资源利用率低的现状，超过 50%的作物存在农药过分灌溉或缺乏灌溉的情况。农民迫切希望有人来指导他们更好地进行灌溉和解决虫害，那么这个时候就可以构建一个农业相关的知识图谱。以柑橘知识为例，传统的关系数据库模式对于这种复杂或多变的领域是不可行的，因为我们无法实现定义所有可能的知识点（用于构建关键数据库模式）。所以需要一种更加灵活的知识表示模型来管理，这个时候知识图谱就能起到很好的作用。

我们可以从各种不同的来源（如施肥问答信息）中抽取实体和关系构建知识图谱。知识图谱可以包含作物、土壤、肥料、疾病和天气等多种类型的知识。然后通过 SPARQL（SPARQL protocol and RDF query language）查询来利用知识库，并用可视化方法展示出来。例如，我们可以查询坐果率低的植物和其他相关症状。通过图谱关联到图片信息，形成多媒体知识图谱，而这些病变的图片信息相比专业知识更加直观，也更方便农民使用。通过知识图谱，我们可以将传统的农业转换为精准农业（precision agriculture）。

3）知识图谱在电信行业客服中的应用

很多国家的电信市场早已饱和，各大运营商均没有很多新客户可以争取，那么维护好老客户就非常重要。因此，对于信用好的用户，公司希望能前瞻性地了解他的需求，并在他打电话来反映情况的时候（抱怨或询问信息等），可以预先判断他需要什么，并帮其解决，从而减少沟通次数和沟通时长。

为了做到这一点，系统需要判断用户的信用等级，并根据用户的当前消费情况和各种动作来自动化判断其可能的行为。这是一个简单的电信行业使用的数据分类和商业概念归类，包含设备、账单、支付等一系列重要知识。同时，还包括趋势、时间、地理和消费模式等很多信息。通过各种数据源进行数据的整合，形成统一的知识，并配合业务规则和贝叶斯网络来形成决策引擎，从而对用户的信用和各种行为结果预测起到作用，最终达到个性化前瞻性客户关怀的效果。

4）知识图谱在媒体发布中的应用

最早使用知识图谱的是英国广播电台，之前传得很火的新闻自动写作机器人也利用了知识图谱。例如，针对 2012 年伦敦奥运会，很多对象的跟踪报道由专人负责，然后通过图谱将各种零散的信息关联在一起，从而形成一个完整页面。这样的页面信息不仅呈现比赛新闻信息，也包含这个运动员的方方面面，增强了页面的可读性和信息的全面性。

5）知识图谱在金融方面的应用

知识图谱在金融方面的典型应用包括反欺诈、股价预测等。

荷兰的破产欺诈识别是知识图谱的一项重要应用。荷兰的法律规定破产是不用负责的，所以很多人钻这个空子来构建团伙进行倒卖，最后将其中的一些公司申请破产导致非法免费获得很多资源。这一点让荷兰政府非常头疼，希望找到幕后组织，从而避免很多损失。通过引入知识图谱，可以进行有效的去中心化的高效知识融合。通过知识图谱，可以将各个部门和组织的分散数据集中起来，用可视化的方法展示出来，帮助发现故意破产的团伙。例如，用粉色表示公司，橙色表示机构，红色表示破产的公司。如果所有的红色破产企业都关联到图中圈定的公司，那么这个公司就有可能是指使这些破产行为的最终元凶。政府相关部门就可以对其进行深入的调查，这样使得原本大海捞针的搜索变得很有针对性。

识别金融欺诈是知识图谱的另一项重要应用。通过知识图谱，能够在几秒钟内发现尼日利亚某 IP 地址、美国境内某代理服务器和某个被盗用的房屋净值信用额度所进行的支付之间的关联，就像军方客户把炮弹弹片上留下的指纹、位置数据、匿名举报电话和社交媒体结合起来追踪阿富汗炸弹制造者一样。某位摩根大通（JPMorgan Chase）前雇员说，知识图谱解决了从网络欺诈到困厄抵押贷款的各种问题，为摩根大通挽回了数亿美元。

知识图谱还可以用于股价预测。典型的案例包括国外的 Datafox 和 Spiderbook 公司，以及国内的通联数据等。他们通过从互联网上抽取各种公司（主要是上市公司）的数据，包括产品、高管、公司供应链关系、竞争对手关系等，整合为统一的图谱，从而帮助企业或投资机构进行全网数据的关联分析、影响传播和一些预测。当一些事件发生时，就可以推测对某些公司的股价有正向还是负向的影响。最成功的例子包括使用知识图谱预测福岛核电站爆炸对丰田汽车的股价影响。

6）知识图谱在政府中的应用

知识图谱可以帮助政府制定政策，帮助公安部门和安全部门捉拿凶犯等。典型的案例包括美国的独角兽 Palantir。Palantir 应该是美国最早在政府领域使用知识图谱技术的公司，帮助美国政府成功定位到了本·拉登的位置等。在那些利用 Palantir 公司来挖掘有用信息的机构中，包括美国海军。他们已经在阿富汗部署了该公司的软件，以便对路边炸弹进行刑侦分析，并预测叛军的袭击。该公司的软件还协助找到了谋杀美国海关人员的墨西哥贩毒集团成员。在讲述本·拉登丧命经过的《终结》（*The Finish*）一书中，作者马克·鲍登（Mark Bowden）写道，Palantir 公司的软件“是名副其实的杀手级应用”。

10.7　实验

10.7.1　探索在线知识图谱

互联网上已经有很多知识图谱。本节介绍一个中医临床知识图谱和一个唐诗知识图谱。通过在线试用这些知识图谱系统，可以获得对知识图谱的基本感性认识。

1）中医临床知识图谱

中医临床知识图谱是中国中医科学院中医药信息研究所构建的一个知识图谱，如图 10-6 所示。网址为 http://www.tcmkb.cn/knowledge_graph。

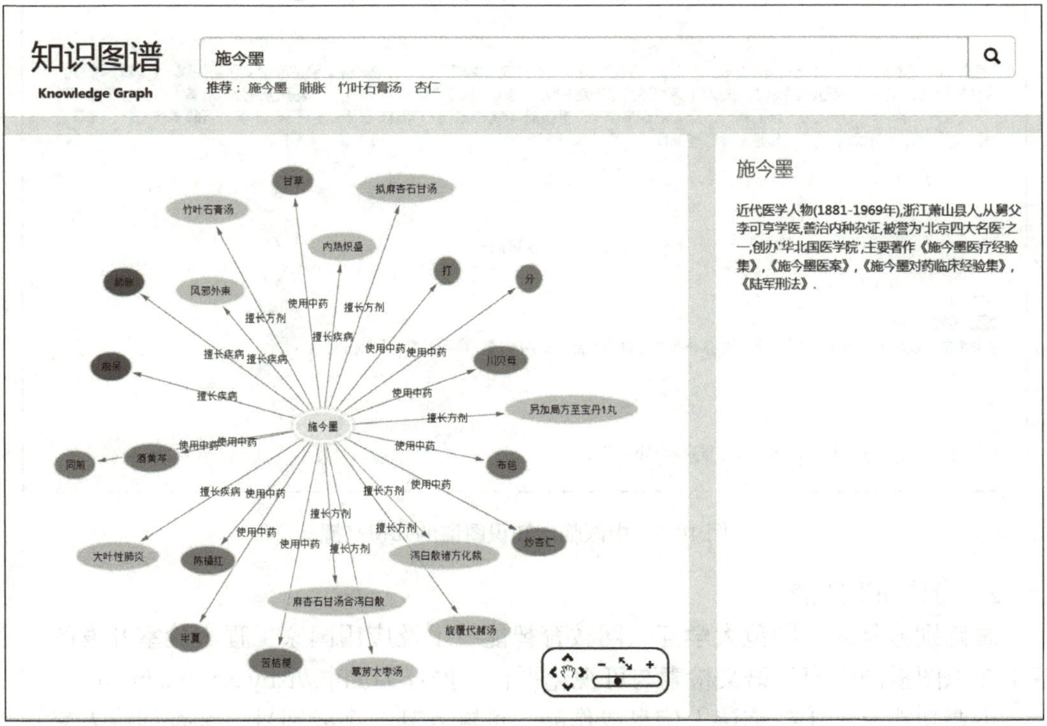

图 10-6　中医临床知识图谱（彩图见二维码）

从医案中抽取临床知识构建知识图谱，帮助用户了解中医特色疗法，以及疾病（如“慢性胃炎”）的临床表现、相关疗法、相关养生保健方法等。

用户可以通过搜索框查询相关知识，搜索结果会以图的形式，展现在左下角的知识图谱区域。不同类型的节点（如中药、方剂、证候、中医疾病、人物等）在图中用不同的颜色标识。

节点之间通过边发生联系。边定义了节点之间联系的不同类型，如“被治疗”“擅长方剂”“具有功效”就是典型的关系。

单击图谱中的某个节点或边，右边区域会显示其详细内容以及出处，如图 10-7 所示。知识的出处可以帮助用户判断知识的可靠性。

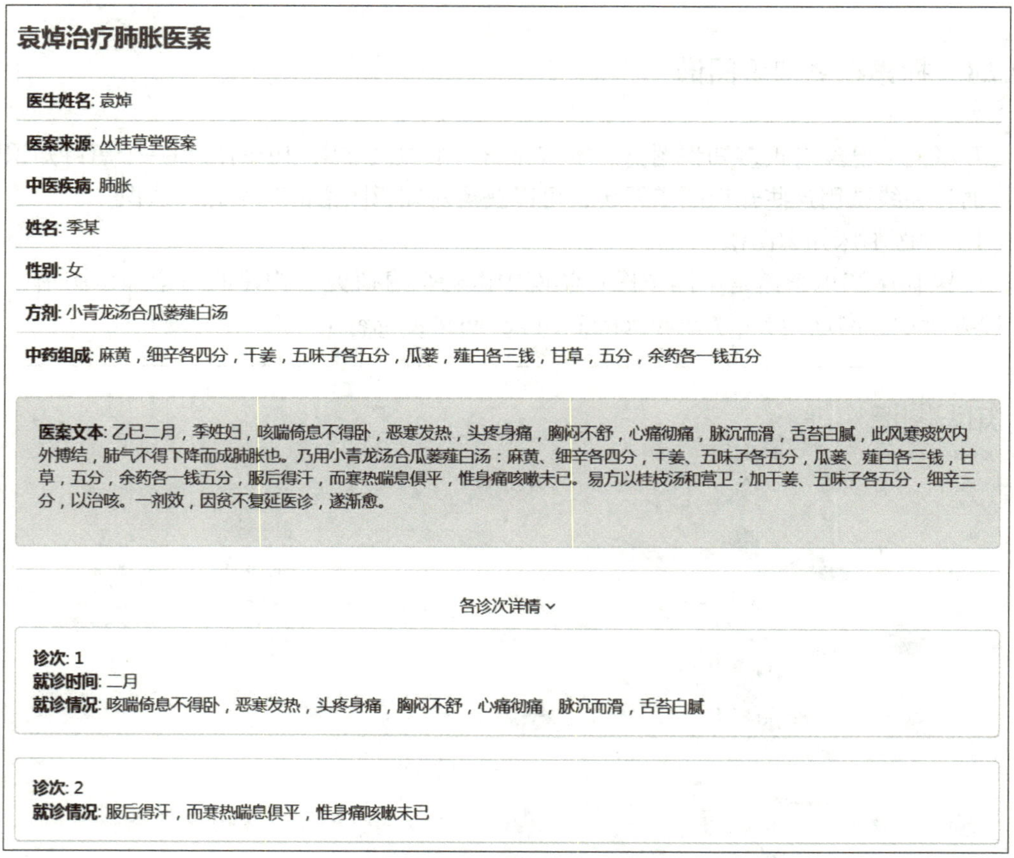

图 10-7　中医临床知识图谱的知识来源

2）唐诗知识图谱

唐诗别苑是北京师范大学互联网教育智能技术及应用国家工程实验室开发的一个基于知识图谱的全唐诗语义检索与可视化平台。网址为 http://tsby.e.bnu.edu.cn。

主要功能有：①查询诗人信息或作品，可输入其名字或别号；②查询诗人交友状况；③查询诗歌地点、风格、主题、题材、意象、教学阶段等信息，可输入相关标签或将其组合；④动态诗人社交网络，一眼看到谁的社交比较丰富；⑤诗人迁徙游历图，如唐代最厉害的驴友是谁？⑥作品地域热点图，如哪里最令唐朝诗人驻足流连？⑦诗人知识图谱。

可以查看某个诗人的知识图谱。例如，图 10-8 展示了诗人李白的知识图谱。该图谱不仅包含了李白的字号别名、朝代、生卒时间等基本信息，还包括作品、好友、轨迹等重要信息。通过图 10-8，可以对诗人李白有一个非常直观清晰的认识。

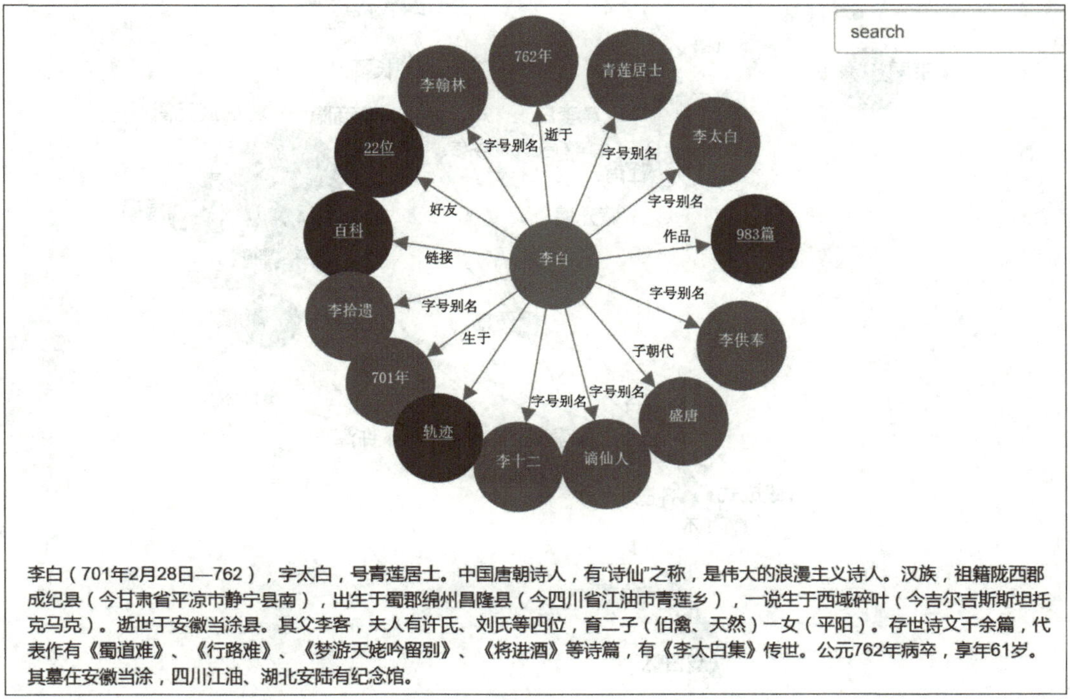

图 10-8　诗人李白的知识图谱

例如，诗人社交网络展现了唐朝诗人间的社交关系。如图 10-9 所示，白居易是唐朝诗人中社交最广的诗人，其次是刘禹锡和张说。

10.7.2　使用网上免费的知识图谱 API

网上有很多机构免费开放了知识图谱的 API，使普通用户可以调用这些 API 来访问知识图谱中的内容，甚至构建自己的基于知识图谱的服务。常见的免费知识图谱包括 Google Knowledge Graph API、Freebase API、Wikidata API 等。下面以 Google Knowledge Graph API 为例，说明这些免费知识图谱 API 的使用方法。

Google Knowledge Graph API 有应用程序接口，也有用户界面接口（Google，2018）。其用户界面接口的网址如下：https://developers.google.com/apis-explorer/#p/kgsearch/v1/kgsearch.entities.search。用户可以填入要搜索的查询名称，指定查询语言等信息，如图 10-10 所示。

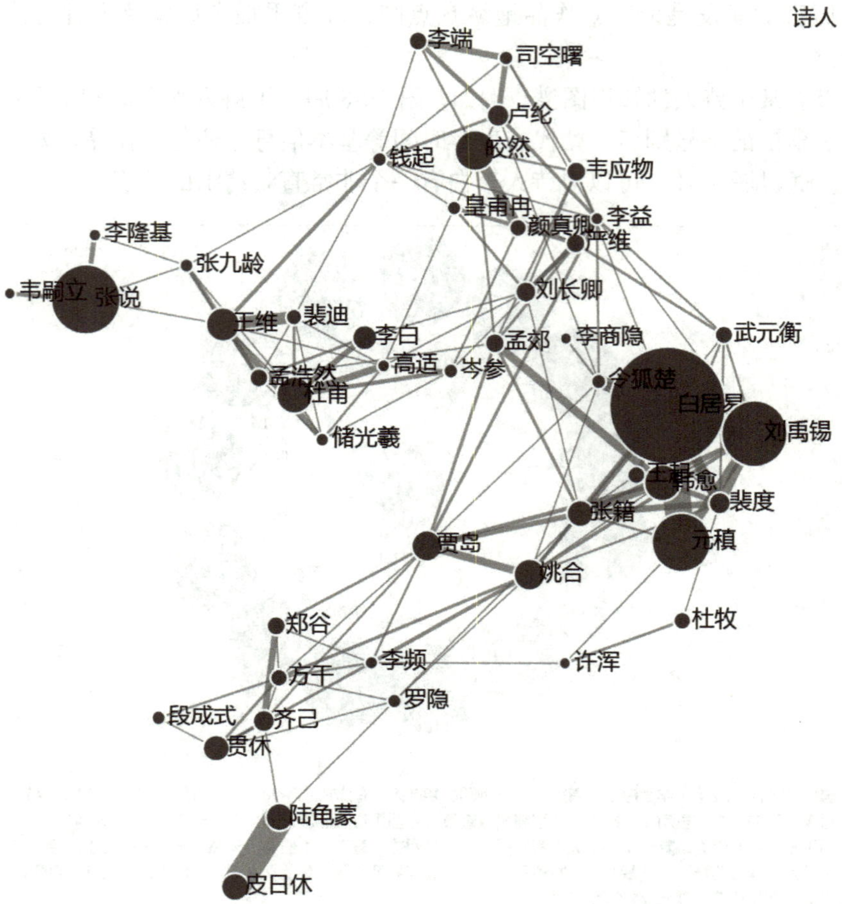

图 10-9 诗人社交网络

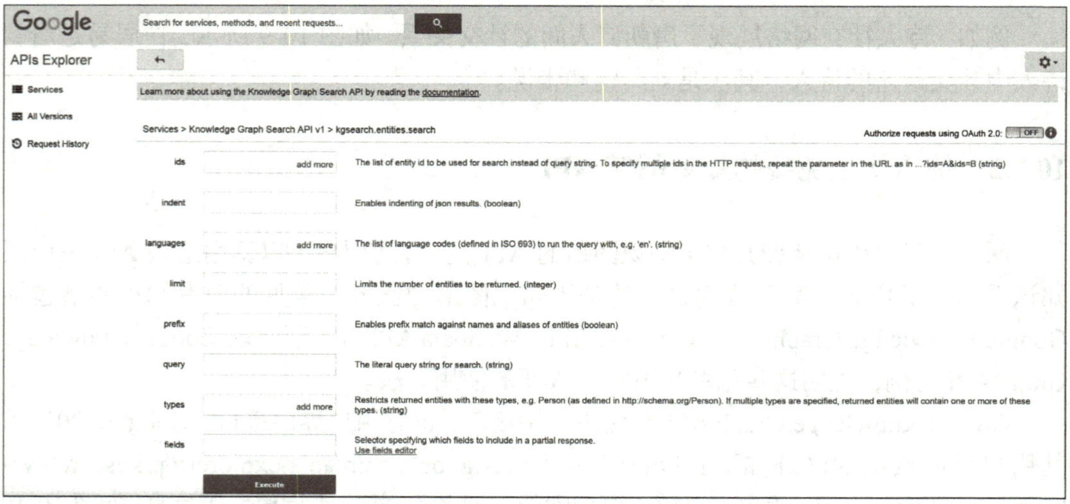

图 10-10 Google Knowledge Graph API 的搜索界面（彩图见二维码）

在 query 字段中输入 Beijing 后的返回结果包含了 Beijing 的多个实体，其中每个实体包含了更多的详细信息。例如，表明 Beijing 是一个地点、车站、行政区域和城市，是中国的首都，以及一段简要的描述。

【思 考 题】

1. 什么是知识图谱？
2. 知识图谱中包含哪些基本元素？
3. 知识图谱有哪些重要的商业应用？
4. 有哪些代表性的知识图谱？
5. 如何从文本中抽取属性和属性值？
6. 如何从文本中抽取实体间的关系？
7. 如何进行知识图谱的存储？
8. 如何进行知识图谱的展示？
9. 如何查询知识图谱？

第 11 章

文本可视化

11.1 可视化的基本概念

可视化（visualization）是利用计算机图形学和图像处理技术，将数据转换成图形或图像在屏幕上显示出来，并进行交互处理的理论、方法和技术。它涉及计算机图形学、图像处理、计算机视觉、计算机辅助设计等多个领域，成为研究数据表示、数据处理、决策分析等一系列问题的综合技术。目前正在飞速发展的虚拟现实技术也是以图形图像的可视化技术为依托的。

海量信息使人们处理和理解信息的难度日益增大，传统的文本分析技术提取的信息仍然无法满足人们利用浏览及筛选等方式对信息进行合理的分析理解和应用。一幅图胜过千言万语，人类从外界获得的信息约有 80%以上来自于视觉系统，当数据以直观的、可视化的图形形式展示在分析者面前时，分析者往往能够一眼洞悉数据背后隐藏的信息并转化为知识以及智慧。

文本可视化技术将文本中复杂的或者难以通过文字表达的内容和规律以视觉符号的形式表达出来，同时向人们提供与视觉信息进行快速交互的功能，使人们能够利用与生俱来的视觉感知的并行化处理能力快速获取大数据中所蕴含的关键信息。文本可视化综合了文本分析、数据挖掘、数据可视化、计算机图形学、人机交互、认知科学等学科的理论和方法，为人们提供了一种理解海量复杂文本的内容、结构和内在规律等信息的有效手段。

11.2 可视化的基本方法

文本可视化涵盖了信息收集、数据预处理、知识表示、视觉呈现和交互等过程。其中，数据挖掘和自然语言处理等技术充分发挥计算机的自动处理能力，将无结构的文本信息自动转换为可视的有结构信息；而可视化呈现使人类视觉认知、关联、推理能力得到充分发挥。因此，文本可视化有效地综合了机器智能和人类智能，为人们更好地理解文本和发现知识提供了新的有效途径。

图 11-1 展示了人们利用文本可视化系统对文本进行分析和理解的基本过程。总的来说，文本可视化系统主要包括三个部分：①产生可视化所需数据的文本分析过程；②可视化呈现，即包含文档、事件、关系或时间等文本信息的低维信息图（通常是二维或三维图）；③用户与信息图的交互。

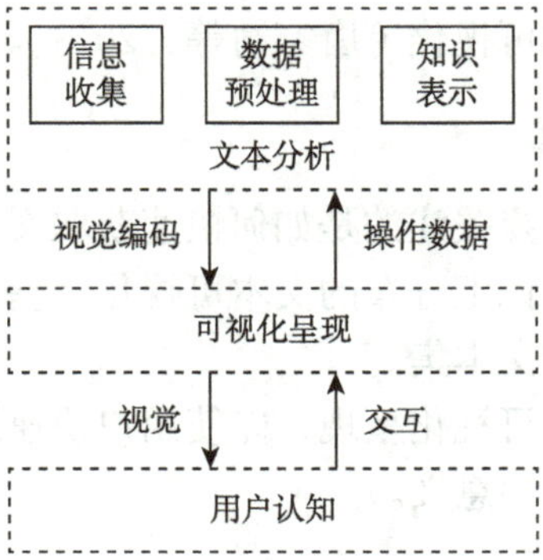

图 11-1 文本可视化的基本框架

1）文本分析

文本可视化依赖于自然语言处理，因此词袋模型、命名实体识别、关键词抽取、主题分析、情感分析等是较常用的文本分析技术。文本分析的过程主要包括特征提取，通过分词、抽取、归一化等操作提取出文本词汇级的内容；利用特征构建向量空间模型并进行降维，以便将其呈现在低维空间，或者利用主题模型处理特征；最终以灵活有效的形式表示这些处理过的数据，以便进行可视化呈现和交互。

2）可视化呈现

信息图中，文本内容的视觉编码主要涉及尺寸、颜色、形状、方位、纹理等，文本间关系的视觉编码主要涉及网络图、维恩图、树状图、坐标轴等。文本可视化的一个重要任务是选择合适的视觉编码呈现文本信息的各种特征；例如，词语的频度通常由字体的大小表示，不同的命名实体类别用颜色加以区分。

如何快速创建符合人们先验认知的视觉呈现一直是可视化研究者关心的问题，对于视觉编码有效性的研究与认知科学息息相关。

3）交互

为了使用户能够通过可视化有效地发现文本信息的特征和规律，通常会根据使用场景为系统设置一定程度的交互功能。文本可视化中，主要应用到的交互方式有高亮（highlighting）、缩放（zooming）、动态转换（animated transitions）、关联更新（brushing and linking）、焦点加上下文（focus+context）等。

11.3 文本可视化的研究现状

文本可视化的研究主要包括基于文本内容的可视化、基于文本关系的可视化、基于多层面（multifaceted）信息的可视化（唐家渝等，2013）。

1. 基于文本内容的可视化

基于文本内容的可视化主要关注的是如何快速获取文本内容的重点，主要可以分为基于词频的文本可视化和基于词汇分布的文本可视化。基于文本内容的可视化可以应用于单个文本，也适用于较大的文本集。

通过这些基本统计结果的可视化呈现，能使用户快速地了解文本的大体内容。这对于进一步的分析具有重要的向导意义。

1）基于词频的文本可视化

当面对海量文本时，人们需要对每个文本或者整个文本集合的主要内容进行快速浏览，因此需要基于词频的文本可视化。最常用的文本可视化的思路是将文本看作一个词汇的集合（词袋模型），利用词频信息来呈现文本特征。其中，经常采用的词频计算方法是 TF-IDF，最典型的可视化形式是标签云（tag cloud），标签云将关键词按照一定顺序和规律排列，如频度递减、字母顺序等，并以文字的大小代表词语的重要性。最初的标签云大多采用将文字一行一行地水平排列的方式，后来渐渐遵循更加美观复杂的布局规则，图 11-2 所示的 Wordle 便是其中广泛采用的代表之一。在 Wordle 中，词语的布局遵循了严格的条件，使文字间的空隙得以充分利用、可视化结果更加美观。自 Wordle 出现以来，就被广泛应用于报纸、杂志等传统媒体，以及互联网甚至 T 恤等实物中。在 Wordle 的基础上，图 11-3 所示的 Tagxedo 遵循了更为美观和复杂的布局，允许用户选择不同的文字轮廓甚至自定义轮廓。

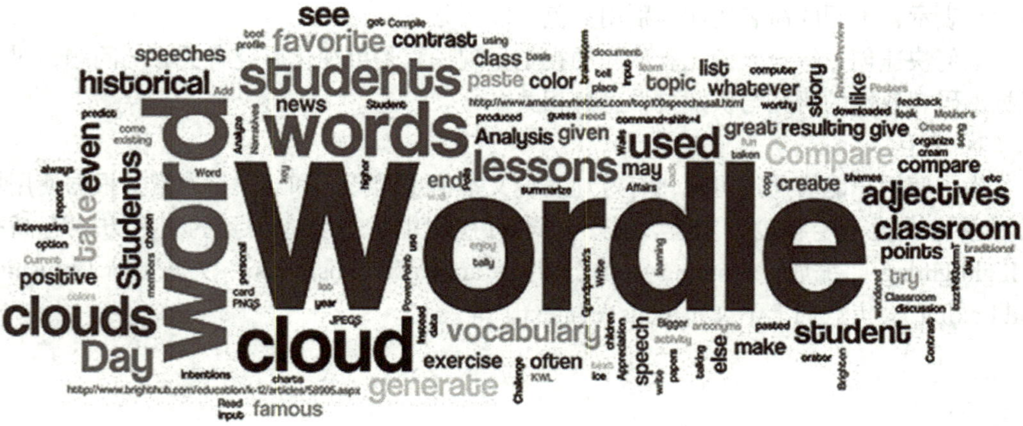

图 11-2 Wordle

图 11-3　Tagxedo

然而，由于标签云只是对文本中高频词汇的简单罗列，无法提供连贯的上下文信息，而 DocumentCard 在克服这一问题上做出了尝试，它通过自动提取重要文字和图片，将文本信息综合到一系列信息连续的卡片上，使用户能够快速地了解文本的关键信息。另外，标签云也经常作为辅助的呈现方式出现在一些可视化方案中。

2）基于词汇分布的文本可视化

基于词汇分布的文本可视化反映了词汇在文本中的分布情况，它主要应用于查询任务。通常，它将去掉停用词后的词汇建立成索引，图形化地展示用户输入的查询词在文本中的分布情况。TileBars 将文献按段落、章节等划分为文本单元，通过矩形条的灰度显示每个查询词在文献中的分布，使用户能够通过观察查询词组在相同的文本单元里的同现情况，快速了解文本内容与查询意图的相关度。

2. 基于文本关系的可视化

基于文本关系的可视化研究文本内外关系，帮助人们理解文本内容和发现规律；常用的可视化形式有树状图和节点连接的网络图。

1）基于文本内在关系的可视化

基于文本内在关系的可视化主要关注文本的内部结构和语义关系等。Contexter 利用网络图呈现了新闻中的命名实体在同一文本中的同现关系；WordTree 结合后缀树（suffix tree）的思想，以图 11-4 所示的树状结构呈现了查询词的上下文关系。NetSpeak 以类似的形式展现了文本集中常见的上下文结构，帮助用户在写作时选择合适的词语。

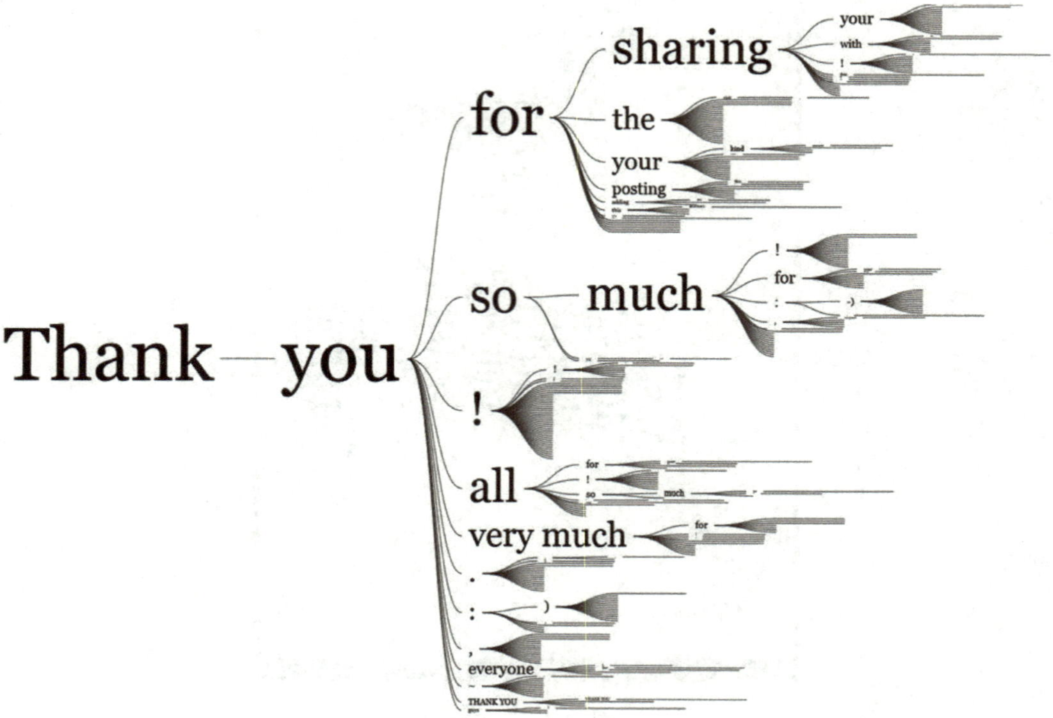

图 11-4　WordTree

如图 11-5 所示，PhraseNet 从语义层面分析并呈现命名实体在文本内的多种关系，如从属关系、并列关系等。语义的层次结构也是常见的可视化内容；FanLens 以径向的空间填充方式呈现了命名实体的层次关系；图 11-6 所示的 DocuBurst 以类似的形式让词语通过 WordNet 中的上下位关系以放射状径向排列，其中字体大小表示词语在文档中的频度。

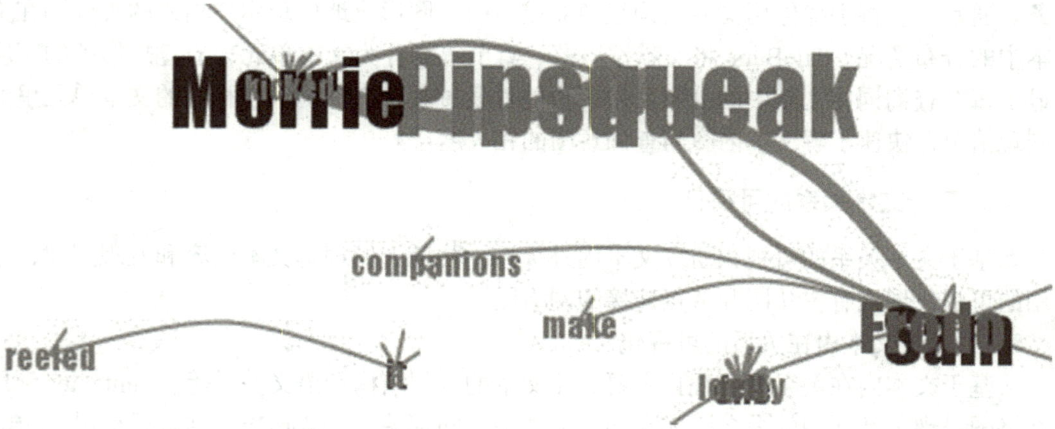

图 11-5　PhraseNet

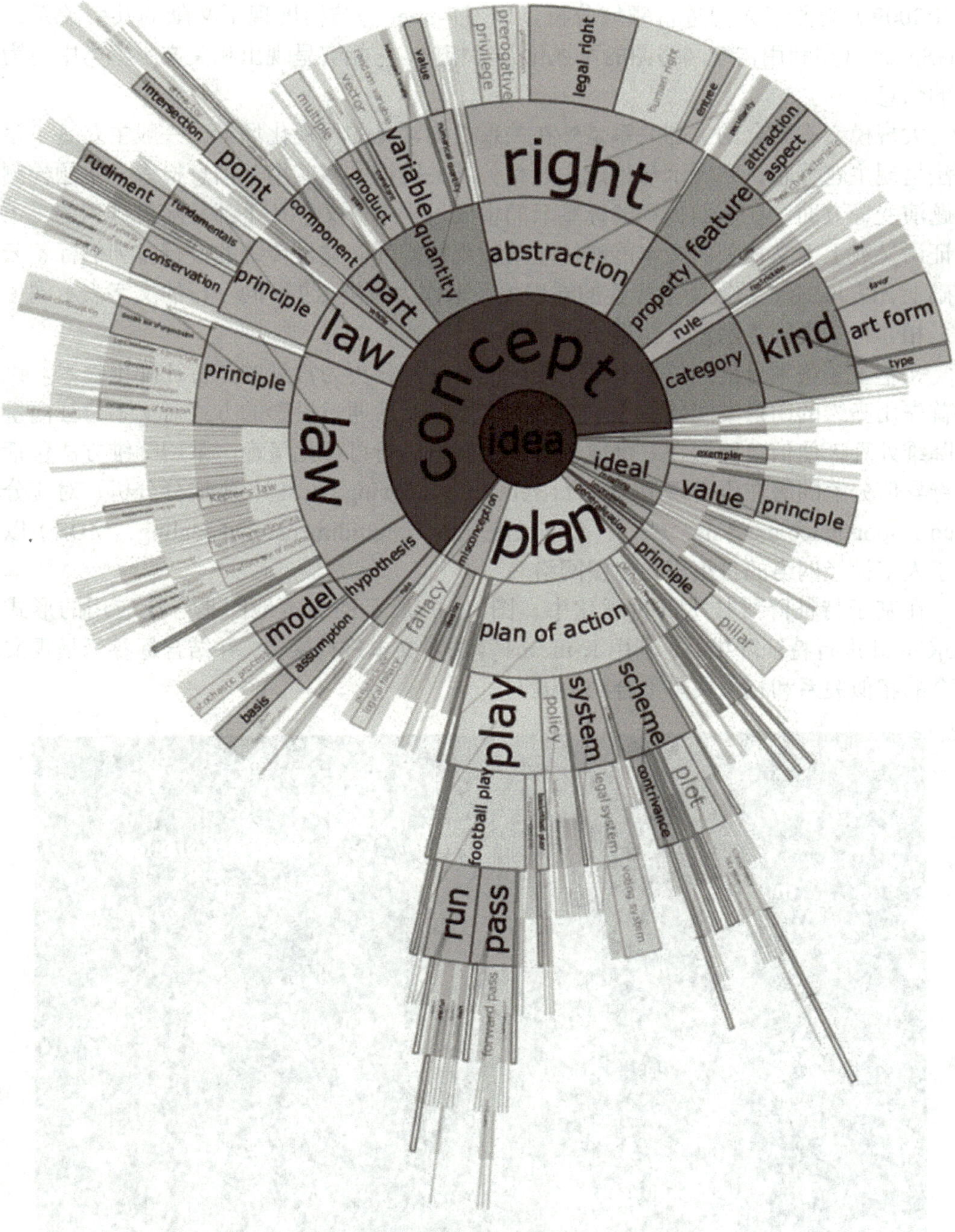

图 11-6　DocuBurst

2）基于文本外在关系的可视化

外在关系可视化的内容包括文本间的引用关系、网页的超链接关系等直接关系，以及主题相似性等潜在关系。

许多对于文本间直接关系的可视化研究都以网络图作为呈现形式。例如，在对文本集的引用关系的可视化中，利用网络节点代表文本，用有向的线段表示引用关系。Zhang

等（2009）为便于人们进行领域分析，以 FP-tree 的结构展现了文献的共引关系，与 CiteSpace 这类利用传统网络图的可视化方案相比，它能够呈现出相关文献聚类中更为细致的信息。

大规模文本集合的主题关系是外在关系更为常见的可视化场景，一般主要基于聚类算法呈现主题分布，并展示与特定主题相关的关键词，多应用于信息检索、主题检测、话题演变等方面。在前面提到的标签云的生成过程中，文字几乎都是随机排列的，不能保证语义或上下文相关的文本能够按照某种规律排列。在最传统的按行排列的标签云的基础上，以 Jaccard 系数衡量标签的同现关系来作为聚类依据，同一行的文字表示同一类别，相邻行的类别表示意义相近。

文本主题关系分析除了以上基于统计的方法外，更为常见的是特征降维技术。该技术首先用高维的向量空间模型表示复杂的文本，然后通过投影的方式对文本特征向量进行降维处理，使信息能够在二维或三维的空间里进行可视化呈现。常用降维方法包括基于奇异值分解的潜在语义索引（latent semantic indexing，LSI）、主成分分析、对应分析（correspondence analysis，CA）、多维尺度分析（multidimensional scaling，MDS）以及基于人工神经网络的自组织映射图网络。

在基于特征降维技术的可视化中，图 11-7 所示的文本地图是广泛应用的形式。ProjCloud 进行特征降维时，利用 K-means 算法对文本进行聚类，并结合标签云呈现文本集合的相似关系和相似文本集合的关键词。

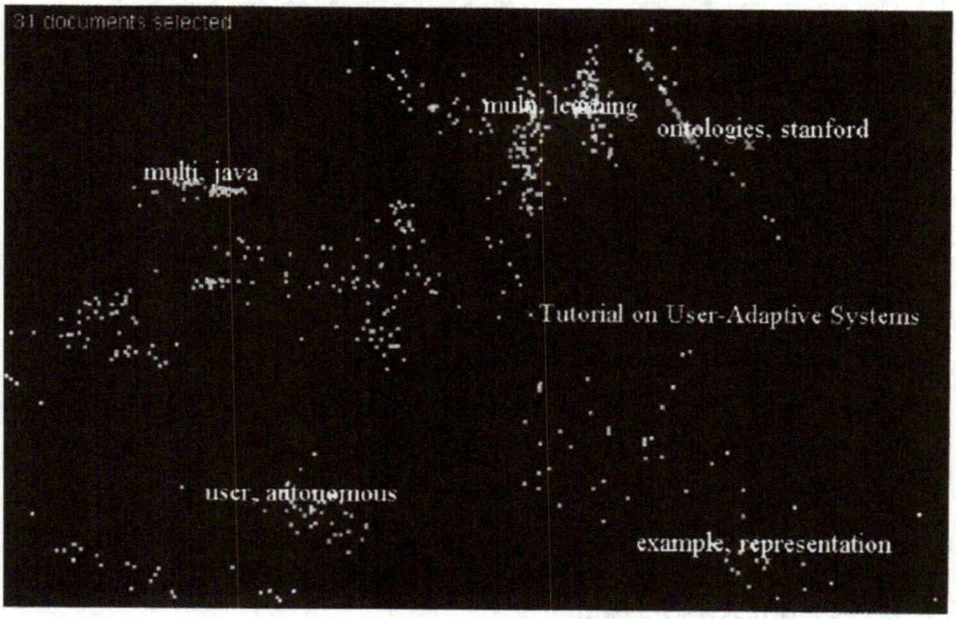

图 11-7 Galaxy

然而，由于降维过程存在信息丢失，基于特征降维的可视化也存在一些问题，例如，缺乏可扩展性、图形通常过于复杂、文字标签缺乏可读性等。因此，研究者进而考虑分层次进行文本信息可视化的方案。TreeMap 巧妙地使用嵌套的长方形来表示不同层次，以长方形的方向表示不同层次的变换，并以长方形的大小来表示节点的重要性。图 11-8 所示的 NewsMap 利用了 TreeMap 的形式展示新闻文本。Map of the Market 则呈现了股票市场的概览。ThemeCrowds 将 TreeMap 和标签云结合，同时展现了主题的层次关系和主题的关键词。

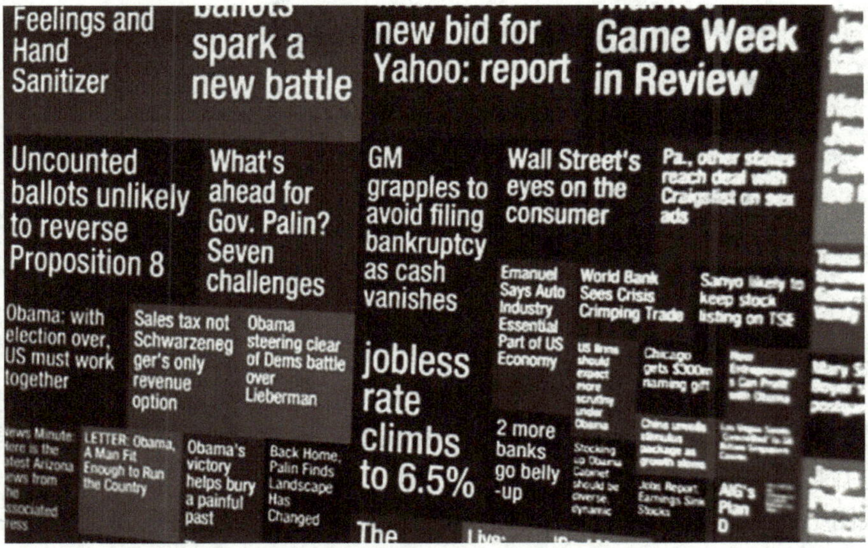

图 11-8　NewsMap

还有一些研究通过生成层次聚类树，借助缩放等交互手段实现了聚类信息的分层级展示；其中，InfoSky 在布局时使用了力定向布局（force-directed placement，FDP）这种常见的平面可视化技术。

3. 基于多层面信息的可视化

基于多层面信息的可视化主要研究如何结合信息的多个方面帮助用户从更深层次理解文本数据，发现其内在规律；其中，包含时间信息的文本可视化近年来受到越来越多的关注。

1）基于时间与其他信息结合的可视化

在新闻、博客、邮件、论文等几乎所有文本中，时间都是其重要的属性。时间信息提供了关于文本内容变化、数据规律等方面的重要信息，因此一直是信息可视化中的重要元素。

包含时间信息的可视化中，最直接和主要的方式是引入时间轴，并将信息按照时间顺序线性排列。TimeMines、LifeLine 和 LifeFlow 等均通过将事件从左到右显示在时间轴上，为人们进行基于时间的事件序列分析提供了便捷的途径。

有很多研究试图将标签云与时间相结合，其中，图 11-9 所示的 SparkClouds 在标签云的每个词语下方引入折线图，以表示每个词语随着时间的使用频度变化。对标签云上的词语标记不同的颜色和图形也是常用的方式。

图 11-9 SparkClouds

Cui 等（2010）除了为标签云中的每个词语标记不同的颜色以表示它们随时间的变化情况外，还将每个时间点的标签云与一个折线图相关联，一个标签云本身包含的信息越多，它在折线的值就越大。

叠式图（stacked graph）是非常常用的可视化形式。在叠式图中，每层代表一个事物，以不同颜色加以区分，从左到右呈现事物在时间上的变化。ThemeRiver 利用河流这一隐喻，将时间看作从左到右延续的河流，将文本数据按主题进行分割，堆叠成一张美观的叠式图；其中，每一条彩色线条代表不同的主题，每个主题用一个主题词标注，线条的粗细代表主题的频度。ThemeRiver 提出之后产生了很多扩展工作，比较有代表性的有 Meme-Tracker、NewsRiver 和 Visual Backchannel，用于跟踪博客、新闻、Twitter 事件的变化。

然而，如图 11-10 所示，ThemeRiver 由于做了平滑和堆叠处理，较为细节的信息如属性的绝对数值难以识别，因此如何使 ThemeRiver 更加美观和可靠一直是可视化研究的热点。例如，TIARA 结合了标签云的可视化形式，通过 LDA 抽取文本主题将其展现在 ThemeRiver 中，并将每个主题下的关键词显示在每条线条中，用于展现该主题的详细信息。此外，TagRiver 也利用了河流这一隐喻与标签云结合的方案。TextFlow 以河流的隐喻连贯、细致地展现主题随着时间的变化，如主题的产生、分解、合并；同时标注了主题变化的关键点和相应时间点的关键词。利用河流这一隐喻的可视化还有 EventRiver。

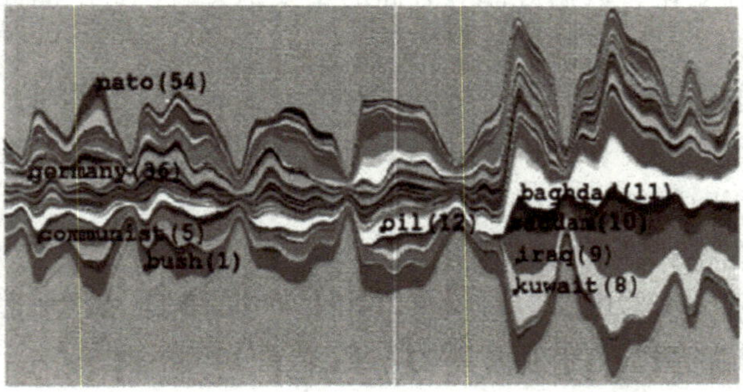

图 11-10 ThemeRiver（彩图见二维码）

图 11-11 所示的 Streamit 以动画的形式从左到右实时地显现文本聚类的合并和分化。

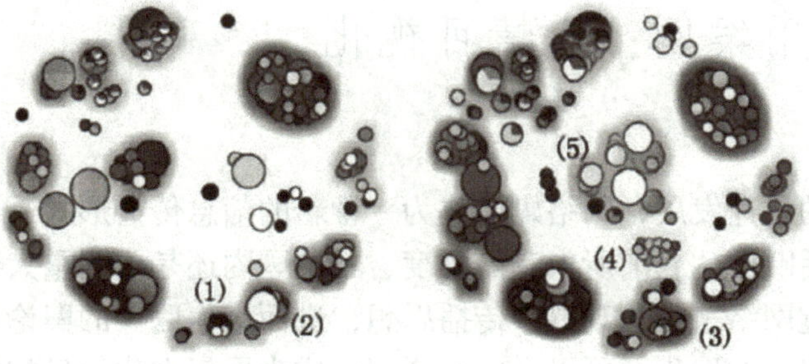

图 11-11　Streamit

此外，还有一些研究结合了时间和空间的信息。Thorm 等的研究监测 Twitter 并自动将突发事件显示在地图上。

包含时间的多层面信息可视化的主要难点在于如何有效地呈现多层的时间变量信息。例如，如何在呈现单一属性随时间变化的同时，合理展示与时间相关的各个属性的关系。

2）其他基于多层面信息的可视化

Parallel Tag Cloud 结合了标签云和常用于多维数据展示的平行坐标轴这两种可视化形式。FacetAtlas 同样用于呈现大量文本在多层面上的复杂关系，图 11-12 展示了对于 Google Health 文档中“糖尿病”的可视化，两个大的聚类分别对应 1 型糖尿病和 2 型糖尿病，红色的连线代表相似的并发症，绿色的连线代表相似的症状。

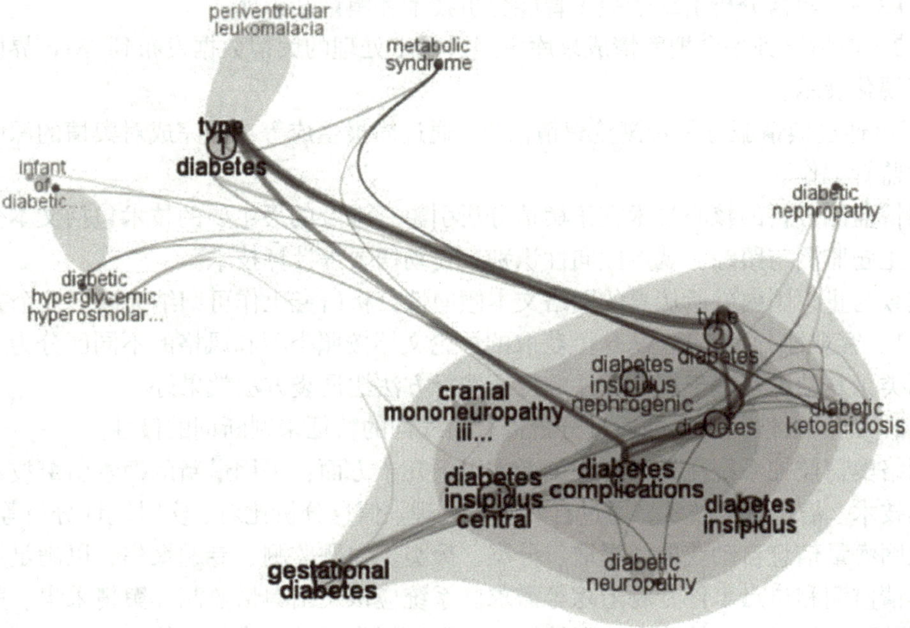

图 11-12　FacetAtlas（彩图见二维码）

11.4 应用案例：舆情可视化

随着互联网的快速发展，网络媒体作为一种新的信息传播形式，已深入人们的日常生活。网友言论活跃已达到前所未有的程度，不论国内还是国际重大事件，都能马上形成网上舆论，通过网络来表达观点、传播思想，进而产生巨大的舆论压力，达到任何部门、机构都无法忽视的地步。可以说，互联网已成为思想文化信息的集散地和社会舆论的放大器。

由于信息的高度发展，舆情监控的信息来源大部分已经转向网络。网络媒体已被公认为是继报纸、广播、电视之后的“第四媒体”，网络成为反映社会舆情的主要载体之一。网络环境下的舆情信息的主要来源有：新闻评论、BBS、博客、聚合新闻（really simple syndication，RSS）。网络舆情表达快捷、信息多元、方式互动，具备传统媒体无法比拟的优势。

一般来说，舆情监控系统的工作流程包含以下几个步骤。

（1）网络信息采集系统从互联网上采集新闻、论坛、博客、评论等舆情信息，存储到采集信息数据库中。

（2）舆情分析引擎负责对采集信息进行清洗、智能研判和加工，分析结果保存在舆情成果库中。舆情分析引擎依赖于智能分析技术和舆情知识库。

（3）舆情服务平台把舆情成果库中经过加工处理的舆情数据发布到 Web 界面上并进行可视化展示。

（4）通过舆情服务平台浏览舆情信息，通过简报生成等功能完成对舆情的深度加工和日常监管工作。

舆情监测分析的核心技术在于舆情分析引擎，涉及的最主要的技术包括文本分类与聚类、主题监测与跟踪、观点倾向性识别、自动摘要等计算技术。

迄今为止，国内外所从事的网络文本倾向性分析研究工作可归纳为以下几个方面。

（1）客观性分类：从 Web 上获取的评论文档按照类型和风格的不同区分为主观和客观两类，其结论是基于词性标注的特征选择方法比词袋方法效果好。

（2）词的极性判别：即通过分析带有语气词的特征来判断词的极性。

网络舆情监控系统在设计时应该考虑以下几个方面：采用最新的搜索引擎技术、信息采集技术、信息分类技术，通过自然语言处理、信息分析比对、实时统计分析等手段，对互联网海量信息自动获取、提取、分类、聚类、主题监测、专题聚焦，以满足用户对网络舆情监测和热点事件专题追踪等需求。系统应该突出舆情监测、舆情采集、舆情智能分析、舆情处理、舆情预警、舆情搜索、舆情报告辅助生成等功能，可以有效帮助客户全面掌握舆情动态，正确进行舆论引导。

舆情分析系统的核心功能，包括以下几方面。

（1）热点话题、敏感话题识别：可以根据新闻出处权威度、评论数量、发言时间密集程度等参数，识别出给定时间段内的热门话题。利用关键字布控和语义分析，识别敏感话题。

（2）倾向性分析：对于每个话题，对每个发信人发表的文章的观点、倾向性进行分析与统计。

（3）主题跟踪：分析新发表文章、帖子的话题是否与已有主题相同。

（4）趋势分析：分析某个主题在不同的时间段内，人们所关注的程度。

（5）突发事件分析：对突发事件进行跨时间、跨空间综合分析，获知事件发生的全貌并预测事件发展的趋势。

（6）预警系统：对突发事件、涉及内容安全的敏感话题及时发现并报警。

（7）统计报告，根据舆情分析引擎处理后的结果库生成报告，用户可通过浏览器浏览，根据指定条件对热点话题、倾向性进行查询，并浏览信息的具体内容，方便对决策提供支持。

倾向性分析面临的主要问题是目前的大部分方法和技术都与领域或话题相关，局限在某个特定领域或者关联于某个话题下进行倾向性的分析，缺乏一般性的通用技术。基于语气词标注的方法严重依赖于标注专家且不利用训练样本，其分类精度往往不如基于机器学习的方法。而基于机器学习的倾向性分析方法又取决于训练集的大小与质量，同时具有很强的领域或主题依赖性，因为已有的标注语料库的规模都很小，所以这类有监督的语气分析方法的效果仍然难以保证。基于语义模式分析的方法则受限于自然语言处理技术的成熟度而不够实用。中文倾向性分析方面的情况则更加突出，一些基本问题尚未得到圆满的解决：①各种有监督的机器学习方法在中文数据集上的语气分类效果孰优孰劣；②文本特征表示方法和特征选择机制等因素对中文语气分类的性能将产生什么影响；③文档集的哪些语气特征对语气分类的精度具有决定性的影响等。因此，为解决上述问题，应着重研究倾向性主客观过滤技术和观点极性、强度、情感分析判别技术：研究网络环境下倾向性特征词的特点和类型，并进行语气极性判别和标注，从而构建一个面向互联网的倾向性语气词典，建设一定规模的标准数据集，为中文倾向性分析的深入研究和公开评测提供支持。

舆情可视化是采用可视化手段，将上述舆情分析的结果展示成图表，方便决策者迅速、准确地把握舆情信息。以某品牌的舆情可视化为例，其界面包括了品牌舆情可视化概览、竞品分析可视化等诸多模块。其中概览部分，对与该品牌相关的热门事件、热搜媒体、热词搜索、舆情指数、情感分析、情感趋势、舆情指数走势等关键指标进行了可视化。使用的可视化方式包括表格、柱状图、折线图、仪表盘等，如图 11-13 所示。

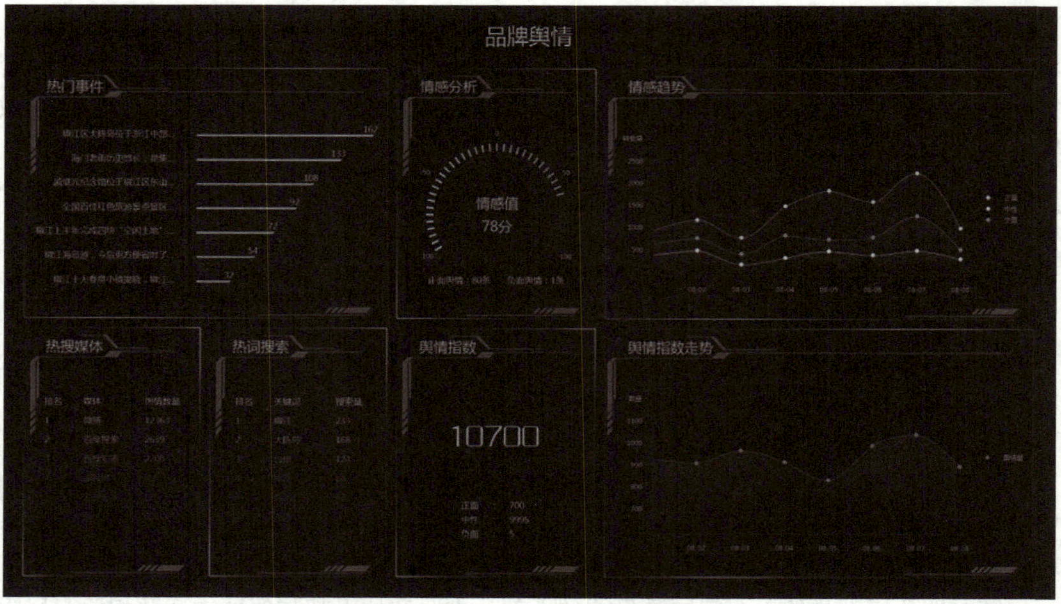

图 11-13　品牌舆情可视化（彩图见二维码）

竞品分析可视化模块对竞品基础信息、竞品动态、竞品舆情指数、情感值对比等关键指标进行了可视化。其中竞品基础信息使用了关系图来可视化该产品和其他竞品之间的竞争关系，如图 11-14 所示。

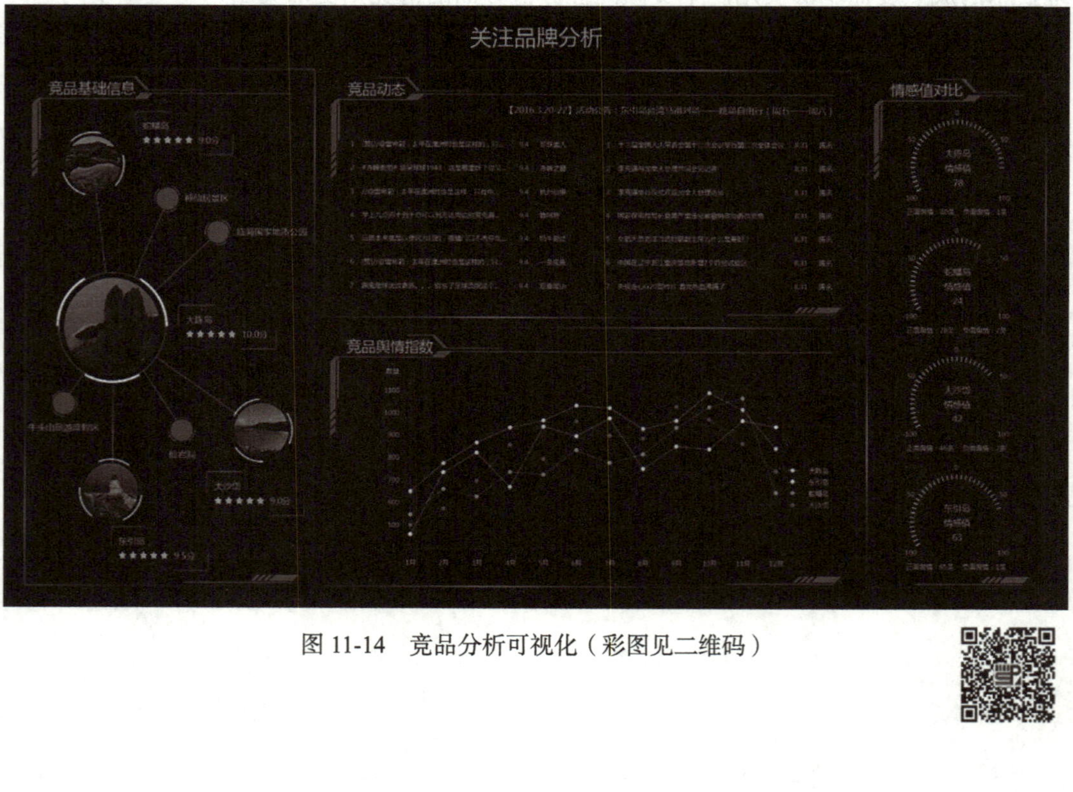

图 11-14　竞品分析可视化（彩图见二维码）

11.5 实验

11.5.1 词云图

“词云”就是对网络文本中出现频率较高的“关键词”予以视觉上的突出，形成“关键词云层”或“关键词渲染”，从而过滤掉大量的文本信息，使浏览网页者只要一眼扫过文本就可以领略文本的主旨。

1）分词和词频统计

网上有很多分词和词频统计工具，本节使用图悦，网址为 http://www.picdata.cn/picdata。

只需要将需要分词的文本内容复制到待分析的文本框中，单击“分析出图”按钮即可。再单击“导出”按钮，即可获得词语的词频和权重数。在图悦中也可以做词云，但是比较难看，可视化效果不强，还需要在 WordArt 中制作好看的词云图。

2）词云制作

网上有很多词云图的制作工具，本节使用 WordArt，网址为 https://wordart.com，界面如图 11-15 所示。

单击 CREATE NOW 按钮，就可以进入一个编辑界面。单击 Import 按钮，将图悦导出的表格中的关键词和词频复制、粘贴到这里。在导入时，需勾选 CSV format 选项。

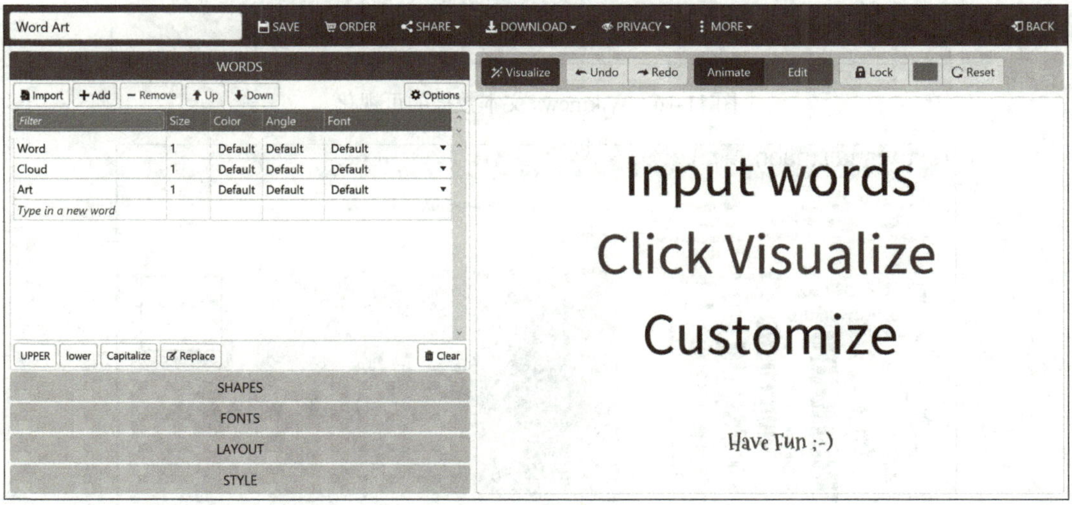

图 11-15　WordArt 用户界面

然后单击 Visualize 按钮就可以显示词云图了。Size 是根据词频数来显示的，即词频越大，Size 就越大。Colour 可以自己设置，Angle 可以自己设置，也可保持默认。单击 SHAPES 按钮选择想要的形状，也可以通过左上角的 Add 按钮导入自定义形状。

11.5.2 文本可视化综合示例

本节的例子来自 GitHub 上的一个项目（https://github.com/manorepo/Text-Visualization），对来自博客的文本进行可视化。博客数据包括 Wikinews 的数据（大约 3.3MB，包含 11 267 篇文章）和 Huffington Post 上的数据（大约 29.4MB，包含 75 293 篇政治博客）。查看在线版的项目，可以访问 https://manorepo.github.io/Text-Visualization。

这个程序使用了两个数据集，一个来自 Wikinews，另一个来自 Huffington Post。在初始页面上，默认会显示 Wikinews。只有当更换数据源的选择时，才会显示 Huffington Post 的数据。

图 11-16 展示了 Wikinews 文本数据的可视化。左边是用高频词构建的词云图，右边则是一个时间序列图。这个时间序列图的横轴是时间，纵轴则表示不同的人物、组织、位置及其他实体被提及的次数。图 11-17 则展示了 Huffington Post 文本数据的可视化。可以看到，这两个媒体的着重点既有相同之处，也有不同之处。

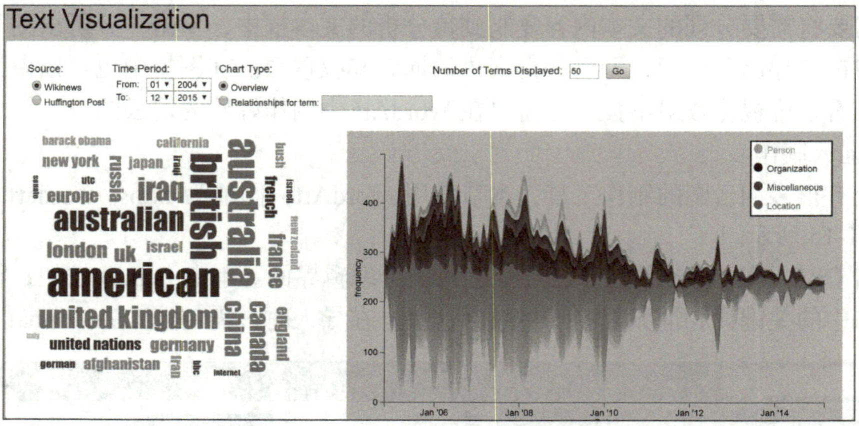

图 11-16　Wikinews 文本数据的可视化

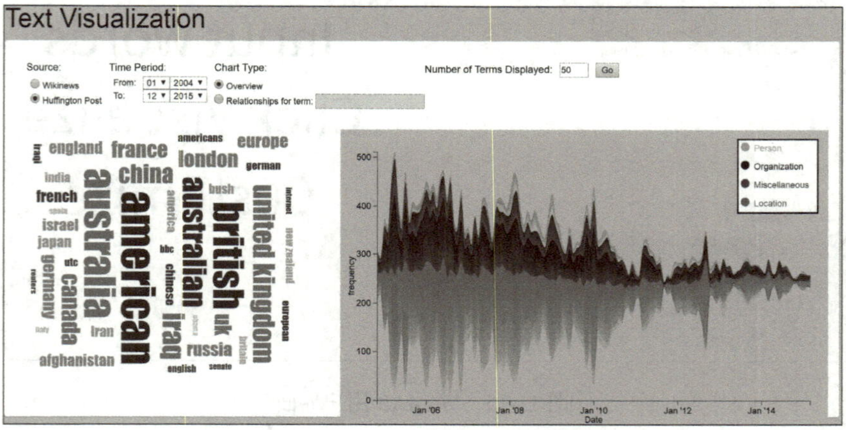

图 11-17　Huffington Post 文本数据的可视化

此外，这个可视化程序还可以查看实体之间的关系，如图 11-18 所示。从图中可以看到，美国、英国、澳大利亚、法国、德国、中国、欧洲和伊拉克之间的关系较为紧密。

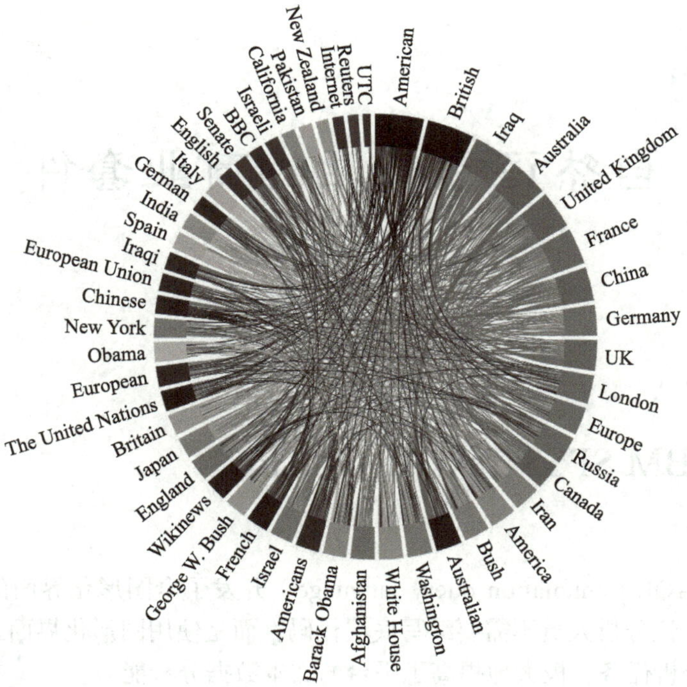

图 11-18　实体间关系可视化

【思　考　题】

1. 文本可视化可以带来哪些优势？
2. 文本可视化包含哪些基本步骤？
3. 列举一些常见的可视化图形。
4. 文本可视化有哪些潜在的商业应用价值？
5. 抓取某一款手机的评论，并针对这些评论制作一张词云图。

第 12 章

自然语言处理的商业套件

12.1 IBM SPSS Text Analytics

IBM 基于 AQL（annotation query language）开发了全图形化界面的文本分析工具 Text Analytics，让分析人员不需要编写底层代码，而是使用图形化界面工具方便快捷地完成文本数据分析任务，极大地提高了平台的文本数据分析能力。

Text Analytics 工具界面与 Eclipse 类似，整个工具分为如下几个区域。

（1）项目管理区：可以通过不同项目实现对不同文本分析任务的划分。

（2）文档浏览区：显示正在处理的文本数据文档，处理的结果通过不同背景颜色标记出不同标签的内容。

（3）画布区域：在该区域中通过拖拽、鼠标操作完成文本数据处理规则的创建和修改。

（4）属性区域：显示当前选中对象的属性，可以设置不同的属性值。

（5）结果区域：显示根据当前文本处理规则处理之后的结果。

通过 Text Analytics 进行文本数据分析，所有的工作都是在该界面完成的，用户不需要关心具体的 AQL 细节和代码，也不用关心后台的处理作业，Text Analytics 自动将文本处理规则生成 AQL 并提交作业到 Hadoop 集群中完成数据处理。

下面用一个例子演示如何从纯文本的财报数据中提取出盈利数字。抽取的时候，我们需要匹配如下的两种模式：Revenues for Division were $x.x and Division Revenues were $x.x。

1）导入数据

新建项目后，单击项目区域中的加号按钮，可添加文本数据源。工具支持从本地文件系统或 Hadoop 分布式文件系统（hadoop distributed file system，HDFS）中添加文件，支持.zip、.tar、.tgz、.gz 等多种格式的数据。

2）编辑文本数据规则

根据数据处理的需要，从 Extractor 菜单中拖拉出需要的抽取器至画布区中，并定义属性和抽取器中的规则。

本例中我们仅仅抽取简单的财务数据，因此只需要将字符“$”、数字抽取器 Number 和货币单位 Currency 三个抽取器拼接即可。

若要抽取包含部门名称的盈利数据，则首先需要添加各个部门（例如，Global Technology Services、Systems and Technology、S&TG、Software、Global Financing 以及 Global Business Services）。然后运行 Division Extractor（图 12-1），Division 视图中就会输出所有包含部门的句子。用类似的方法，我们可以抽取出金额、总收入和部门的信息。

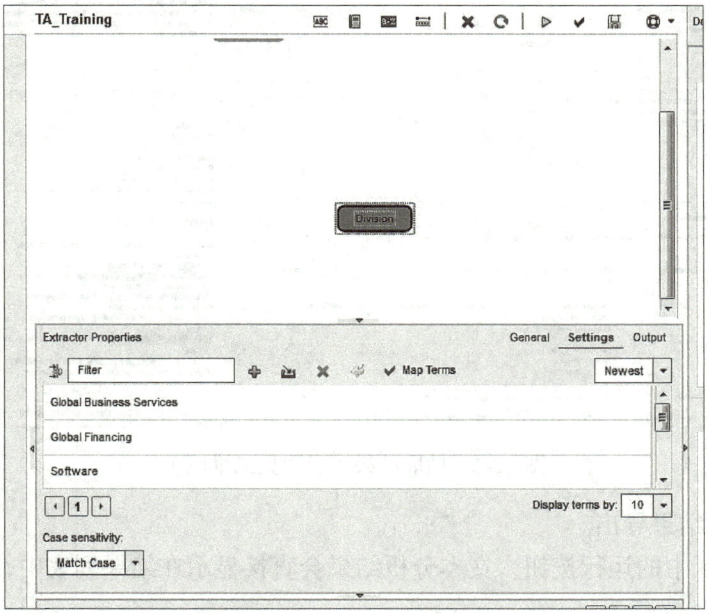

图 12-1 Division Extractor（彩图见二维码）

接下来，我们创建两个序列模式 Revenues for Division were $x.x 和 Division Revenues were $x.x。前者寻找的模式是 Revenue 紧跟在一个 Devision 名后跟着一个金额，其中可以包含其他的一些字符。例如，“Revenues from the System and Technology Group（S&TG）segment totaled $7.1 billion”就会被这个模式捕捉到。这个模式可以用下面的公式来表示：<Revenue><1 to 2 Tokens><Division><1 to 20 Tokens><Money>。其中的无关 Tokens，称为邻近（proximity）特征。

第二个模式寻找一个 Division 名后跟着一个词 Revenue 以及一个金额总收入，其中可以包含其他的一些字符。例如，“Global Financing segment revenues increased 3 percent（flat，adjusting for currency）in the fourth quarter to $620 million”就符合这个模式。在这个句子中，Division 和 Revenue 之间只包含了 1 ~ 3 个词，而 Revenue 和 Money 之间则包含了多达 30 个词。这个模式可以用下面的公式来表示：<Division><1 to 3 Tokens><Revenue><1 to 30 Tokens><Money>。

将 Division、Revenue 和 Money 三个抽取器拖到一起，同时创建一些代表任何字符的邻近特征。将这些元素连接起来，就组成了一个完整的抽取器（图 12-2）。图中的两个顺序连接的抽取器，对应了我们要抽取的两个模式。

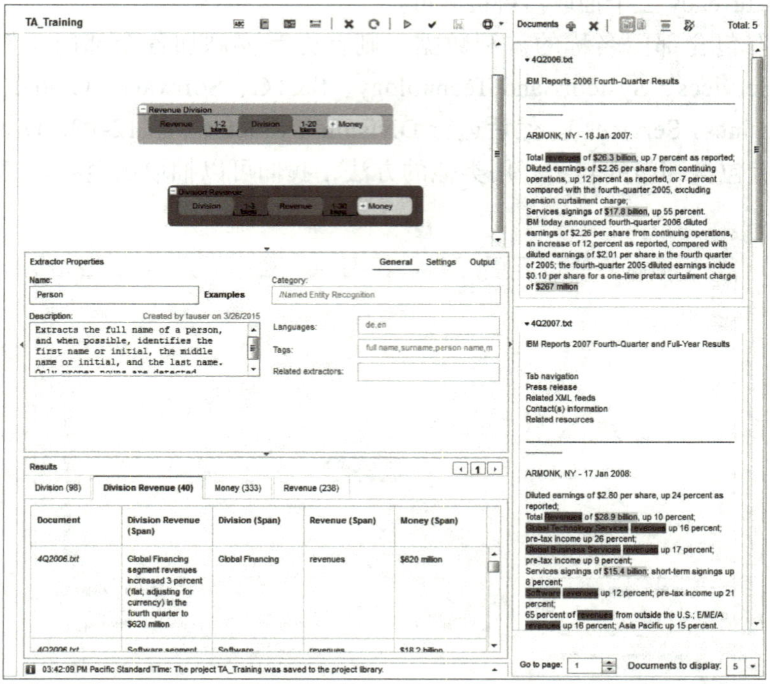

图 12-2　抽取结果（彩图见二维码）

3）运行和结果导出

单击画布区中的运行按钮，文本分析结果会直接显示在结果列表中，可以将结果导出处理和使用。

BigInsights 中的 Text Analytics 工具通过全图形化界面实现零编程的文本分析，并通过与 Hadoop 的集成扩展了文本处理的应用范围，可以帮助企业客户快速实现多种文本数据分析应用，如对互联网文本数据分析、机器日志分析等。Text Analytics 的文本分析结果可以进行深入加工和分析，例如，可以在 Cognos 中通过图表展现，也可以作为 SPSS 软件的分析数据源使用。

12.2　自然语言处理开放平台

百度、阿里和腾讯都提供了各自的自然语言处理开放平台，允许用户远程调用其提供的 API 来完成一些基础的自然语言处理任务，如语音识别、文字图像识别、人脸识别、自然语言处理等。这些 API 有的是免费的，有的是收费的（通常按照使用量来收费）。本书主要关注与自然语言处理相关的 API。

12.2.1 接口能力

以百度自然语言处理开放平台为例，它提供的接口能力如表 12-1 所示。

表 12-1 百度自然语言处理平台提供的接口能力

接口名称	接口能力简要描述
词法分析	分词、词性标注、专有名词识别
依存句法分析	自动分析文本中的依存句法结构信息
词向量表示	查询词汇的词向量，实现文本的可计算
DNN 语言模型	判断一句话是否符合语言表达习惯，输出分词结果并给出每个词在句子中的概率值
词义相似度	计算两个给定词语的语义相似度
短文本相似度	判断两个文本的相似度得分
评论观点抽取	提取一个句子观点评论的情感属性
情感倾向分析	对包含主观观点信息的文本进行情感极性类别（积极、消极、中性）的判断，并给出相应的置信度
文章标签	对文章的标题和内容进行深度分析，输出能够反映文章关键信息的主题、话题、实体等多维度标签以及对应的置信度
文章分类	对文章按照内容类型进行自动分类
文本纠错	识别输入文本中有错误的片段，提示错误并给出正确的文本结果
对话情绪识别	针对用户日常沟通文本背后所蕴含情绪的一种直观检测，可自动识别出当前会话者所表现出的情绪类别及其置信度
中文分词	切分出连续文本中的基本词汇序列（已合并到词法分析接口）
词性标注	为自然语言文本中的每个词汇赋予词性（已合并到词法分析接口）

12.2.2 应用示例

自然语言处理开放平台 API 的请求格式为 POST 方式调用，返回格式为 JSON（JavasCript object notation）格式，返回内容为汉字内码扩展规范（Chinese internal code specification，GBK）编码。平台要求使用 JSON 格式的结构体来描述一个请求的具体内容。发送时默认需要对 body 整体进行 GBK 编码。若使用 UTF-8 编码，需要在 URL 参数中添加 charset=UTF-8（大小写敏感），例如：

```
https://aip.baidubce.com/rpc/2.0/nlp/v1/lexer? charset=UTF-8
&access_token=24.f9ba9c5241b67688bb4adbed8bc91dec.2592000.14855
70332.282335-8574074
```

百度自然语言处理开放平台同时支持多种编程语言，如 Java、PHP、Python、C#、C++、Node.js 等。以 Python 为例，安装使用 Python SDK 有如下方式。

（1）如果已安装 pip，执行 pip install baidu-aip 即可。

（2）如果已安装 setuptools，执行 python setup.py install 即可。

AipNlp 是自然语言处理的 Python SDK 客户端，为使用自然语言处理的开发人员提供了一系列的交互方法。

参考如下代码新建一个 AipNlp：

```
from aip import AipNlp
```

```
""" 你的 APPID AK SK """
APP_ID='你的 App ID'
API_KEY='你的 Api Key'
SECRET_KEY='你的 Secret Key'
client=AipNlp（APP_ID，API_KEY，SECRET_KEY）
```

在上面的代码中，常量 APP_ID 在百度云控制台中创建，常量 API_KEY 与 SECRET_KEY 是在创建完毕应用后，系统分配给用户的，均为字符串，用于标识用户，为访问做签名验证，可在 AI 服务控制台中的应用列表中查看。对于百度云以前的老用户，其中 API_KEY 对应百度云的 Access Key ID，SECRET_KEY 对应百度云的 Access Key Secret。

下面以词法分析为例，说明调用百度 API 进行词法分析的过程。百度的词法分析接口向用户提供分词、词性标注、专有名词识别三大功能；能够识别出文本串中的基本词汇（分词），对这些词汇进行重组、标注组合后词汇的词性，并进一步识别出命名实体。百度词法分析的请求参数和返回数据详情如表 12-2 和表 12-3 所示。

表 12-2　百度词法分析 API 的请求参数详情

参数名称	是否必选	类型	说明
Text	是	string	待分析文本（目前仅支持 GBK 编码），长度不超过 65 536B

表 12-3　百度词法分析 API 的返回数据详情

参数名称	类型	必需	详细说明
Text	string	是	原始单条请求文本
Items	array（object）	是	词汇数组，每个元素对应结果中的一个词
+item	string	是	词汇的字符串
+ne	string	是	命名实体类型，命名实体识别算法使用。词性标注算法中，此项为空串
+pos	string	是	词性，词性标注算法使用。命名实体识别算法中，此项为空串
+byte_offset	int	是	在 Text 中的字节级 offset（使用 GBK 编码）
+byte_length	int	是	字节级 length（使用 GBK 编码）
+uri	string	否	链接到知识库的 URL，只对命名实体有效。对于非命名实体和链接不到知识库的命名实体，此项为空串
+formal	string	否	词汇的标准化表达，主要针对时间、数字单位，没有归一化表达的，此项为空串
+basic_words	array（string）	是	基本词成分
+loc_details	array（object）	否	地址成分，非必需，仅对地址型命名实体有效，没有地址成分的，此项为空数组
++type	string	是	成分类型，如省、市、区、县
++byte_offset	int	是	在 Items 中的字节级 offset（使用 GBK 编码）
++byte_length	int	是	字节级 length（使用 GBK 编码）

例如，我要对“百度是一家高科技公司”这个句子进行词法分析，只需要简单地调用下面两条语句即可。

```
text="百度是一家高科技公司"
""" 调用词法分析 """
client.lexer (text);
```

调用词法分析 API 后，会返回一个 JSON 格式的数据，如下：


```
{
 "status": 0,
 "version": "ver_1_0_1",
 "results": [
   {
    "retcode": 0,
    "text": "百度是一家高科技公司",
    "items": [
       {
        "byte_length": 4,
        "byte_offset": 0,
        "formal": "",
        "item": "百度",
        "ne": "ORG",
        "pos": "",
        "uri": "",
        "loc_details": [ ],
        "basic_words": ["百度"]
       },
       {
        "byte_length": 2,
        "byte_offset": 4,
        "formal": "",
        "item": "是",
        "ne": "",
        "pos": "v",
        "uri": "",
        "loc_details": [ ],
        "basic_words": ["是"]
       },
       {
        "byte_length": 4,
```

```
        "byte_offset": 6,
        "formal": "",
        "item": "一家",
        "ne": "",
        "pos": "m",
        "uri": "",
        "loc_details": [ ],
        "basic_words": ["一", "家"]
      },
      {
        "byte_length": 6,
        "byte_offset": 10,
        "formal": "",
        "item": "高科技",
        "ne": "",
        "pos": "n",
        "uri": "",
        "loc_details": [ ],
        "basic_words": ["高", "科技"]
      },
      {
        "byte_length": 4,
        "byte_offset": 16,
        "formal": "",
        "item": "公司",
        "ne": "",
        "pos": "n",
        "uri": "",
        "loc_details": [ ],
        "basic_words": ["公司"]
      }
    ]
  }
 ]
}
```


这个返回格式，不仅进行了分词，还对每个词进行了词性标注，并且对专有名词进行了识别。百度 API 返回的词性缩写和专有名词缩写如表 12-4 和表 12-5 所示。

表 12-4 百度 API 标注词性的缩写说明

词性	含义	词性	含义	词性	含义	词性	含义
n	普通名词	f	方位名词	s	处所名词	t	时间名词
nr	人名	ns	地名	nt	机构团体名	nw	作品名
nz	其他专有名词	v	普通动词	vd	动副词	vn	名动词
a	形容词	ad	副形词	an	名形词	d	副词
m	数量词	q	量词	r	代词	p	介词
c	连词	u	助词	xc	其他虚词	w	标点符号

表 12-5 百度 API 识别的专有名词的缩写含义

缩略词	含义	缩略词	含义	缩略词	含义	缩略词	含义
PER	人名	LOC	地名	ORG	机构名	TIME	时间

12.3 知识图谱开放平台

以百度的知识图谱开放平台为例，实体标注接口支持输入一段中文短文本（64 个汉字），识别短文本中的实体，并给出实体的分类、描述及百科实体链接等。

对于实体标注请求，可以访问下面的 URL 来实现：https://aip.baidubce.com/rpc/2.0/kg/v1/cognitive/entity_annotation。

需要进行实体标注的文本字符串（最多 64 个汉字，UTF-8 编码）通过 HTTP 请求的 POST 方法发送。例如，我要查询实体 “刘德华的老婆”，我可以发送如下的请求内容：

```
curl -X POST 'https://aip.baidubce.com/rpc/2.0/kg/v1/cognitive/
entity_annotation? access_token=【用户 access_token】' -H 'content-type:
application/json' -d '{"data": "刘德华的老婆"}'
```

百度的知识图谱 API 会返回一个 JSON 格式的数据，如下所示。对于代码中会出现的字段的解释，如表 12-6 所示。

```
{
    "log_id": 6367018173853945311,
    "entity_annotation": [
        {
            "status": "LINKED",
            "confidence": "0.991616",
            "concept": {
                "level1": "人物",
                "level2": "文化人物，娱乐人物"
            },
```

```
            "_bdbkKgId": "114923",
            "mention": "刘德华",

"_bdbkUrl":"http://baike.baidu.com/item/%E5%88%98%E5%BE%B7%E5%8D
%8E/114923",
            "offset": "0",
            "desc": "中国香港男演员、歌手、词作人"
        },
        {
            "status": "LINKED",
            "confidence": "0.817889",
            "concept": {
                "level1": "语言文化",
                "level2": "文字词汇"
            },
            "_bdbkKgId": "827",
            "mention": "老婆",

"_bdbkUrl":"http://baike.baidu.com/item/%E8%80%81%E5%A9%86/827",
            "offset": "4",
            "desc": "汉语词语"
        }
    ]
}
```


表 12-6 百度知识图谱 API 返回结果的字段解释

参数	类型	描述
log_id	int	请求 logid
entity_annotation	array	实体标注结果的数组集合
_bdbkKgId	string	百科 newid
_bdbkUrl	string	百科 URL
annoType	string	标注类型：Instance | Category | Property
concept	array	概念标注结果
+level1	string	一级概念
+level2	string	二级概念
confidence	string	实体关联至该@id 的置信度
desc	string	实体的简介
mainReqRankList	array	主需求实体，列出所有候选实体信息，根据热度从高到低排列
importance	string	关联的实体在输入中的核心程度，越重要则打分越高，打分区间为[0，1]

续表

参数	类型	描述
mention	string	实体在 query 中的名字
offset	string	实体在 query 中的位置偏移
status	string	用于对关联结果进行标识，包括 LINKED（正常关联）| LINKED_MAINREQ（主需求关联）| NIL（NIL 实体，即不在库中）| UNK（未知）四种状态

调用百度的知识图谱 API 也可能遇到错误，这时会返回一个 JSON 格式的错误码，如下所示。错误码的说明，如表 12-7 所示。

```
{
    "error_code": 123455,
    "error_msg":" error description"
    "log_id": 12345567898
}
```

表 12-7　百度知识图谱 API 的错误码

错误码	英文描述	说明
100	Invalid parameter	包含了无效或错误参数，请检查代码
110	Access token invalid or no longer valid	访问令牌失效
111	Access token expired	访问令牌过期
282000	Internal error	内部错误

【思　考　题】

1. 除了本书列举的集中工具，还有哪些你知道的自然语言处理和文本挖掘的商业套件？了解这些工具的功能、性能、许可证模式和收费模式。

2. 自然语言处理的开放平台和传统的商业软件之间，谁具有更好的发展前景？

3. 结合你遇到的一个文本挖掘的实际问题，尝试选择一种合适的商业套件来解决问题。

参考文献

程显毅，朱倩. 2010. 文本挖掘原理. 北京：科学出版社.

崔庆才. 2018. Python 3 网络爬虫开发实战. 北京：人民邮电出版社.

范馨月，崔雷. 2018. 基于文本挖掘的药物副作用知识发现研究. 数据分析与知识发现，2（3）：79-86.

靳志辉. 2013. LDA 数学八卦. [2019-2-25]. http://zhuanlan.zhihu.com/p/57418059.

李嘉，张朋柱，蒋御柱. 2009. 群体研讨支持系统中研讨主题的自动可视化聚类研究. 系统管理学报，18（3）：325-331.

李嘉，张朋柱，李欣苗. 2012. 面向在线群体研讨的言语行为分类体系设计框架研究. 现代图书情报技术，（2）：1-9.

李嘉，张朋柱，李欣苗，等. 2013a. 言语行为自动分类研究综述. 系统管理学报，89-100，106.

李嘉，张朋柱，李欣苗. 2013b. 基于多阶段和分层方法的言语行为分类研究. 信息系统学报，（1）：100-113.

刘兵. 2013. Web 数据挖掘. 北京：清华大学出版社.

刘兵. 2017. 情感分析：挖掘观点、情感和情绪. 北京：机械工业出版社.

孙彬，王东，李娟. 2007. 基于 XQuery 的 Deep Web 搜索系统的设计与实现. 科学技术与工程，7（16）：4080-4084.

唐家渝，刘知远，孙茂松. 2013. 文本可视化研究综述. 计算机辅助设计与图形学学报，25（3）：273-285.

徐健，张智雄，吴振新. 2008. 实体关系抽取的技术方法综述. 数据分析与知识发现，24（8）：18-23.

曾伟辉，李淼. 2008. 深层网络爬虫研究综述. 计算机系统应用，17（5）：122-125.

郑冬冬，赵朋朋，崔志明. 2005. Deep Web 爬虫研究与设计. 清华大学学报（自然科学版），45（S1）：1896-1902.

Bra P D，Houben G J，Kornatzky Y，et al. 1994. Information retrieval in distributed hypertexts// Computer-assisted Information Retrieval. DBLP，Delft：481-493.

Chen H，Hsu P，Orwig R，et al. 1994. Automatic concept classification of text from electronic meetings. Communications of the ACM，37（10）：56-73

Coursera. 2018. Applied-Text-Mining-in-Python. [2018-1-6]. https://github.com/umer7/Applied-Text-Mining-in-Python.

Cui W W，Wu Y C，Liu S X，et al. 2010. Context-preserving，dynamic word cloud visualization. IEEE Computer Graphics and Applications，30（6）：42-53.

Dave K，Lawrence S，Pennock D M. 2003. Mining the peanut gallery：Opinion extraction and semantic classification of product reviews. Journal of Biological Chemistry，289（51）：35326-35340.

Dempster A P，Laird N M，Rubin D B. 1977. Maximum likelihood from incomplete data via the EM algorithm. Journal of the Royal Statistical Society：Series B（Methodological），39（1）：1-38.

Diligenti M，Coetzee F M，Lawrence S，et al. 2000. Focused crawling using context graphs. Proceedings of 26th International Conference on Very Large Database，Cairo：527-534.

Ding X，Liu B，Yu P S. 2008. A holistic lexicon-based approach to opinion mining. Proceedings of the 2008 International Conference on Web Search and Data Mining，Atlanta：231-240.

El-Desouky A I，Ali H A，El-Ghamrawy S M. 2006. An automatic label extraction technique for domain-specific hidden Web crawling（LEHW）// International Conference on Computer Engineering & Systems，Stanford：454-459.

Furnas G W，Landauer T K，Gomez L M，et al. 1987. The vocabulary problem in human-system communication. Communication of ACM，30（11）：964-971.

Gamon M，Aue A，Corston-Oliver S，et al. 2005. Pulse：Mining customer opinions from free text// International Symposium on Intelligent Data Analysis. Heidelberg：Springer-Verlag：121-132.

Google. 2018. Google knowledge graph search API. [2018-20-20]. https://developers.google.com/knowledge-graph.

Hassan A，Qazvinian V，Radev D R. 2010. What's with the attitude? Identifying sentences with attitude in online discussions// Conference on Empirical Methods in Natural Language Processing，Cambridge：1245-1255.

Heinrich G. 2005. Parameter estimation for text analysis. Germany：University of Leipzig.

Hersovici M，Jacovi M，Maarek Y S，et al. 1998. The shark-search algorithm-an application：Tailored Web site mapping. Computer Networks & Isdn Systems，30（1-7）：317-326.

Hinton G E，Salakhutdinov R R. 2006. Reducing the dimensionality of data with neural networks. Science，313（5786）：504-507.

Hofmann T. 1999. Probabilistic latent semantic indexing. Proceedings of the 22nd Annual International SIGIR Conference on Research and Development in Information Retrieval，Berkeley：50-57.

Hu M，Liu B. 2004. Mining and summarizing customer reviews. Proceedings of the 10th ACM SIGKDD International Conference on Discovery & Data Mining，Seattle：168-177.

Kim S M，Hovy E. 2004. Determining the sentiment of opinions. Proceedings of the 20th International Conference on Computational Linguistics，Geneva：1367-1373.

LeCun Y，Bottou L，Bengio Y，et al. 1998. Gradient-based learning applied to document recognition. Proceedings of the IEEE，86（11）：2278-2324.

Li J，Liu M，Li X，et al. 2018. Developing embedded taxonomy and mining patients' interests from Web-based physician reviews：Mixed-methods approach. Journal of medical Internet research，20（8）：e254.

Lu Y Y，Hai H，Zhao H K，et al. 2007. Annotating structured data of the deep Web// IEEE International Conference on Data Engineering，Omaha：376-385.

Mars_DD. 2018. Python 爬虫二：抓取京东商品列表页面信息. 2018. https://blog.csdn.net/xing851483876/article/details/80817578.

McDonald R T，Hannan K，Neylon T，et al. 2007. Structured models for fine-to-coarse sentiment analysis// Meeting of the Association for Computational Linguistics，Prague：432-439.

Narayanan R，Liu B，Choudhary A. 2009. Sentiment analysis of conditional sentences. Proceedings of the 2009 Conference on Empirical Methods in Natural Language Processing，Singapore：180-189.

Pang B，Lee L. 2005. Seeing stars: Exploiting class relationships for sentiment categorization with respect to rating scales. Proceedings of the 43rd Annual Meeting on Association for Computational Linguistics，Stroudsburg：115-124.

Raghavan S，Garcia M. 2007. Crawling the hidden Web. Proceedings of the 27th International Conference on Data Engineering，Roma：129-138.

Rennie J, McCallum A K. 1999. Using reinforcement learning to spider the Web efficiently. Proceedings of the International Conference on Machine Learning，San Francisco：335-343.

Salton G M, Wong A, Yang C S. 1975. A vector-space model for information retrieval. Communications of the ACM，18（11）：613-620.

Samuel K，Carberry S，Vijay-Shanker K. 1998. Dialogue act tagging with transformation-based learning. Proceedings of COLING-ACL98，Montreal：1150-1156.

Socher R，Perelygin A，Wu J Y，et al. 2013. Recursive deep models for semantic compositionality over a sentiment treebank. Proceedings of the Conference on Empirical Methods in Natural Language Processing，Seattle：1631-1642.

Tackstrom O，McDonald R. 2011. Semi-supervised latent variable models for fine-grained sentiment analysis. Proceedings of the 49th Annual Meeting of the Association for Computational Linguistics，Portland：569-574.

Tesniere L.1959.Elements De Syntaxe Structurale. Paris：Klincksieck.

Thom D，Bosch H，Koch S，et al. 2012. Spatiotemporal anomaly detection through visual analysis of geolocated Twitter messages//Proceedings of IEEE Conference on Pacific Visualization Symposium. Los Alamitos：IEEE Computer Society Press：41-48.

Tsur O，Davidov D，Rappoport A. 2010. ICWSM - A great catchy name：Semi-Supervised recognition of sarcastic sentences in online product reviews// Proceedings of the Fourth International Conference on Weblogs and Social Media，ICWSM 2010，Washington DC：162-169.

Turney P. 2002. Thumbs up or thumbs down? Semantic orientation applied to unsupervised classification of reviews. Proceedings of the Association for Computational Linguistics，Philadelphia：417-424.

Yu H，Hatzivassiloglou V. 2003. Towards answering opinion questions：Separating facts from opinions and identifying the polarity of opinion sentences// Proceedings of the 2003 Conference on Empirical Methods in Natural Language Processing（EMNLP2003），Sapporo：129-136.

Zhang J，Chen C，Li J. 2009. Visualizing the intellectual structure with paper-reference matrices. IEEE Transactions on Visualization & Computer Graphics，15（6）：1153-1160.